Der »Romantische-Realist«

August-Wilhelm R. F. Beutel

Der
»Romantische-Realist«

Der lange einsame Weg zum Ich

Bibliografische Information der Deutschen Nationalbibliothek:

Die Deutsche Nationalbibliothek verzeichnet diese Publikation in der Deutschen Nationalbibliografie; detaillierte bibliografische Daten sind im Internet über http://dnb.dnb.de abrufbar.

© 2016 August-Wilhelm Beutel
Satz, Umschlaggestaltung, Herstellung und Verlag:

BoD - Books on Demand

ISBN: 978-3-7412-5891-6

Einklang zu Kapitel EINS

Georg Friedrich Wilhelm HEGEL (27.8. 1770 – 14.11.1831)
Aus »Vorlesungen über die Geschichte der Philosophie«
Suhrkamp Taschenbuch I-III Nr. 18-20.
Dem zur Folge meine Themenauswahl, meine poetische, lyrische Auseinandersetzung, mit diesen Drei Bänden Hegels.

Damit (mit meinen Thesen) erhebe ich keinen Anspruch selbst »Philosophische Texte« formuliert zu haben, sondern es ist mir nur ein kleiner Ausflug in die Philosophie dieser, seiner Arbeit, dieses Unterfangen umzusetzen, auch Praktikern die Theorie der Philosophie in diesen Drei Bänden, ein wenig näher gebracht zu haben.

Dafür bin ich HEGEL sehr dankbar.

Dort, wo These und Antithese sich zur Synthese ausweiten, angleichen, formen usw. an dem Punkte angelangt spreche ich von Mir, dem »Romantischen- Realisten«, dort, wo der Blinde (wortgebunden zu verstehen) sehend wird und im Gegenspiel, der Sehende blind. Beispiele aus der Muttersprache ›meiner Poesie‹ sollen meine Themen sein, meine Auseinandersetzung mit dem Theologen und dem Philosophen HEGEL, lyrisch, romantisch, realistisch betrachtet …, Ich = Ich (frei nach Fichte),

So entstanden sie, meine weißen Blätter, Thesen außerhalb der Philosophie: meine einfache POESIE!

Zu meiner Person

Mit dem Fangnetz in beiden Händen, und am Gurt den ›BEUTEL‹ für die gesammelten Pilze, Beeren, Kräuter usw. (So das Familienwappen: anbei) Das fanden die Ahnenforscher heraus. Sammler und Jäger- so SIE- sollten Wir gewesen sein.
Als Jäger und Sammler kehre ich letztendlich HEIM: *Wortsammler und Jäger der Gedanken zu sein.*

›ich‹ zu Ich

›ich‹ bin ein Jäger
mit den Augen: Friede.
›ich‹ bin ein Suchender
im Wort nach mir:
Verschwiegenheit.

›ich‹ bin, so glaube ich
noch ungeboren: Liebe!
›ich‹ lebe außerhalb der Zeit:
bin ›ich‹ noch tot?

›ich‹ bin der reichste Mann
der Welt denk ich an all
mein Fühlen: Sehen!
›ich‹ bin mit all dem Reichtum
dieser Welt bestückt ›ich‹
lebe Heut und Hier.

›ich‹ bin zum Sehen für das Morgen
mit der Liebe ausgestattet
in all der Dunkelheit noch Licht zu sehn.
›ich‹ bin ein Jäger: ich liebe, also lebe ich!

So fand ich Mich: Ich!

These EINS der Kapitel I-III

Wie kam ich zu meiner Philosophie, ich ein »Romantischer Realist« zu sein?

Z.B. über den Philosophen
F. Nietzsche:
in seinem Sechszeiler

»Ja ich weiß woher ich stamme
ungesättigt, gleich der Flamme
glühe und verzehr ich mich.

Licht wird alles, was ich fasse
Kohle, alles was ich lasse
Flamme bin ich sicherlich.«

Teil I – Themen 1-30

Der »Romantische Realist«

These = Sophistiker- Ja- Sager
  Antithese= Skeptiker- Nein- Sager
  Synthese = Sokrates, Nietzsche, Derrida usw. dort wo ihre Verbindungen für mich bindende Synthesen werden …!

Also sprach Teiresias, der Blinde Seher, nicht. Oder? Dort wo die Synthese wieder zur These wird: EIN (1) Neuer Beginn.

Teiresias (später der Blinde Seher) beobachtete zwei Schlangen beim Liebesspiel, da löste sich aus diesem Knäuel eine dieser Beiden, und biss ihn. Daraufhin erschlug er sie. In dem Moment verwandelte er sich in eine Frau. 7 Jahre später eine ähnliche Situation. Wieder wurde er gebissen, und wieder erschlug er die, die ihn biss. Da rückverwandelte er sich wieder zum Mann.

Zeus und Hera stritten sich, wer in der Liebe die größere Lust empfinde; da Teiresias ›Mann und Frau‹ war, somit wurde er zu Rate gezogen. Und er antwortete in diesem Götterstreit: »Die Frau!«
  Daraufhin blendete Zeus ihn, und er ging danach blind durch sein Leben. Von dem Moment an wurde er zum »Blinden Seher« so erzählte man mir diese Alte Göttersage aus dem Alten Griechenland.

Meine kindlichen Wahrheiten waren Sport, Spiel und ungereimte Einsichten in den Alltag. Volksschule. Handwerk als Generationspflicht in Kauf genommen. Meisterprüfung und Diplom Volks- und Betriebswirt waren die HOCHS einer von mir nie gewollten Laufbahn meines Lebens. Sie endete mit dem Gefühlsdilemma: Ehe.

Nicht ganz Herr der folgenden Sinn- Zeiten gab man mir, nach Bitten, die Zeit nach der Ehe zu füllen, das Buch« Also sprach Zarathustra« von F. Nietzsche in die Hand.

Da begann das Theoretische, was in der Praxis mir die Seele Tag und Nacht füllte -Philosophie- »Streben nach Erkenntnis der Zusammenhänge der Dinge in der Welt« (so die Auskunft: DUDEN).

Also machte ich die Mittlere Reife am Abendgymnasium nach, um offiziell an der Uni Hamburg, hierfür zugelassen zu werden.

Es folgte Kant, bei Prof. Karl- Friedrich von Weizsäcker, die Geschichte Bismarcks, ein wenig Mathematik, ein paar Alte Griechen usf.!
   Nach 10 Jahren (1966- 1976) bot man mir die Prüfung an, offiziell, nach bestandener Sonderprüfung, Philosophie zu studieren!
   Nach einer Paris-Reise; ich sah die sogenannten Philosophen unter Brücken in Kneipen usf.! Auf der ganzen Bühne Europas, in der Politik, Theologie, den Religionen insgesamt …!

»Reisen macht klüger« so sagt der Volksmund. Ich schloss mich ein, und wollte nur dieser kleine POET am Rande der Philosophie sein, sagte ab, und verließ die HÖR- räume der Universität, bis mich ein Stipendium aus der DDR (Leipzig) am Johannes R. Becher Institut, mit der Universität gekoppelt mich zurückrief, über ein Literaturstudium, wieder die Philosophie in Augenschein zu nehmen.

Mit diesem Diplom der Universität Leipzig war ich kein Philosoph, sondern nur ein POET, aber die Praxis, aus der ich erwuchs, sie brachte mich der eigentlichen, meiner Philosophie, viel, viel näher als ich je gedacht hätte.

So landete ich über Nietzsche, Kant, Derrida und anderen namhaften Philosophen bei HEGEL und seinen DREI Bänden der Gesamtausgabe im Suhrkamp-Verlag Werke 18-20 »Vorlesungen über die Geschichte der Philosophie!«

Da stand ich über Thesen hinausschauend, die Jasager Zeit der Jugend, die Sophisterei, zum erbitterten Neinsager, als Skeptiker, in der Antithese: Hände und auch Mund, wie Herz und Seele verbrannt; um im 3. Lebensabschnitt, dem ALTER, in der Synthese, mich, als »Romantischer- Realist«, wortlos durch Raum und Zeit wieder, nach dieser endlosen These- LEBENMENSCH zum Ich zu finden, um dort endlich ZUHAUSE zu sein (Ich im Ich) dem wortlos unendlichen Sein- wortlos- ganz, ganz nahe zu sein.

Teiresias lächelte und ich schwieg!

Thema Zwei

Praktische und theoretische Philosophie

Über die Lyrik zur Philosophie

Walter Höllerer (Aspekte 1954/ S. 426)

»Das Gedicht steht immer dort, wo die Sprache in der gegenwärtigen Situation noch zu fassen, also an der Grenze dessen, was ausgedrückt werden kann.«

So kam ich über die Lyrik zur Philosophie, um dort, wo das Gedicht, oder eine ganz belanglose These, wie hier, meine weißen Blätter einen Farbklecks auf diesen weißen Bögen erahnen lassen.

Manche Metapher mag sich selbst im Text demaskieren, wobei andere zur Maske werden: Wort an Wort, und manche Farbe verflüchtigt sich wieder, wird weiß, unbeschrieben und doch irgendein Gedankengang Mensch. Also beginne ich!

Hegels Vorlesung über die Geschichte der Philosophie Suhrkamp I-III, beginnt in der Einleitung:

Band I »Der Mut der Wahrheit, der Glaube an die Macht des Geistes ist die erste Bedingung der Philosophie.«

Band II » ... Ich bemerke nur noch dies, dass aus dem Gesagten erhellt, dass das Studium der Geschichte der Philosophie Studium selbst ist, wie es denn nicht anders sein kann!«
Satz I und II widerlegen sich im Grunde selbst, da sich Theorie und Praxis nach ganz anderen Prinzipien entwickeln. Satz I

er wächst aus der Praxis, Satz II aus der Theorie: aus Büchern für Bücher!

Die wahre Philosophie umschließt im Grunde BEIDE, denn die geistige Tiefe liegt im Wort, und von dort bekommen sie ihre Inhalte. Tiefe auf den Kopf gestellt wird im Wort selbst zur Höhe! Jedes Wort, geschrieben, wird in dem Moment zur Unendlichkeit, ohne Raum und Zeit. Wörter sind nichts mehr als Zeichen für irgendwelche Allgemeinheiten. Um diese aufzuschlüsseln muss man, mit dem Code – Verstand- das knacken, was vom Einzelnen zur Masse wurde: Das Wort!

Meine Philosophie beginnt dort allein, wo alle Begriffe enden. Allein dort, im undefinierbaren Nichtsein, wo wir Menschen, diese Leere mit Wörtern wie Nichts, Unendlichkeit, Gott, Teufel, usf. betreffend benennen, an der Grenze angelangt lösen sich meine Begriffe auf. Die Einheit in die Vielheit der Benennungen zu gestalten, die im Rückschluss die Negationen in These und Antithese um … ver.. wandeln, um Unbegriffe mit Inhalten zu belegen.

Wie viele Führer- z. B Cäsar, der sich anhob über die Götter Trojas, noch als Nachfahr, göttlich sich zu betiteln. Weiter über Könige, Heerführer, Häuptlingen usf. … so werden neue Götter, durch sie selbst, durch andere gekürt, um an den göttlichen Pfründen, in welcher Form auch immer, teilzunehmen.

Zuviel Praxis? Das ist keine Philosophie? So, Sie, die in Theorie sterben. Diese banalste Aufschlüsselung all dieser Pfründe: bei Banken beginnend, die Steuer Auslagerung durch ausländische Postscheinadressen am Fiskuss vorbei manipulieren

Wie viel Philosophen umgehen diese und ähnliche Ungereimtheiten Mensch mit dem Allheilmittel der Theologie und anderer Wissenschaften mehr.

Buch III: »Die Natur ist böse von Haus aus, aber der Mensch ist an sich das Ebenbild Gottes …!«
Bilder, die in Worte umgewandelt Macht ergeben.

Band II »Die Könige hatten, als die Gesalbten des Herrn im Sinne der Jüdischen Könige ihre Gewalt von Gott, ihm Rechenschaft zu geben; die Obrigkeit sei von Gott eingesetzt.«

Weiter dann S. 113 »Der Inhalt der christlichen Religion kann nur spekulativ gefasst werden.« So der Theologe und Philosoph HEGEL! Denke ich an Philosophie, dann beginnt insgesamt das Wortlose –ganz- von mir Besitz zu ergreifen.

Mohammed verdammte Bilder- Alle- aus den Moscheen: auch das Seine! Aber? seine Wörter wurden, (werden) zu Bilder der Macht umfunktioniert. Ungläubige sind die Christen, für Sie. Islamisten sind Ungläubige für die Christen! Die Wahrheit zu kennen, das Unendliche benennen: BEIDE glauben! Und dort beginnt für mich die Wortlosigkeit, die wahre Bildlosigkeit, vor den Kirchen, vor den Moscheen! Bei den Indianern in der Prärie! Bei den Heiden? Auch Sie sind im Grunde Gläubige, daher glauben auch Sie, Bilder zu sehen, wahrhaft Glauben allein zu verstehen!

Meine Philosophie führt jedes Wort hinein in die Gestaltlosigkeit: HEGEL Buch III »Das Denken ist die unbewegte Form der Einfachheit …!« … und schon entsehen Bilder!

Das Wort Gott wird ebenso in der Dreifaltigkeit zum Bild- zum Ding an sich! (Nur beim einfachen Volk?)

Ich gebe mich wortlos und vollziehe in den menschlichen Einheiten, die jedes Wort in sich beinhaltet meine Konsequenz in tiefster Stille, aus der Wortlosigkeit, der Bildlosigkeit, dem Ge gegenüber, in die Augen zu schauen. Und dann? Dann können wir gemeinsam mit der Muttersprache beginnend, die Lippen bewegen, um mit all dem, was unsere Vorfahren zu Wort und Wörtern machten: sprechen, reden, diskutieren …!

Und WIR, die WIR fernab vom PC und Internet-Wahn die Gründlichkeiten dieser Idee: Muttersprache fortführen sollten; WIR sollten diesen ›Energie-Schatz-Sprache‹ weiter entwickeln, damit nicht das verstummt- was einst Menschen zu Menschen machte: Die gemeinsame SPRACHE!

Thema Drei
Dreieinigkeit / Dreiheit

Band I S. 252 »Das körperliche hat außer der DREI keine Größe mehr(d. h. Dimension, qualitativ notwendige Größe, es ist durch die drei Dimensionen bestimmt); daher sagen die Pythagoreer, dass das All und alles durch Dreiheit bestimmt ist. Denn Ende, Mitte und Anfang hat die Zahl des Ganzen, und die ist die TRIAS(…)! Es ist nun begreiflich, dass die Christen in dieser Dreiheit ihre Dreieinigkeit gesucht und gefunden haben.«

Weiter dann im Band II der Hegelschen Geschichte für Philosophie stieß ich auf folgende, mir vertraute Aussagen!

II /34 »Es gab eine Zeit, wo man einen Menschen, der nicht an Gespenster, nicht an den Teufel glaubte, einen Philosophen nannte.«

II/ 95 »Die Kirchenväter haben bei Platon die Dreieinigkeit gefunden. Das Wahre hat bei Platon also dieselbe Bestimmung als die Dreieinigkeit.«

Jede These ist in sich geschlossen schon, Synthese, gewesen zu sein, sonst käme sie so, als These gar nicht als Offenbarung einer Frage, dem, der sie in den Raum stellte in den Sinn, als Ende und ein neuer Beginn. Das Einzelne, das Wort These, Es hat die Unendlichkeit aller Negationen schon als Vielheit, sie, vor Augen, sonst könnte man diese Frage, gar nicht so, als These, gestaltet haben.

Die Dreieinigkeit der Sprache ist die große Kunst, dies zu erkennen, Einzelnes in der Vielheit zu benennen.

Jetzt zum Thema Religionen!

Alle Synthesen, die auf Gott enden, sie sind Einzelnes! Wie ist das zu verstehen? Platon: Jahrhunderte vor der Geburt Jesu, da gab es schon das Wort »Dreieinigkeit«. Vater, Sohn, Heiliger Geist, so übernahm dann die Christenheit die Negationen der Wahrheit und baute daraus den Glauben als Allheit Ihrer Wahrheit auf. Sie machten Alle Götter dieser Erde zu Ihrem Gott, zu Ihrer allgemeinen Wahrheit: Allein »göttlich« zu sein! Und sie zerbrachen damit die Reinheit des wahrhaft Einzelnen, das, was im Grunde wortlos unbenannt, die Menschen in die Kriege führte: Gott gegen Gott!

Die Dummheit, Gier nach Macht etc. sie verbaute den reinsten Gedanken, den der Mensch begann, zu glauben, entdeckt zu haben, diese unaussprechliche Seligkeit außerhalb von Masse: rein- Einzelner- zu sein.

Dann führte man noch das Wörtchen Seele ein. Eine neue Macht, als Wort stand vor der Tür und zerfleischte die Hierheit »Mensch zu sein« in der ganzen Unerklärbarkeit, Sprache, sie, dinghaft zu machen.

Vater, Sohn, diese Folge ist These, Antithese in sich. Der Heilige Geist ist dann die Synthese der Dreieinigkeit, Muttersprache, als Energie, zu erkennen. Denn die Mutter, die einst ungöttlich, die Leibesfrucht erhielt, um heiliger noch als heilig zu sein, sie verschwand als Wesen Mensch(Frau) ganz von der Tagesordnung. Schon Zeus glitt als Sonnenstrahl in die Gefängnismauern ein, um seine Angebetete zu schwängern.

Warum zertritt man, nur um mächtiger zu sein, als alle Göttlichkeit der Erde, DAS, was die Befruchtung, die Geburt:, wahrhaft Göttliches, un-rein zu benennen?

Ich stehe am Roggenfeld. Ein laues Lüftchen weht, sonngebadet, über das Feld unendlicher Ähren, sie selbst noch, mit Korn an Korn, Blüte in sich. Eine goldgelbe Wolke, Lichtahnung, fliegt über das Land und gebärt Blüte an Blüte um: »Unser täglich Brot!«

Wer spricht hier von Sünde? Ich stehe am Rande des Roggenfeldes, Knabe noch, und trinke berauscht, wortlos, diesen göttlichen Segen ein, Mensch zu sein! Die Synthese ist aufgelöst und ward wieder These: ›ich‹!

Dreieinigkeit, aus grauer Vorzeit übernommen, sollten so ganz oberflächlich diese DREI Personen darstellen, sie, die zu Einer(1) wurden. Vereint das Ich in dieser Gestalt: Der (1.) Romantische-(2.) Realistische in der (3.) Synthese ›ich‹!

Der Romantiker sieht die Knospen sprießen, Blumen erblühen usf., der Realist sieht Welken alles Grün, ehe es beginnt – zu sein! So ist der Romantiker, er, der die Thesen aufstellt. Der Realist posaunt hinaus in die Welt die Antithesen. Der »Romantische- Realist« in der Koppelung bindet Beide ein in der Dreieinigkeit (der Synthese) zu verstehen. Er freut sich auf den Frühling insgesamt, auf den Sommer (Zeit des Blühens) auf den Herbst (Erntezeit, einzufahren das) was einst gesät! Die Winterzeit ist der Raum für die Besinnlichkeit und Ruhe vor dem Neuen Sturm. Hier wird die Synthese Einheit in der Vielheit wieder zur Neuen These: Frühling, Sommer, Herbst usf., wie im Leben selbst. So, er, der »Romantische- Realist!«

Meine praktische Philosophie hat so viele Wörter, wie es Menschen auf der Welt gibt: und das ›Wort für Wort‹. Liebe, Hass, Leid, Gier, Macht, alle Wörter, gleich der Sprachen auf der Mutter Erde angehören mögen, sie vermenschlichen nur das Problem WAHR oder UNWAHR zu sein, mehr nicht.

Wahr und unwahr, schon sind wir beim Thema meiner Philosophie, die Wissen und Glauben als ein einziges Wort abhakt. Z.B. wie das Problem Israel und Palästina (im Sinne Mensch) zu lösen ist. Im gemeinsamen EINEN (1) Land existieren zwei,2, Glaubensrichtungen, die menschlich gesehen in der Dreifältigkeit allein zu lösen(ist- sind) Wie? BEIDE respektieren die Auffassungen – zu glauben- Ihr Wissen, in das um, was Glaube wahrhaftig ist: Unwissenheit, die nur in der Weisheit menschlicher Reinheit zur Akzeptanz gelangen kann, wenn das wahrhaft »Göttliche« sich als Mensch in der alleinigen Kraft, zu denken, zu fühlen sich aufschlüsselt wahrhaft Mensch zu sein … und dann erst Moslem, Christ, oder gar ein Heide!

Verstehen- Wollen ist der Grundgedanke Licht und Schatten zu einigen. Friede und Krieg lösen sich auf im Grundgedanken Eins zu sein: LEBEN!

Keine Macht der Welt zergliedert z.B. das Wörtchen Liebe in nur zwei, 2, Teile allein, wird, im Gespräch zweier Liebenden dies Wörtchen in den Mund genommen. Zwei Unendlichkeiten prasseln aufeinander! Hass, Leid, Frohsinn, Neid,Arglosigkeit sie alle sollen vom Wort her allein einen einzigen Schritt einleiten? zu lieben? Ja oder Nein?

Der »Romantische- Realist«, er steht mit einem Vielleicht davor, Rahmen, um sich im Ja und im Nein im Klaren zu sein, Höhen und Tiefen zu durchschreiten.

Das soll Liebe sein? Nein: LEBEN! …und schon beginnt eine NEUE These – SEIN!-

Thema Vier
Über Wissen und Glauben oder Wenn Wörter zu Bildern werden.

Band III /13 »Denken ist das ganz Allgemeine, nicht das Besondere; in allem Besonderen ist auch das Allgemeine.«

Als hätte Hegel von Descartes abgeschrieben, und er von mir, so vereinheitlicht sich das Wörtchen »Dreieinigkeit« in der Gesamtheit Sprache, sie als Energie zu verstehen, sie, die nie aufhören möge außerhalb von PC- Wahrheiten (---, …) die ganze Tiefe, das, was den Menschen, weltweit, ausmacht, von dem, was man als »Göttlich« einst, überdimensional, auf die Tagesordnung setzte, zu verteufeln.

Der Islam, als tiefster Glaube Mohammeds, die seine Verkündigung, göttlich zu bewahrheiten, sie, auch sie hat diese Unendlichkeit in sich geboren! Mohammed verbannte, so sein Wort, aus den Moscheen alle Bilder: auch seines- so, Er selbst! Warum also Karikaturen? Unwissende, Ungläubige sie! So die Islamisten. Ja, wir, die so handeln, werden, in Ihren (auch in meinen Augen) zu Ungläubigen! Als Andersgläubiger werde ich damit – für sie- auch für Mohammed zum Ungläubigen. Das kann ich aber nur in der Synthese Mensch auflösen, um in der neuen, gemeinsamen These, aus diesem Ungläubigen, zu erkennen, das Christentum und Islam an diesen Bildern, die Wort wurden, nicht, Unwissenheit, als Unmenschlich, auszugliedern.

Mohammed, im Wort wird er zum Wort-Bild, Allgemeinheit, für die Gläubigen, Muslime. Wie kann ich aber einem Gläubigen, einer anderen Religion, von seinem Unglauben, dem Islamisten gegenüber, Wörter in die Hand geben, sie, in die gemeinsame Welt Mensch, einfließen zu lassen.

Kreuzzüge waren die ganze Dummheit menschlicher Machtgier als All-Gläubige, wahr, zu sein.

Reiner Glaube ist weitaus mehr, als die Machtgier im Abschlachten Alleingläubiger aller Wahrheiten zu sein. Auch sie, diese Wahrheit endet in der neuen »Alten« These: Mensch!

Doch wo beginnt der Mensch, Mensch zu werden? Auf keinem Fall in den Kreuzzügen- z.B. der Christenheit- als man Allwissend Gläubiger allein, Künder von letztmöglicher Wahrheit wollte sein!

Das Wort GOTT steht für alle Gläubigen im Unendlichen, im unerklärlichen Raum, dem, der Mensch, zum Individuum werdend, erahnend, mitnichten mit Wissen belegen kann. Hier beginnt erst das Wörtchen Mensch(der) (das) ich eigentlich täglich um mich gerne erleben möchte. Aber? Auch das ist leider Glaube, Hoffnung, an der ich, wenn ich die Machtgier aufgeschreckter Bilder, die sich Mensch nennen, sehe, nicht zu glauben wage!

›ich‹ bin nur wortlos, mehr bin ich eigentlich nicht. Manches Mal bin ich nicht einmal Mensch, nur um mich in Alle Ungläubigen der Welt hineindenken zu können!

Auch das ist leider ein ganz komischer Glaube, der mit den Religionen der Welt nichts zu tun hat … nur mit Menschen!

Thema Fünf . Blickwinkel: Parallelen, Punkte, Kreise ...usw.!
Jeder Mittelpunkt ist in sich, die gleiche Größe (System) wie diese Skizze! Im großen wie im Kleinen. Ich= Ich Fichte (1762-1814)

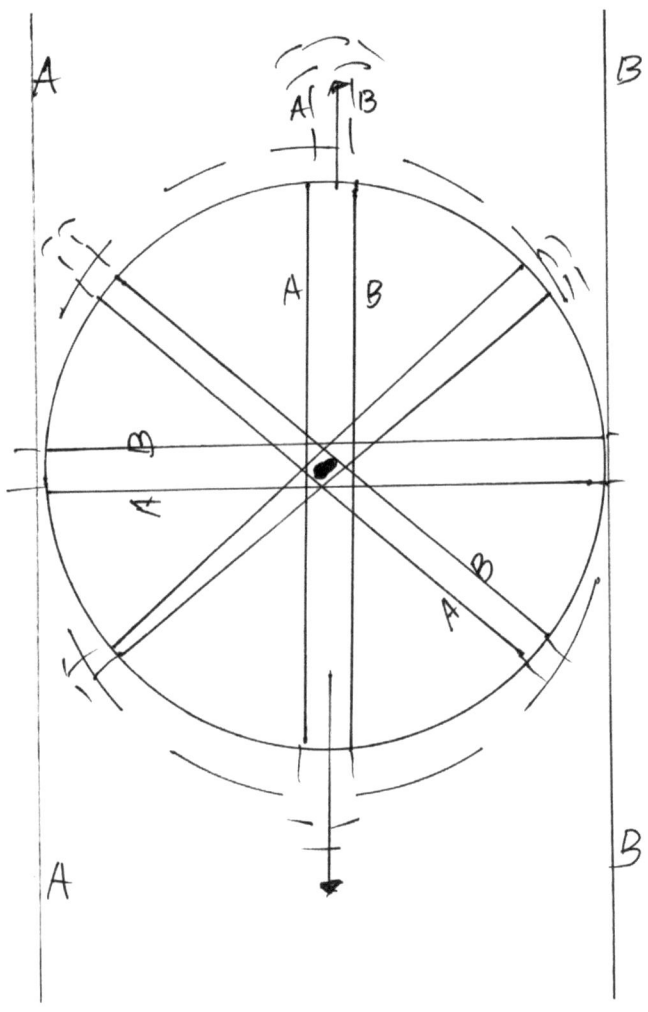

Thema Fünf: Blickwinkel
Parallelen, Punkte, Kreise … usw.!

Die Seitenlinien A, B, sind die gleichen Parallelen, wie die innen liegenden, die durch den Mittelpunkt (Standpunkt, Blickwinkel-Punkt) wandern; wobei der Punkt das gleiche Prinzip in sich schließt. Die Parallelen- Meine- haben weder Anfang noch Ende, sie sind die sinnlich gebildeten nach links, rechts usw. Blickwinkel, die jeden Kreis öffnen, je weiter der Blickwinkel sich weitet. Somit weht der Blick hinaus oder hinein weht in die Öffnungen aller Denkansätze in das Un-Benannte, dort, wo wir Menschen die Personifizierung GOTT wahrnehmen wollen. Das ist der Glaube insgesamt.

An dem Punkte steht für mich kein Wort bereit, nicht einmal das Wörtchen GOTT. Friedrich Nietzsche schrieb: »Gott ist tot!« Selbst dann hat er gelebt. Und Andere lassen das Wort wieder auferstehen: Bilder, ganz menschlich gesehen. Dort, wo Meine Parallelen in die Ferne gleiten, dort gibt es keine Wörter, nur Blickwinkel, Bögen, die das Ende unserer Erkenntnis andeuten. An dem Punkte dann, dieses Ziel erreicht, da klopfen wir uns auf die Schulter, wieder eine Erkenntnis dazu gewonnen zu haben und erinnern uns an Sokrates: »ich weiß, dass ich nichts weiß!«

Ich, so wie auch jeder Andere kann nicht sagen Gott ja, oder Gott nein: das wäre schon wieder- Bilder an die Wand malen- Glauben, zum Wissen zu erheben. Selbst in der Negation bastelt der Mensch hinter dem Horizont, an der Wandtafel, und versucht seinen Glauben zum wahren Wissen zu erheben! Wenn es nicht verbal funktioniert, dann, gibt es Krieg: alles, wie gehabt!

»Wenn Menschen aber glauben wollen, was dann?« wurde ich gefragt. »Glauben« war meine Antwort.

Dann zieht man sich an den Mittelpunkt zurück, das ist jeder Standpunkt, den man gerade inne hat, schaut in das Blau des Himmels, und genießt die tiefe Wortlosigkeit sich von allen menschlichen Bildern gelöst zu haben, dort, wo an dem Punkt jedes gedachte Wort zur Einheit wird, zu kleinen eigenen, und dann bist Du an dem Punkte angelangt als MENSCH EINS (1) zu sein mit Dir und der Welt. Hier wird Dein Glaube rein, denn es werden Deine wortlosen Bilder, Wort-Bild- und Mensch- befreit, zum Du in deinem Ich.

I /13 »Der Mut der Wahrheit, der Glaube an die Macht des Geistes ist die erste Bedingung der Philosophie.«

I / 41 »Der Keim will sich hervorbringen, zu sich selbst zurückkehren.«

So beginnt Hegel seine Vorlesungen aus der Geschichte der Philosophie.- Keim hervorbringen? Wann? Diese These kann man doch erst vorgeben, wenn man reifen Alters, rückblickend seinen Lebenslauf betrachtet. Dann, wenn der Keim hervorbricht beginnt nämlich zuerst die Praxis, das wahre (auch unbewusste nicht Keim-bewusste-) Leben. Zurückfinden zum Keim? Das kann im Grunde nur Rückschau sein: Theorie! Eine Selbst-Aufklärung seines Lebens.

» ... der Glaube an die Macht des Geistes,« ist nicht die erste Bedingung der Philosophie Glaube kann nie und nimmer die Macht des Geistes sein. Wissen und Nichtwissen zu erkennen, dort wird jeder Glaube zuerst einmal Ein(1) Nichtwissen. Dort, wo der Glaube zur Macht wird werden die Schranken geöffnet im Nicht-Wissen (z.B.) Dogmen aufzubauen, die das einfache Volk unterdrücken könnten. Der Mut zur Wahrheit beginnt dort, wo Sokrates sagte.: ich weiß dass ich nichts weiß …!«

Alle Parallelen sind im eigentlichen Sinne, unendliche – menschliche Kreise-: Blickwinkel: sie, die sich im Unendlichen, mathematisch gesehen, einfinden sollen. Meiner einfachen Symbolik folgend, sind' s gekrümmt verlaufende Linien, und das in alle Richtungen vom Standpunkt des Beschauers aus. Also stehe ich an diesem bewussten Blickpunkte: Unendlichkeit, von hier aus öffnen sich, in alle Richtungen, die Kreise zu Parallelen (Gesichtskreise, die jedem Einzelnen verschieden sind) von Horizont zu Horizont.

Dafür gibt es keine Endlichkeit und auch keine Unendlichkeit, da, wie mit all den Gesichtskreisen, anders Denkende, auch Wesen, Menschen, nur in Konflikte einfallen, die es so und auch so nicht gibt. Auch das ist kein Wissen, sondern nur irgendeine menschliche (meine) Annahme!(Sichtweise)!

Also bewegen wir unsere Köpfe einmal nach links, rechts, nach vorne und hinten, um die einfachsten menschlichen Kreise des Denkens, in alle Richtungen zu öffnen. Ob wir dort Wort oder Wörter antreffen? Ich wage es zu bezweifeln.

»Die Parallelen treffen sich in der Unendlichkeit« so lehrte es mich die Schule! Heute, 70 Jahre Leben, praktisch, wie auch theoretisch, gelebt, da sage ich: Nein! Wenn sich die Parallelen in der Unendlichkeit treffen sollen, dann müssen sie auch aus der Unendlichkeit kommend, dem heutigen, von Meinem Standpunkte aus, unendlich sein. Sind sie aber nicht. Die gesamten,meine, Parallelen sind nach beiden Seiten: offen!

Die eine Unendlichkeit, dort, wo die Philosophie im Alten Griechenland, gesetzt, beginnen soll- bei THALES- dort führt der geöffnete Parallelenstrang weiter, geöffnet (vor und zurück) nur; man setzt dort punktuell; Anfang- Unendlichkeit- Anfang usw.!

Anfang und Ende sind Begriffe, die vordem und nachdem den geöffneten Charakter in sich tragen; nur, der einfache Mensch setzt, obwohl vor Thales, bei den Alten Chinesen, Ägyptern ähnliche gedankliche Anfänge, und die viel früher ihren Beginn vorzuweisen hatten. Punktum: Thales ist der Beginn der Philosophie, so das Gesetz: Das Abendland.

Also? Mein Anfang und Ende gibt es bei meinen Parallelen nicht, und auch nicht in meiner Philosophie! Ich gehe in das Tor Parallele, hinein, und gehe aus einem Tor ebenso hinaus. Die Tore,Endpunkte, setzt die zuständige Wissenschaft, ob Mathematik, Chemie, Physik usw. bis zur Religion aller Prägungen.

Meine Suche nach Wahrheit (Philosophie?) ist eine ganz allgemeine kindliche Betrachtungsweise, aus der Sprache hinauszugehen, um im Wortlosen mich in dieser Alltäglichkeit, meinem »Amor Fatiliebe, lebe dein eigenes Schicksal,« der geöffneten Sonne, dem geöffneten Himmel, mich, wortlos hinzugeben: zu sein!

Ich beginne diese Themen nicht, ich greife hinein, in die Meine Alltäglichkeit, und genieße so, diese, Meine Erkenntnis des Selbstbewusstseins in vollen Zügen!

Das Wort Religion ist z.B. nichts anderes als in der Mathematik $1+1=2$, das ergibt im Grunde die Dreieinigkeit als Ganzes betrachtet. Aufgeschlüsselt sieht das dann so aus, da sich daraus, aus eignem Blickwinkel mehrere Möglichkeiten ergeben.

1 plus 1 = 2, das ergibt schon Drei in der Einzelbetrachtung, wobei die Gesamtbetrachtung, dann schon 4 ergibt. Und alles gekoppelt dann wird 5, 6, usw. bis? …Damit möchte ich anzeigen, dass die Problematik (1 oder EINS als Wort) alle Formeln, die anders lauten außer Kraft setzen. So will es die Obrigkeit: Kirche etc! Der Einzelne wird eingereiht in die Machtbefugnisse der Regenten, von den Sekten angefangen bis hin zum Gottes-Staat.!

Kommunismus ist so ein Beispiel. Alle gleich! Nur die Führenden lebten in Saus und Braus. Da fügte sich das Rechenexempel anders, da war 1+1= 3, oder gar 4 usw. Man führte einfach neue mathematische Gesetze ein.(Neue Anfänge, neue Endpunkte). Und das dumme ›gläubige‹ Volk beugte das Haupt und betete die Führer und deren Anhang an, die Mit- Dienenden usf.!

Dann fiel die Mauer und keiner wollte es gewesen sein! Ob Linke oder Rechte, Alle lieben Sie diese Mathematik. »Wenn das Geld im Kasten klingt, die Seele aus dem Fegefeuer springt.« Selbst im Mittelalter gab es diese Mathematik-Gestalter. Die Poesie? Sie kämpft mit Metaphern für Alle diese Gläubigen ›wahrhaft‹ zu glauben. Dort wo die Natur (Gott, Manitu, Buddha, Jesus, Mohammed … usf.) Gläubige, die Blätter im Frühling an den Knospen sprießen zu lassen, um nicht Wörtern, der in Klammer gesetzten Gesetzgeber- Menschen-Wort Ihrer eigenen Mathematik zu erliegen.

Ich persönlich schätze alle Gläubigen (Menschen), die ohne dieses Machtgehabe weltlicher Gestaltungskünstler, die 1+1= 2, 3, 4, 5 6, usw. in Formeln als Ihre Weltreligion ausgeben …!

Wieder an einem Punkte angelangt, wo sich das Wortlose zum Worte gipfelt und Bild werden will, da beende ich an diesem

Punkte / Sichtweise: 1+1= 2, Anfänge ... Endlichkeiten---
Kreise ...!

Man sollte nicht ständig am Worte hängen, sonst würde man all die »Nicht-Wörter« übersehen, die irgendwann, aus dem Schweigen heraus, uns Antwort geben möchten!

Thema sechs
Zwischen –Wort – Ein Gedicht-

W. Höllerer in Akzente 1954

»Das notwendige Gedicht beschränkt sich auf
die engste Materie und sucht dort,
ohne pragmatische
Verkündigung, etwas zu sein,
als Dichte und erfüllte Gestalt!
Es verlangt die höchste Nähe zu den Dingen,
das Vergessen der Dinge
und das Wiederheraufholen.«

Der »Romantische-Realist«

Aufgestanden bin ich, Ich, zu sagen.
Auf den Wellen der Entgegnung
sich zu sehn, dort beginnt ein Hoffen
nach dem tiefsten Ich zu fragen:
auf den Wellen, dort, mein Spiegelbild zu sehn.

Aufgestanden bin ich, nach dem Du
mich auszurichten, dieses Andre Ich
das überall in tiefster Stille nach mir
fragt. Wo sind die Teile meines Wesens
aufgestaut in der Kartei: mein Leben
aufgeschlüsselt, mir zu sagen- Ja-
das bist Du und ich in Deinem Seelenbild.

Ein Neues Ich stand aufgelöst im »Eingekreist
zu sein«: Die Wörter lösten sich
und Du und Ich, sie blieben mir noch Zeichen
aufgewacht im wortlosen Reim, Keim
meines Selbst: mein Ebenbild.

Wortlos, und doch sind alle Wörter eingeschlossen
so vollbringe ich den Neuen Tag. Dieses
Ich ist aufgelöst nur noch ein Zeichen für das
was auf der Welle LEBEN sich entwickeln mag:
Tag um Tag- bis in das Licht der Zeit hinaus.

Aufgestanden. Alle Zeichen weichen
das Gefundene auch wortlos zu versteh' n.

Thema Sieben:
LESERBRIEFE

Ganz einfache Endresultate scheinbar unendlicher Tagesabläufe: Thema Iran. Atombomben- Verdacht. Die einfachste Lösung, man schaffe alle Atombomben weltweit ab.
 Zu menschlich? Mag sein. Aber wahr.
 Thema Krim: die einfachste Lösung. Krim wird russisch, dafür wird die russisch besetzte Königsberg-Region wieder an Polen und an Litauen rückgegliedert.
 Thema Israel und Palästina? Noch einfacher. Ein Staat, wie gehabt, und der Mensch entscheidet sich, welcher Glaubens-Richtung er sich zuwendet.
 Wieder zu menschlich? Mag sein! Aber wollten wir nicht immer zuerst Menschen sein?
 Philosophischgesehen? Ich glaube, ich mag mich manches Mal selbst nicht mehr: als Mensch! Außerdem: Ich habe in der Journale gelesen, dass es im Jahre 2050 DREI Milliarden Menschen mehr auf der Welt geben soll: so die Statistik.
 Vor einem Jahr las ich in der selben Journale, dass jede Frau, die mehr als ZWEI Kinder gebärt ein Verbrechen an die Menschheit begeht. Wollen wir Menschen sein, die durch Kriege allein diese Übergeburten regeln? Wann endlich beginnt der Mensch, Mensch zu werden, um mit bloßem, wahren Verstand zu erkennen, dass ein Leserbrief nicht genügt, um diese Missstände im Sinne wahrhaftiger Verstandesvernunft zu regeln ist? Die Atombomben auf Hiroschima, Nagasaki waren das menschliche Lösungen? Bevölkerung- Dezimierung? Gottähnlich soll er sein, dies Wesen, so die Religionen! Fangen wir erstmals an menschähnlicher zu werden. Wie das ist? Lesen Sie meinen Leserbrief 3,4 Male und mehr, um wahrhaft menschlich, auch religiös, wenn Sie wollen,wie man anfangen könnte,

diese teilweise unmenschlichen Auslegungen, Mensch zu sein, verhüten könnte!

Miteinander reden, wahrhaft reden, das könnte so ein Mittel sein sich menschlich dem wahrhaft Menschlichen anzunähern! Zu menschlich? Mag sein, aber WAHR!

Aus Grauer Vorzeit z. B. die Pythagoreer sagten: »Der Mensch sei mit den Göttern verwandt, weil er des Warmen teilhaftig.«
 Mit Wärme allein werden wir diese, vor über 2 000 Jahren empfundene Weisung, nicht umsetzen können.
 Beginnen wir zuerst einmal mit Mensch allein!

Thema Acht. Die Philosophie

Jenseits meiner Poesie, dort weint mein Wort, das Alltäglichkeit Mir wurde, Einheiten zu, die fern von aller Philosophie an mein Selbst appellieren, nicht Alles, Mein Gedachtes, zu entäußern, da aus der Unverstandenheit, fern des vormals Diesseits die Worte/ Wörter missverstanden werden könnten; das Gegenteilige wäre dann Hass und ähnlicher Gefühle mehr, die ich, in meinem Philosophie-Verständnis von vornherein ausschließe: auch wenn es oftmals nicht zu umgehen ist.

Theologie und Philosophie sind nämlich keine Gegensätze, denn das Eine schließt sie Beide ein: Sie, die Menschen, so wie JACOBI es formulierte. »Auch wer im Herzen ein Christ ist, muss im Kopf ein Heide sein!«, so wird manche Auslegung im Sinnen: Kampf, den man aber ständig und überall- tagtäglich – begehen muss, um Die Sprache wirklich als wahres Gedankengut in das Leben einzubeziehen: Und das schließt die Theologie mit ein, um Philosophie menschlich eingliedern zu können: wahrhaft, Mensch zu sein!

Die Philosophie (Streben nach Erkenntnis des Zusammenhanges der Dinge in der Welt- Grundwissenschaft), Philosoph, der,(en) jemand der sich mit Philosophie beschäftigt (So der DUDEN)

Der Theologe und Philosoph Georg Wilhelm Friedrich HEGEL (1770- 1831) schreibt in der Einleitung seiner Vorlesungen über die Geschichte der Philosophie Band I Werke 18-20- Folgendes.
»Lassen Sie uns gemeinschaftlich die Morgenröte einer schöneren Zeit begrüßen, worin der bisher nach außen gerissene Geist in sich zurückkehren und zu sich selbst kommen vermag und für sein eigentümliches Reich Raum und Boden gewin-

nen kann, wo die Gemüter über die Interessen des Tages sich erheben und das Wahre, Ewige und Göttliche empfänglich sind, das Höchste zu betrachten und erfassen … Der Mut der Wahrheit, der Glaube an die Macht des Geists ist die erste Bedingung der Philosophie!«

Literarisch gesehen fiel in diese Zeit seines Lebens Die Romantik. (Frühromantik 1790 bis Spätromantik bis 1830/35). Man wollte sogar die Religion neu reformieren.

Goethe, Schiller, Hölderlin beschlossen vorher die sogenannte Klassik: sie, die sich mit dem Griechentum beschäftigten usw.!

Heute stehe ich an den Grenzen der Einheit angelangt bei J. Derrida, der im Jahre 2004 verstarb. Seine letzte Einheit der Infinitesimal- Methode ist am Ende der Erkenntnismöglichkeit- raum-zeit- und wortlos, so Er, J. Derrida! Und doch brauchte er dafür seine Wörter in dieser- seiner- Formel.

Meine lyrischen Gedanken bewegen sich oft auf diesem Wege, um in Tiefen vorzudringen die mit dem normalen Wort nicht aufzufangen sind. Darum ist die wahre, reine Lyrik, für das Gedicht, in all seinen Formen, Facetten auch nicht über das normale Wort zu erreichen.

Walter Höllerer sagt in der Zeitschrift Akzente-1954- »Das Gedicht steht immer dort, wo die Sprache in der gegenwärtigen Situation gerade noch zu fassen, also an der Grenze dessen, was ausgedrückt werden kann.«

Darum für mich das Wort »Glas –Wörter«,denn man schaut hindurch, und ist in diesem unendlich unerklärlichen Raum vorgedrungen.

An diesem Punkte, in der Aufteilung der EINS bis zum »Unendlich Kleinen« angelangt, dort, wo dann immer noch ein Zwischenraum- übersinnlich- in der Analogie angenommen, nicht erkennbar, ist, dort setzt die Mathematik in Formeln um, um dingbar- Zahl, oder Nicht-Zahl daraus hervor zu zaubern.

Dann beginnt das Jenseits Diesseits zu werden in meiner lyrischen Philosophie.

Die Lichtgeschwindigkeit, pro Sekunde, setzt andere Grenzen, die ich mit dieser tiefen Ehrfurcht am Rande lese, nehme sie, diese Kunde mit offnem Munde auf und sehe doch den Menschen, wie er im Alltag- Tag für Tag- ums Überleben kämpft.

Ich kann nur mit einem Lichtblick diese neuen Erkenntnisse- wortlos- als Glaswörter in meine Lyrik einfließen lassen: und frage mich: warum eigentlich Philosophie?

Philosophie ist ein stilles Sich- Beschenken, über Raum und Zeit hinaus zu denken, dem wahren Licht des Sein ist die unbekannte Variante, sie eingemeißelt in Stein, außerhalb der Zeit, eingeschmiegt, Wort an Wort, jede Dunkelheit zu überwinden.

Jedes Gedicht, das die Suche nach Wahrheit heraufbeschwört, Es wird nicht zeitlos sein; doch eingemeißelt in Stein auf Stein überlebt Es jeden Sachverhalt. Das ist sie, die Philosophie meines Poem‹!

Und die Nachwelt wird die blassen Züge auch nicht versteh' n. Aber? Alles das, was in Stein gemeißelt Wort wurde, das kann man nicht verbrennen: siehe Bücherverbrennungen etc.- egal wann und wo. Manches Wort wird oft erst nach Jahrhunderten und mehr erkannt. So werde ich nach all den Generationen als kleiner Poet erkannt? Nur? weil man das Eingemeißelte nicht versteht? Will ich das? Nein! Möge mein Wort, meiner Lebensthese gerecht, erkannt werden: »Alles den Lebenden der Welt!«

Vielleicht ist auch das schon, ohne in Stein gemeißelt zu sein, das kleine Teilchen irgendeiner Philosophie! (Ich = Ich) frei dem Philosophen Fichte nachempfunden und auch praktiziert.

Thema Neun. Warum Philosophie?

Ich beginne aus dem Selbst heraus mir diese Frage zu stellen, Tag um Tag, Jahr um Jahr.

Fichte schreibt:« wenn ich philosophiere, so bin ich Bewusstsein und mir als Bewusstsein Gegenstand, ich mache mir so mein gewöhnliches Bewusstsein zum Gegenstand. Der erste Satz ist nun: Ich bin mir selbst gleich, Ich = Ich, diese bestimmte Identität«
.

Meine Philosophie ist diese pure Alltäglichkeit Menschen als Menschen zu erkennen. So kam ich auf den Philosophen Max Stirner, der in seinem Hauptwerk »Der Einzelne und sein Eigentum«, von sich gab: »ich konnte mich anfangs nicht finden, da ich nach Mensch suchte.«

In jungen Jahren hätte ich an dem Punkte mit dem Kopfe geschüttelt. Heute jedoch, durch die Lebensarbeitszeit hindurch gegangen, sehe ich mich an diesem Punkte schon seit langer Zeit eingereiht in diese Welt des Suchens. Ob ich mich gefunden habe? Ja/Nein! Ich weiß nur Eins, dass ich kein Mensch mehr bin, und bin es doch, wie das Blatt am Baume: Teil!

Der Hände Arbeit, das Tägliche Brot, die Suche nach Liebe, Verstehen, Geborgenheit; all das war meine Philosophie! … und doch wiederum nicht! Da ich nach getaner Arbeit mich nach Musik sehnte, nach Hingabe, das Ich außerhalb der Schranke- Mensch –zu orten.

Hegel: »Der Keim will sich selbst hervorbringen, zu sich zurückkehren. Nur das Lebendige, das Geistige rührt sich in sich, entwickelt sich!« In diesem Sinne versuche ich, mich in meiner

Philosophie, weiter, zu entwickeln: Schritt für Schritt, bis ich am Rande neuerer Differenzen Einkehr finde in meinem Licht, dem Gedicht. Darum: Philosophie! Wenn› s auch oftmals nur Gedichte werden, kleine Sternchen auf Erden voll Schatten und voll Licht.

Geborensein

Der Morgen begann -trinkend-
alle Bilder aufzunehmen, die
mein Versand gebären ließ.

Es war dunkel. Die Nacht sinkend.
Vor mir leuchtende Lichtgestalten:
das umzauberte »Goldene Fließ«.

Umnachtung, und doch:geboren
So vollzog sich im Blinzeln der Zeit
ein taufrisches Funkeln, versunken

hinein in den endlosen Raum! Erkoren
die Lichter zu löschen, die weit
in die Nacht im seltsamen Trunken

verzauberten mir die Ewigkeit:
Geboren im Sein!

Thema Zehn: »DAS Wasser!«

I /202 »Dass das Wasser das Prinzip sei, ist die ganze Philosophie THALES (er lebte 600 Jahre vor unserer Zeitrechnung (624- 544)«

Die Auflösung der Infinitesimal- Methode, dort, wo J. Derrida, gest. 2004, seine Gedanken in ein Wort auslaufen ließ, das er mit dem französischen Wort différance in die Welt der Philosophie hineingebar. Und doch schrieb er, mit (den gleichen, den selben) Wörtern, dass dieses Wort différance raum-zeit- und sogar wort- los sei.

Gehe ich hier auf den Philosophen Thales ein, den man als 1.Pilosophen auf der Welt bezeichnet, dann nehme ich sein Prinzip einmal ERNST und entferne einmal diese Infinitesimal- Methode, und löse diesen Zwischenraum, den unendlich- Kleinen, der bei irgendwelchen Gegenständen, anfällt, auf. Nehme ich den Aggregat- Zustand von Wasser, nehme zwei Blöcke zu Eis gefrorenes Wasser, dieses neu herbeigebrachten Zustandes (z.B. einen Christen und einen Moslem) und lege sie, diese Beide, in einen großen Behälter, um sie dort zum Schmelzen zu bringen, dann wird aus 2 mal Eis = 1 Mal Wasser. In meinem Beispiel ein Christ und ein Mohammedaner= Mensch.

»Das, das Wasser Prinzip sei ...« nehme ich so, in meinem Denk- Prinzip, einmal, in Beziehung z.B. auf unsere gesamte Menschheit: Religionen etc. als unterschwellige Begleiterscheinung inklusive, mit auf.

Denn? Blieben diese Eisblöcke im Aggregatzustand Wasser (hier, bei mir Der Mensch) dann sind die anderen Faktoren, Macht, Gier, Reichtum, Allwissenheit der anderen zu Wahrheiten umfunktionierten Alltäglichkeiten die im Glauben zum Wissen hochstilisiert wurden: abgehakt. Dann kommen die Wahren Mächte und bewerkstelligen das Wasser wieder in ZWEI; DREI Eisblöcke zurück. Und der Alte untertänige Glaube ist wieder hergestellt.

Ich bin mit Thales und den Sophisten und Skeptizismus der griechischen Philosophie nicht immer einer Meinung, und denke teilweise völlig anders, aber meine Muttersprache gebietet es mir, sie, als Energie, als fortlaufende Auseinandersetzung im gemeinsamen Becken LEBEN, Mensch usw. weiterzuführen, und bin dem Griechen Sokrates dankbar für seinen Einwand »ich weiß, dass ich nichts weiß,« und mehr will ich zu EIS und WASSER auch nicht aufführen, um nicht in Besserwisserei mich zu o u t e n . (Um auch einmal ein englisches Wort einfließen zu lassen) Auch anderen Sprachen gegenüber gilt das gleiche Prinzip »dass das Wasser Prinzip sei« Muttersprache Hier wir Dort!«

I / 52 »so erscheint im Denken die reine Philosophie als eine in der Zeit fortschreitende Existenz!«

Thema Elf: Philosophie des Mittelalters

(Die Scholastik)
Weiße Blätter der Philosophie

» … und der Dichter sagt nur, was die Musen ihm kundtun …!« (Homer)
I / 84 »Die scholastische Philosophie ist wesentlich Theologie gewesen.«

I / 80 »Die Könige hatten, als die Gesalbten des Herrn im Sinne der jüdischen Könige, ihre Gewalt von Gott, ihm Rechenschaft zu geben; die Obrigkeit sei von Gott eingesetzt …! Dies Unterschieben eines anderen Gedankens, als den der Autorität, hat man Philosophieren genannt.!«

Das gesamte Mittelalter ist eine(die) Geschichte, eine Philosophie, der Weißen Blätter. Meine weißen Blätter der Philosophie beginnen nach dem Ausstieg aus der Scholastik, dem rein theologischen Denken, wie beim ›ich‹ im Älterwerden, dort wo konkret nach Wahrheit, Weisheit sich mein Denken, Richtung Philosophie, sich ausrichtete. Fragen wurden Antworten, und Antworten wurden wieder Fragen, so lange die Blätter, im Grunde weiß blieben, obwohl beschrieben, sie.

Im letzten Drittel meines Lebens, nach Jugend, Erwachsensein, lenkt das Alter ein, die weißen Bögen nach Fragen und Antworten nochmals zu überdenken.

Ich werde, so in meiner Selbsteinschätzung, über meine lyrische Philosophie sicherlich nicht hinauskommen, da ich mein Leben lang Praktiker war. Ob Theorie und Praxis irgendwo in Einklang gebracht werden können, das versuche ich mit diesen, meinen kurzen Texten, meine weißen Blätter, mit ein paar Wörtern zu belegen, sie ein wenig einzufärben.

Die Suche nach der Wahrheit in der Philosophie beinhaltet das Wörtchen Weisheit (ohne Anfang und Ende) denn die einzige Wahrheit ist und bleibt: wortlos!

»ich weiß, dass ich nichts weiß« sprach einst Sokrates und er wurde dadurch zum Weisesten (Menschen) der Welt gekürt.

»Der Glaube an die Macht des Geistes ist die erste Bedingung der Philosophie« so Hegel.

Sokrates weiß, Hegel glaubt: hier trennen sich die Geister. Der Glaube setzt der Wahrheit, bei Hegel, ein Ende: Gott. Die Parallelen enden dort, wo bei Sokrates ein Wissen um das Nichtwissen zum Wissen wird, das alle Parallelen geöffnet hält. Zu Hegel, hier wird das Ende mit Gott menschlich gesetzt. Ein Wort entstand: Gott, der Glaube im Nichtwissen des Unendlichen, bekam einen Namen, eine Wissenschaft entstand, die angreifbar wurde durch den Verstand, nicht durch den Glauben zu glauben. Dort wird das Nichtwissen zum Wissen erhöht, und damit verführbar, den Dogmen Tür und Tor zu öffnen. Der Glaube setzt der Wahrheit bei Hegel ein Ende: Gott. Es bleibt Glaube gleich Nichtwissen.

Die Parallelen enden dort wo Sokrates sein Nichtwissen zum Wissen erhebt und alle Linien bleiben geöffnet: das ist menschlich = Wissen, nicht Glaube!
Bei Hegel wird das Ende mathematisiert mit dem Begriff: Gott = X! Unwissenheit bleibt. Bei Sokrates wird das Wissen, menschlich: seine Wahrheit! »ich weiß, dass ich nichts weiß, dort gibt es keine Wörter mehr, also gibt es auch keine Kriege

im Glauben, zu wissen, dass mein Gott, gleich welcher Glaubensrichtung, besser, größer, WAHRER ist, um den Anderen im Namen seines erglaubten,wissenden Gottes- zu töten usw. usw.!

Selbst Weisheit darf im eigentlichen Sinne gar keine Größe sein, denn weise ist immer der, der von Anderen zum Weisen gekürt, erkoren wird. Und wie viele küren: z.B. Minister, Regenten, selbst Menschen küren sich selbst zu Götter?

Ich hege nicht den Wunsch in mir – je – weise zu werden, da diese Gedanken Wort werden könnten, und dort setzt das Negative, die Dummheit, ein: zu wollen. Macht, Gier könnte die Folge sein, Größenwahn etc.!

Nein, im Sinne Nietzsches, Hamanns, einfach im kindlichen Frieden das Erkennen zu beleuchten zwischen den Linien, die Parallelen geöffnet zu halten, den Menschen täglich den Spiegel vor Augen zu führen, Mensch zu bleiben (denn Götter haben, hatten) wir auf unserer herrlichen Mutter Erde schon mehr als genug!

So schreibe ich meine Philosophie –wortlos- als Poesie auf weißen Blättern, sie, die im Grunde unbeschrieben, weiß geblieben! »Am Anfang war das Wort,?« Dann hätte man schon so viele Wörter besitzen müssen, um diesen Tatbestand zu erkennen.

Das Huhn und das Ei waren zum selben Zeitpunkt, im Raum und der Zeit, Einheit, nur, wie wollten wir diesen Punkt benennen? Ich kann es nicht. Also wird der Punkt (Raum und Zeitlos) bleiben, so wie meine Nichtwörter versuchen sich irgendwo Licht zu verschaffen, um als Spiegelbilder der Seele sich zu entäußern. So entstanden sie, meine Weißen Blätter der Philosophie: und sie blieben doch nur: Mein Leben in Poesie!

Thema Zwölf: Dort, wo Nichtwissen Wissen wird.

Blau! Am Firmament enden alle Differenzen; es sei man windet einen Holzweg –neu- hinein ins Labyrinth, den Wörterreigen neu zu öffnen, für das, wo mein Vielleicht, im Ur- Phänomen ein stilles Plätzchen hält; im Nichtwissen Wissender zu sein. Diese Ruhe ist die ganze Tiefe meines Friedens: zu sein … zu leben, so, wie ich bin.

Wolkenmeere beflügeln das Blau zum Leben! Auf Kugeln, schäfchenweich dümpelt meine Schrift im Frieden still dahin. Ruht sich aus. Die Mannigfaltigkeit des Sicherhebens gegen alle Macht, herausgenommen aus dem Nicht-Wort différance, bedingt, im Blühen lang schon Frucht gewesen zu sein. Die Knospe nach der Frucht erfüllt ein neues Klagen.

Der Spross, noch klein, wird nie ein Wort. So fange ich genüsslich an zu singen: la, la,la und ende im Refrain: Verstehen!

Akkorde des Himmels reihen sich ein, Differenzen zu schließen; und in der Spirale bindet das Licht die Zeit, die Schatten an der Sohle mit dem Wert zu belegen: Erde soll das Spiegelbild meiner Metapher sein. Blau- so endlos wie der Horizont: »ich liebe, als lebe ich!« Hier endet mein Wörtchen différance; zwischen Zeit und Raum in meiner Poesie, meinen Metaphern insgeheim: dort, wo Nicht-Wissen zum Wissen wird!

Thema Dreizehn: Tempel / Glaswörter.

I / 51 » … die Inschrift über dem Tempel des wissenden Gottes zu Delphi ist das absolute Gebot, welches die Natur des Geistes ausdrückt.«

I / 51 »So sehen wir die Philosophie zuerst gebunden und innerhalb des Kreises des griechischen Heidentums befangen. Hierauf auf sich setzend, tritt die Volksreligion entgegen und nimmt eine feindselige Stellung an, bis sie deren Inneres erfasst und in ihr sich erkennt.«

So griff schon Xenophanes diese alten Volksreligionen an.

I / 101 »Die Religion, auf dem Standpunkte der Vorstellung stehend, versteht nur das, was mit ihr auf gleichem Standpunkt steht, nicht die Philosophie, den Begriff, die allgemeinen Denkbestimmungen.«

Somit huldigten, dem gemäß die älteren Philosophen der vorhandenen Volksreligion … so wie die Welt bis Heute! Denke ich an Tempel, dann fällt mir ein:: ich schließe meine Augen nicht vor Tempeln der Macht, jeglicher Art, z.B. das Streben nach Rache, Reichtum, Herrschsucht, Kriege usw.

Mancher Sportplatz wurde zum Tempel hochstilisiert. Die Spieler wurden Götter, und die Vorsitzenden zu DELPHI Weissagenden..

Aus Grauer Vorzeit, Empedokles aus Agrigent in Sizilien der von sich gab: »Ich bin euch ein unsterblicher Gott, kein Mensch mehr!« Es hat sich im Grunde, durchfahre ich die Zeit, nichts geändert.

Die Inschrift über dem Tempel zu Delphi … Hier finde ich sie alle wieder, sie, die gottähnlich sein möchten, und durch den Christlichen Glauben auch dazu verdammt wurden. Nach dem Ebenbilde Gottes, so das Diktat der Kirchenmänner sollen Sie geformt sein: so der Mensch! Glaube wird zum exakten Wissen erhoben, zum Thema, der Mensch macht das Bild Gottes nach seinem, dem menschlichen Bilde!.

I / 101 »Die Religion, auf dem Standpunkte der Vorstellung stehend, versteht nur das, was mit ihr auf gleichem Standpunkt steht, nicht die Philosophie, die allgemeinen Denkbestimmungen.«

Somit huldigten, dem gemäß die meisten älteren griechischen Philosophen der Volkreligion, so, wie die Welt, bis auf den heutigen Tage! Denke ich an Tempel, dann fällt mir immer wieder ein Wort aus Hegels Geschichte der Philosophie ein. »die Inschrift über dem Tempel des wissenden Gottes …«. Wie viele Diktatoren machten sich zur Natur des Geistes und zäumten den Tempel(Das Pferd) von hinten auf. Somit erhielten und erhalten sie sich bis heute noch die Formel, als Gleichung: Die Inschrift des wissenden Gottes zu Delphi als absolutes Gebot.

Die Inschriften blieben überall, nur aus Tempeln wurden Rathäuser, Paläste, Königshäuser, Universitäten, Lichtspielhäuser mit Ihren Sternchen und Sternen usw.

Der Wahre Tempel ist das Wort, die Muttersprache; nur sie verkümmert am PC und im Bla, Bla der Massen- Hysterie, wer wird Heute, Morgen der Neue Superstar! Reißen wir die Tempel ein? Nein! Es werden die gleichen Götter- so wie einst … Menschen sein!!

Thema Vierzehn: Zeit.

Heraklit: »In der Zeit ist nicht das Vergangene und Zukünftige, nur das Jetzt!«

Heidegger, zwei Jahrtausende später. »Sein ist der allgemeinste und leerste Begriff. als solcher widersteht er jedem Definitionsversuch. . Dieser allgemeinste und daher undefinierbare Begriff bedarf auch keiner Definition. Aus ›Sein und Zeit‹ in der Einleitung.

Für mich gibt Heidegger aber eine Definition vor, obwohl er sagt, es gäbe keine; denn auch das, was er schrieb ist und bleibt für mich eine Definition.! Denn? Auch das Nichtwissen Sokrates› ist ein Wissen! Und J. Derrida, der sein Wort ›différance‹ als Zeit- Raum und Wort- los dahin stellt, erklärt mit ähnlichen Aussagen das, was wortlos ist und doch bei allen Philosophen zum Wort wurde.

Huhn und Ei waren zur selben Zeit auch Raum und Wort nur im Zusammenballen von diesem Weg »zum Unendlich Kleinen hin« der Infinitesimal- Methode diesen Punkt anzudeuten, den die Mathematik frevelhaft mit Zahlen (X) usw. belegt.

Sokrates sagt noch: »Erkenne Dich, das ist das Gesetz des Geistes.«

Wehe dem, der, der wahrhaftig denkt und nicht der Obrigkeit jeglicher Art und Weise: Politik, Religionen gleich des Auslegungen, Vorgesetzen, dem Wissen an sich usf. gebeugt, sein Haupt neigt, der wird gekreuzigt, erhängt, erschossen, erwürgt, und sei' s auch nur die niedrigste Stufe anzunehmen, gegängelt, erniedrigt, arbeitslos usf.

I / Hegel »So wurde Sokrates zum Tode verurteilt, weil er zu erhaben dachte!«

Zeit ist ein Wort, ein Zeichen für Minute, Sekunde, Stunde, Teile eines menschlichen Wesens. In seiner sterblich vorprogrammierten Seinsbefügnis:zu sein.

In der Poesie leben hier die schönsten, lichtesten Metaphern, aber auch dort die dunkelsten Phasen, die z.B. Kriegszeiten einfahren können. Tag und Nacht ergeben gemeinsam den Tag. So wie Freude und Leid das Leben, geformt, in diese Zeitabstände hineingebärt.

Zeit ist auch kommerziell gedacht: Mord, Totschlag, Macht und Gier nach Ruhm und Ehre usw.! Zeit und Sein sind im Grunde kein Gespann, im Grunde sind diese Beiden Wörter ein untrennbares Zeichen für Mensch. Eine Einheit, die unteilbar und doch teilbar ist, da man sie versucht in zwei Wörter auseinander zu definieren. Meine Zeit ist ein Wörtersuchen um irgendeine Metapher zu finden, Sein und Zeit, in Einklang zu bringen.

Wissen ist Macht, auch das ist ein Zeitmotiv: von der Einfachheit zur Vielheit zum Verstehen; dann über das Verstehen, dem Wort, zur Einfachheit, zurück. Dieser Zeitablauf ist das Lernen insgesamt, um im Lehren sich in der Selbstanalyse besser verstehen zu können, und damit auch den Anderen, den Einzelnen. An der Stelle sind manches Mal – zeitgebunden ein versöhnlicher Händedruck, ein Lächeln, ein Kopfnicken, manches Mal mehr als Alle Wörter es hervorringen könnten.

Dieses Wissen, dann, ist zwar nur eine kleine Macht, aber das (Dies) macht uns im Umgang, gleich aller Themen und Thesen, menschlicher! Wissen ist Macht, also immer auch Einheit in der Vielheit, Teil der Zeit unser Aller: JETZT! usw.!

Thema Fünfzehn: Geboren

Mit dem Büchlein »Meine 95 Thesen« (angeschlagen an das Innentor des Herzens: Mensch), beende ich meine fast 70 jährige Auseinandersetzung mit mir, in Form lyrischer Texte, Gedichte usw., um mit mir in Einklang zu kommen. An diesem bewussten Ende, da bin ich, ich= ich in meinem Selbst angelangt mich meiner tiefsten Hingabe, dem Wort Philosophie zu stellen! Über »Handwerk hat goldenen Boden« zum Gesangstudium: Abschluss, ½ Jahr Napoli, um Caruso seelenzugehörig in seiner Geburtsstadt nahe zu sein, so folgte das Studium VWL/ BWL mit Abschluss in Hamburg, um danach 10 Jahre als Gasthörer, – nach Ehe-Absturz-, an der Uni HH mich diesem Wort ›Philosophie‹ zu nähern.

Durch Eigenverlag als Beginn, und kleineren Verlagen sind es am Abschluss Bücher geworden, die als Nachschlagewerk mir dienten, um das zu ergründen, was ich alles hätte besser machen wollen, und auch sollen, gar müssen! Ich liebe meine Lyrik auch heute noch, die ich als Auswahl einiger liebgewordener Texte im letzten Büchlein mir nachstellen (vorstellen) möchte, als Daueranlass endlich mich dem zu widmen, was mein Inneres von Jugend an leben wollte. So wie Karl Kraus es in »NACHTS«(1919) ausdrückt: »Kunst ist etwas, was so klar ist, dass es niemand versteht!«

Philosophie zähle ich nicht zur Kunst, da diese Bilder wortlos sich im tiefsten Gedanken dort bilden, wo Sein und Zeit zur Einheit verschmilzt, dort, wo Objektivität und Subjektivität gemeinsam versuchen Einheit zu werden, trotz aller Negationen im Weltbild, abseits der Mathematik; Religionen aller Art, Politik gleich welcher Form und Macht, trotz aller Gier der Menschheit selbst »göttlich« zu sein.

Frei bin ich nur im Gefangensein meiner Ich zu Ich Position das All, nicht, im üblichen Sinn, als Wort in den Raum zu stellen. Also bilde ich, der Poesie entlehnt, Metaphern, die mir die Möglichkeit geben meinem Ich, als Ich= Ich, als auch Ich= Nicht-Ich, Derridas »différance«,zu annullieren als eine Welt der Untaten, besser sein zu wollen als schon Empedokles, ein Griechischer Philosoph, der tönte: »Ich bin Euch ein unsterblicher Gott und kein sterblicher Mensch mehr.«

Nietzsche schrieb dann- 2 000 Jahre später: »Gott ist tot!« um diesem menschlichen Gebaren irgendwo Einhalt zu gebieten Glaube als Wissen ein- zubetonieren, dort, wo selbst die Endlichkeit, so Derrida, nicht zu fassen ist.

Der menschliche Geist legt in Zeichen (Sprache) eine ungeheure Tiefe der Betrachtung zu Grunde, dass sein Geist, das, mit dem Wort Gott belegen kann, was Glaube und Wissen in die Bereiche von Macht und Gier, zu herrschen, Wahrheit in Glaube, umzusetzen. Sein und Zeit punktuell zu nutzen um »Allwissend« zu sein.

Feyerabend sagt »Wenn Menschen zu allen Zeiten dieselbe Erfahrung besitzen und sich derselben Vernunft bedienen können, dann sind grundlegende Abweichungen vom heutigen Standpunkt in der Tat nichts anderes als das Ergebnis von Unaufmerksamkeit und mangelnder intellektueller Disziplin.«

… denn all das, was Jetzt – zu Form- Wort- wurde, war in grauer Vorzeit schon irgendwo, irgendwann Gedankengang.. Wir, die Nachfolgenden: Poeten, Philosophen usw. benutzen diese Teile, als Eigentum, aus diesen Formen, herausgearbeitet, wiederum nur als Anrisse, um der Nachwelt, diese Energie Muttersprache., mit der Bitte weiter zu entwickeln, damit aus diesen Formen, Wörtern, wieder und immer wieder Althergebrachtes Einzelnes werden kann: Ich = Ich usw.! So wurde ich geboren! im Worte ganz allgemein Eins, ich= ich zu sein! Jedes meiner Worte war schon vor mir Wort, in irgendeiner Form.: NORM!

Aus dieser Norm, der Masse: Wort entwickelte sich Eins + Eins die Neue Form- mein Gedicht, meine Fassetten, die in kleinen Etappen zu Thesen, Antithesen und Synthesen wurden, oder nur, weil jedes Wort in sich gebündelte Einheiten in sich trägt.

Das Wunder Wort, einst LAIB, Brotlaib in Predigten auf Berges Höhen, menschliches Wort (Brot) dem Geistigen zugedacht: Menschen als Menschen zu verstehen, denn das Wort, in seiner Konsequenz alleine ist das Heiligtum, wenn man so will, als Anspruch sich, dort zu sättigen, wo der Laib- Brot- zum Sinnbild, »Verstehen – wollen« offenbart: Geboren zu sein!

Thema Sechzehn - Zwischenwort: Gedicht! »So viele Zeichen«

So viele Zeichen
und doch Wörter.
So viel Allgemeines
wurd' Praxis: insgesamt.

So viel Einzelnes
und doch, aus
der Allgemeinheit
heraus: Theorie.

Sprachgeburt, sie
aus Praxis und Theorie
wurde –Geburtstunde
der Philosophie.

Mit dem Zeichen ›ich‹ begann
ich, Einzelnes zu sehen
Allgemeines zu verstehen
das, was HEGEL so ersann.

Hier wurden Zeichen zur Energie.
Zeit und Raum in Regie
über Zeiten hinaus zum Keim
Einigkeit in Prosa und Reim!

Das Wort- mein Heim!
Und doch nur Zeichen?

Thema siebzehn: Zu Kant- Kritik der reinen Vernunft.

Reclam –studien- Ausgabe 1011 Seiten von 1966
Alle Kant- Zitate, die hier gegeben, sind aus der Zeit 1966/68 versucht worden in mein Inneres aufzunehmen. Aufbruch in die Philosophie, die meine. Siehe auch meine Einleitung!

KdrV S/ 87 »Der Raum wird als eine gegebene Größe vorgestellt.«

Er, Kant müsste eigentlich sagen: ich stelle den Raum vor: meinen. er ist gegeben von mir unendlich.

Reine Anschauung, ein Glied in der Räume- Kette als allgemeiner Begriff. Setze ich die Kette um- die Glieder der Kette- und setze das erste Glied ›reine Anschauung‹ an Stelle sieben oder acht … es änderte sich nichts. Die Glieder wurden von Menschen gebogen: geschmiedet. Knüpfe ich den ersten Ring der Kette an den Halsreif einer Kuh, dann bekommt dieses Glied eine besondere Bedeutung. Ich kann aber das siebente, achte Glied nehmen– ist die Kette z.B. zu lang, an der Haltbarkeit der Kette würde sich grob gesagt nichts ändern. Knüpfe ich an das erste Glied der Kette noch ein oder zwei usw., sie ist und bleibt … diskursiv.

KdrV S / 87 » … aber kein Begriff, als ein solcher kann so gedacht werden, als ob er eine unendliche Menge von Vorstellungen in sich enthielte.« »Also ist ursprüngliche Vorstellung vom Raum – Anschauung, und nicht Begriff!«

Soviel Nicht-Begriffe … und doch Wörter!

KdrV. S / 88 »Geometrie ist eine Wissenschaft, welche die Eigenschaften des Raumes synthetisch und doch a priori bestimmt.«

Wenn der Raum in sich unendlich ist, dann sind auch seine Teile: unendlich. (*So urteilt die différance als Nichtwort*) Wie kann ich dem unendlichen Raum (unerkannt) Teile zu ordnen? Mit der Sprache will der Mensch eine Möglichkeit finden: göttlich zu sein. Und siehe da: er kann!

Kant » ... denn die geometrischen Sätze sind insgesamt apodiktisch, d. i. mit dem Bewusstsein ihrer Notwendigkeit verbunden!«

Denke ich an F. Nietzsche' Wiederkehr (Wiedergeburt) des ewig Gleichen, dann wird die Zukunft Vergangenheit und die Vergangenheit wird Zukunft ... dann ist Zeit a posteriori. Ich weiß nur eines: Beide- Nietzsche und Kant benutzten Wörter für Unerklärliches ... und trotzdem versuchten sie, zu erklären.

KdrV. S / 91 »Alle Dinge sind nebeneinander ... im Raum!«

Wie kann dann Gott in uns sein? Oder wird Gott mit uns geboren (Raum) und andere (ohne Extra-Raum) können ihn nicht- nebeneinander –beherbergen? Die ganze »Kritik der reinen Vernunft« ist mit dem einzigen Dilemma behaftet: der Unzulänglichkeit des Wortes! Und der Blindheit, dem Worte hörig zu sein! Ist man wortlos, erst dann wird man auch raumlos- das schließt ein, – neben- einander kann auch-. in sich sein!

KdrV. S 94 »Die Zeit ist kein empirischer Begriff, der irgend von einer Erfahrung abgezogen worden ...!«

Die Zeit selbst mag wortlos sein, kleide ich ins Wort sie ein, dann wird aus a priori- a posteriori, wie der Mensch sich auch windet: Aus Realität wird ein Wort (Transzendentalphilosophie) etc.!Gott als Machtanspruch durch das Wort, Symbol,

Einkerbung in Stein, usw. nachzuweisen, einer Religion als einzig wahr zu verstehen.

Wenn ich dann KdrV. S / 473 »Die Tafel« dieser Einleitung des Nichts betrachte, dann stehe ich als Lügner des Sein wortlos da und betrachte voll Bewunderung diese Kette der Leere, die dem Gott endlich verschiedene Gesichter verleiht: den Bösen, den Guten den Gerechten Gott usw. KdrV. / S 274

1) Leere Begriffe ohne Gegenstand
2) Leerer Gegenstand eines Begriffes
3) Leere Anschauung ohne Gegenstand
4) Leerer Gegenstand ohne Begriff.

Hier wird Leere zur Leere: Nichts (3) leerer Gegenstand ohne Begriff …Nichts ein Etwas = X!

KdrV. S / 375 »Die Negation sowohl als eine bloße Form der Anschauung sind, ohne Reales, keine Objekte!«

So ist also der Gegenstand von Leere: Gott. Nichts ist definiert: Die Heiligen Kriege können aufs Neue beginnen.

KdrV. S 218 »Das reine Bild aller Größen (quantorum) vor dem äußeren Sinne, ist der Raum; aller Gegenstände der Sinne überhaupt, Die Zeit!«

Alle Größen sind demnach reine Bilder: (SEIN)
 Zeit sind Gegenstände … (Sein)
 Das Nichtbild kann vor dem äußeren Sinne ›nicht‹ aufgenommen werden. Die Nichtzeit ist überhaupt die Verlogenheit; bewusst auf die Spitze zu treiben, das, wo niemand mehr folgen kann (oder will) Wahrheit? Man muss nur den Mut

haben wahrhaftig zu lügen, obwohl hier Lüge nur die Wahrheit eingrenzt.

(SEIN, der Raum, und Sein die Zeit als Lebensdauer, des Einzelnen! SEIN = IST; Sein gleich Werden. DER Ist- Zustand, das Sein, beinhaltet Raum und Zeit zu gleich)

Zur Macht wird das IST aufgelöst. Der Wille zur Macht ist hier lediglich eine Geburt außerhalb, das IST in die différance hineinzulegen, um das Allheilmittel GLAUBE aus dem Nichts hervorzuholen, als ein Wissen: ein Etwas = X

KdrV. S 218 »Nun hat jede Empfindung einen Grad der Größe …!«

Wenn Empfindungen messbar werden
stirbt irgendwo ein Licht auf Erden.
Jeder Grad der Skala, eine Pose.
Jedes Lächeln gleich: wie Rose.
Unterschwellig trinkt die Dunkelheit
den letzten Tropfen Menschlichkeit..

Halleluja, Du lächelst nicht?
Dann bist Du böse! X= X!

Thema achtzehn! Fort von mir: Johann Wolfgang Goethe, Friedrich Nietzsche und Philipp Otto Runge.

Nietzsches Adler, seine Schlange und seine Höhle aus dem Zarathustra fielen mir ein. So fühlte ich mich an jenem Abend, wie Nietzsche, der für Augenblicke seine Höhle verließ. Meine Höhle steht in Hamburg –Rahlstedt . Das Hinausgehen Richtung Kinderheimat Mecklenburg –Vorpommern mit meinem Adler (Verstand) und der Schlange (bei Nietzsche die Weisheit) bei mir schlicht und ergreifend das einfache Sehen, dieses Hinausgehen ist wie eine Sucht, dem Sehen das weite Feld zu geben, und dem Adler (dem Verstand) den Freiraum, für die unendlichen Flüge in die ruhelose Zeit. Eltern, Großeltern, die Lerchen am Himmel, sie die Unendlichkeit des Raumes besingen; die Schwalben, die mein Sehen versuchen zu finden, die auf den Drähten ›Himmel‹ bemalten: EINST!

Goethe schreibt zwar in seinem Westöstlichen Diwan: »Getretener Quark wird breit nicht stark!« Nietzsche schreibt: »Was mich nicht umbringt macht mich stärker.«

Und ich sehe handwerksbezogen (mit meiner Schlange und meinem Adler) die Kohle und den Diamant. Zerkleinert man Kohle, haut drauf, zerkleinert, dann bleibt es Quark: (Grus), der ist zwar winzig klein und wird doch als Quark gefressen. Tritt aber die Zeit allein auf die Kohle ein wird' s reiner (fast reiner) Kohlenstoff. So ist man heute der Meinung, in der Malerei, der Lyrik usw. haut man alles kurz und klein, wird alles automatisch zum Diamanten, wie im Märchen des Kaisers Neue Kleider, und das Volk frisst –symbolisch- Goethes Quark.

Wie oft malte sich die Schlange, mein Sehen, hier in meiner Kinderheimat Diamanten in des Himmels Blau. Die Kohle wurde nicht zerhackt, kleiner, sondern durch den Druck der Zeit (nicht durch Tritte) sondern nur vom Ballast befreit.

F. Nietzsche lebte die letzten zehn Jahre seines Lebens in geistiger Umnachtung (so sagt man)! … ich sage: »Nichts ist vollkommener als ein geistig Umnachteter!« Wenn das allerdings das Ziel der Menschheit ist, jeden als Quark anzusehen, um am Ende seines Denkens nur Mittelmaß zu sein; Quark, und nicht Individuum, dann, ja dann verzichte ich gänzlich darauf noch Mensch zu sein. Wieder frisst mein Adler eine Schlange. Da merke ich, ich war noch nicht einmal Kohle, sondern noch ein Baum, der ein neues Blatt gebären wollte, vielleicht ein Ginko-Blatt: so, jener Baum, der nach der Atombombe auf Japan selbst diesen Tritt (Fehltritt der Menschheit) überlebte.

Philipp Otto Runge schreibt aus Wolgast, 3. Juli 1806 an Goethe: Zwei reine Farben –Gelb und Rot- ergeben eine reine Mischfarbe: Orange! Wenn man aber zu solcher Blau mischt, so wird sie beschmutzt, also, das, wenn sie zu gleichen Teilen geschieht, alle Farben in ein unscheinbares Grau aufgehoben ist.« Treffen also zwei reine Meinungen aufeinander, so entsteht Reines (das meine auch ich).Weiter in der 5. Abteilung der Farbenlehre Goethes: Nachbarliche Verhältnisse! »Das Schlimmste … was einem widerfahren kann ist, dass man das Abgeleitete für das Ursprüngliche hält, und, da man das Ursprüngliche aus dem Abgeleiteten zu erklären sucht, dadurch entsteht eine unendliche Verwirrung ein Wortkram und fortlaufende Ausflüchte zu suchen und zu finden, wo das Wahre irgendwo hervortritt und mächtig werden will!« Man sollte die Farbenlehre Goethes in Bezug auf die zwischenmenschlichen Beziehungen (für sich) untersuchen, vielleicht kommt dann jeder Einzelne auf seine Farbe des Lebens.

Viele Menschen stehen sich selbst am meisten im Wege, bilden Schatten dem eigenen Ich. So ist meine Schlange ›Sehen‹ einmal wieder im Land meiner Väter und Großväter gelandet ... immer noch auf der Suche nach Menschen ... und mein Adler fliegt, fliegt und schweigt.!

Thema Neunzehn: Gedicht- »Ich zu Ich«

Jeder Ausgang kann auch
Eingang sein; so vollzieht sich
im Gesagten dieser Schein.

So beginnt das Ende
als die Tür zum Schrein
des Gewesensein‹!

Sein und Nichtsein, das
ganz allgemein ist SEIN:
Ausgang und Eingang ins geheim!

Da erklang in mir jene Melodie
vom Kind- SEIN allemal.
Ich nahm die Hand, die meine-

in meine Hände und war
im SEIN ; ZUHAUS!
Ausgang? Nein!

Kindheit müsste Beides sein.
Wortlos dort, in der Zeit, Keim
am Eingang allein:. Dort

das große Geheimnis, mein
Erwachen ganz banal:
›Ich zu Ich‹ gewesen zu sein!

Thema Zwanzig: Pythagoras und die Pythagoreer.

I / S 228 »Die Gesellschaft der Pythagoreer hatte im ganzen den Charakter eines Priester- oder Mönchsorden neuerer Zeit.«

P., Sein Alter gab man an zwischen 80 und 104 Jahren.
I / S. 231 »Ebenso sollen sie sich der Fleischspeisen gänzlich enthalten haben, womit die Seelenwanderung zusammen hängig wird.«

504 v. Ch. fand er, Pythagoras den Tod, in einem Aufstande, so wird berichtet gegen die Aristokraten. Der Todesort? Er ist ungewiss: Kriton oder Metapont. Als Zeitgenosse Thales und Anaximander , so ist Er, Pythagoras, der Sohn des Mnesarchos: Künstler: Steinschneider) so (Heradot)

Pythagoras ist mir aus der Schulzeit ein ganz loser Begriff: Das Quadrat der Hypotenuse eines rechtwinkligen Dreiecks ist gleich der Summe der Quadrate der beiden Seiten. (Das ist bis auf dem heutigen Tage, der Satz des Pythagoras.) Man munkelt, dass die Alten Babylonier diese Möglichkeit schon kannten. Seine Schule, die von ihm gegründet gleicht eher dem heutigen Ansatz einer Sekte. Die Tabus gipfelten in der berüchtigten Verehrung von Bohnen, damit verbunden deren Nichtverzehr. Die Wiedergeburt der Seelenwanderung, weil er in seinem geschlagenen Hund, die Stimme eines verstorbenen Freundes erkannt haben wollte.

Über die Ansicht der Arten von Menschen verwunderte ich mich in einem Seminar: z.B. so seine Beispiele bei den Olympischen Spielen . So soll er gesagt haben: »Schlimm sind jene, die zu den Spielen gehen, um zu verkaufen und zu kaufen. Andere befand er als nicht so schlimm, jene, die sich mit anderen messen. Bevorzugt sieht er jene, die zum Zuschauen kommen, denn das sind Freunde der Weisheit.«

So fügte sich mein Bild in den Kreislauf meines Denkens ein. Ich wollte aber nicht sein BESTER sein, der zuschaut nur um im Zuschauen weise zu sein. Da trete ich lieber als die Nr. 2 in den Ring der Diskussionen ein, um im Kampfe, dort. auch als Unterlegener nicht der Weise zu sein, aber gestärkt: gedacht zu haben, ohne gleich als klug zu gelten usf..

Sein Zahlenglaube, so der Dozent weiter, war weit verbreitet. Nach seinem Denken ist die Zahl der Wirklichkeit Grundlage! Aus der Musik, den Tönen, die Intervalle zwischen den Tönen (zwischen 1bis 4) gebar er den Urgrund der Natur für das gesamte Gefühl des Kosmos'. In ihrem Denken (dem der Pythagoreer) war die 10 die perfekte Zahl.

Die Zahl 1 bedeutet den Punkt. Die Zahl 2 nimmt die Linie ein. Die 3 die Fläche und die Nr. 4 verkörpert den Körper.! So gipfeln die Zahlen im Anspruch, in der Lehre Pythagoras', auf diese 10 gegensätzlichen Prinzipien., die allen Ansprüchen zu Grunde gelegt werden. 1) Unendliches + Endliches 2) Gerades + Ungerades- 3) Eines + Vieles- 4) Linkes + Rechtes-5) Männliches + Weibliches- 6) Gerades + Ungerades- 7) Ruhe und Bewegung – 8) Licht +Dunkel 9) Gutes + Schlechtes- 10) Eckiges + Winkelloses.!

Zum Abschluss behielt ich, vom Hören noch im Lichte meines Mitdenkens im Auge: »Die Inkommensurabilität der Diagonale« die irrationalen Zahlen, usf.!

So sitze ich am Schreibtisch und lasse die wunderbaren Texte der Jugend und Studienzeit vor meinem inneren Auge Revue passieren, und finde mich abgelenkt von meiner »Romantischen- Realistischen« Synthese, viele Thesen und Antithesen, die ich so nicht in mein Schema verarbeiten möchte., da ich hier an dieser Stufe der Mathematik, mich einfinden muss, in Zahlen und Zeichen einzusteigen z.B. an Thales zu erinnern. Er soll die Geometrie der Alten Ägypter in die Gedankenwelt Griechenlands eingeführt haben, und sogar einiger mathematischen Lehrsätze von Euklids der Urheber sein.

I S / 226« Wenn die späteren Biographen des Pythagoras vorher schon eine Menge Wunderdinge erzählten, so häufen sie sich um noch mehrere, bei seiner Erscheinung, in Italien, auf ihn. Es scheint, dass sie, wie nachher Apollonios von Tyane, ihn als Christus, entgegenzusetzen, bemüht waren. Die Wunder, welche, sie von ihm erzählten, sind zum Teil in demselben Geschmack wie die neutestamentarischen und scheinen darauf eine Verbesserung zu beziehen!«

I S 228 »Man pflegt zu sagen, dass der Verstand ausgebildet wurde durch Fragen.« mit diesem Satz Hegels lande ich, nicht als Zuschauer auf dem Podium, um zu gaffen, sondern auf dem Pult von Menschen, die damals so auch Heute, immer wieder die Frage stellen, was ist der Mensch. Warum Philosophie? Warum Fragen, wenn man doch vorgefertigte Computer- Bilder, die Wort wurden, vors Angesicht geklatscht bekommt, um in stiller Ohnmacht sich im Nichtwort das Seinige zu ersinnen? Es sind keine Worte mehr vor Ort, wo ich als Laub (ein Blatt) vom Baume fallen kann, nur um dem Baume einst Humus zu sein, um am Alten Platz am Ast, an der Spitze, dort wieder Knospe werden zu können. Ein Blatt wie mein beschriebener Bogen: Blatt für Blatt! …

So, wie Wort an Wort die Muttersprache als Energie die Menschheit noch lange besonnen möge: fern ab aller PC Welt – allwissend im Punkt um Punkt, dann doch:› Ich = Ich‹ zu sein.

These Einundzwanzig. Ein Gedicht: »Liebe!«

Heute sah ich die Liebe:
eine Blütenknospe.

Heute sah ich einen Menschen:
ein Kind.

Heute ging ich
dem Tag verloren

ich sah die Knospe
Blüte werden

mit einem Kinder-
Lachen: vereint.

Und ich? Ich stand da
vor mir, mit offenem Munde

lächelnd, ward Blütenknospe
in Gedanken ein Kind! Heute?

sah ich die Liebe wieder
eine zarte Blüte – im Abendwind!

Thema zweiundzwanzig: Böse Kindheitserinnerungen aus der NS Zeit in Hamburg.

Ich weiß nicht mehr wie alt ich war. Kind, unbedarft in der Aufnahme von Bildern. Im Alter von 6/7 Jahren, da sah ich einen ekligen Film, als Vorspann zu einem Jungendfilm; es blieben mir im Innersten, bis auf dem heutigen Tage grässlichste ekelerregende Bilder in den unendlichen Synapsen, den Hirnzellen haften. Und die Jahre wogten drüber hin wie flüssiges Blei, das ständig Herz und Seele belagerten, bis auf den heutigen Tag.

Der Film begann, so, heute, in weiter, dunkler Ferne, mit einem Gehege mit munteren Ratten angefüllt. Die Kommentare richteten sich an die Juden im Dt. Reich. Filmrissen gleich schießen an bestimmten Tagen mir diese Bruchstücke von Volksverhetzung in den Sinn. Man engte die Gatter des Geheges ein, gab ihnen weniger zu fressen und siehe da, so der Kommentator, »sie werden aggressiv wie die Juden, die sich dann, im, noch engeren Maße dieser Umzäunung, gegenseitig an- und auf- fressen »wie die Juden!«:Ich weiß heute nicht mehr, woher diese unheimlichen Bilder kommen, die sich teils im Traum, so auch im wahren Wachzustand sich meiner bemächtigen.

Heute ist so ein Tag, ich denke dem gemäß, nicht an Juden, sondern an die Welt als Gehege insgesamt. Vor Jahren las ich im Journale von einem weisen Mann einen Ausspruch. »Die Frau, im Jahre 2010, die mehr als 2 Kinder zur Welt bringt, begeht ein Verbrechen an die Menschheit.«

Jetzt denke ich nicht mehr an Juden, Ratten, sondern einfach nur an Menschen, wie Du und ›ich‹! Bis zum Jahre 2050/60 soll es 3 Milliarden Menschen mehr auf der Welt geben. So lese ich Berichte und das TV bestätigt diese Angaben. Die Ressourcen der Welt ändern sich von Tag zu Tag. Auch die Klimaerwärmung trägt ihren Teil dazu bei.

Und die Kirche, Sekten, Glaubensgemeinschaften aller Art usf., sie predigen weiter: zeugt, zeugt, zeugt, und bereiten diesen Untergang mit vor. Oder müssen irgendwo auf der Welt die Kirchen- Oberhäupter Krieg um Krieg beweihräuchern, um durch Schlachten, welcher Art auch immer: Luftschläge, Stammeskämpfe, Atom- oder gar Wasserstoffbomben die Dezimierung neu eingeläutet werden?

Gottähnlich soll der Mensch sein, so sie, die um der Macht willen predigen, für Siege beten, und sie bekommen noch nicht einmal mit, dass es schon lange nur um das Wesen Mensch geht, das sich selbst verführt.

Flüchtlingsströme aus Afrika überrennen unser Land. Warum enden diese Ströme nicht am Rande Afrikas? Dort, wo Menschen für Macht und Geld, Gold, Nussschalen mit Ihresgleichen belegen, und sie, wie Vieh in den möglichen Tod senden! Irgendwo starten sie doch, und die, die dort die Augen verschließen und die Dukaten blind entgegen nehmen, sie müssten alle verurteilt werden.

»Schuld daran ist Deutschland,« so höre ich die Welt der Europäer. Schuld ist das I- Phon, Fernseher, der mit einem Solarschild auf dem Palmhüttendach dieses Kontinentes ausstaffiert wurde.

Reporter vor Ort fragten ein kleines kaffeebraunes Mädchen warum es denn unbedingt nach Deutschland möchte. Und es antwortete, »weil es dort täglich etwas zu essen gibt.«

Wir flohen, ausgebombt, von Hamburg nach Mecklenburg. Und als wir am Ende des Krieges in unser zerstörtes Heim zurückkehrten, das der Vater, der in der Stadt bleiben musste, als Brandwart (berufsbedingt) dieses ein wenig herrichtete mit den Restmöbeln, und den angekohlten Bettgestellen; Drei Zimmer, Küche: 5 Personen. Da setzte man uns noch 2 Familien in unsere Wohnung: Zwangseinweisung, wegen der Raumnot in der Stadt.

Eine Toilette für 10 Personen. Ein Handwaschbecken, Dusche, Bad etc. gab es damals noch nicht. Unser Küchenschrank wurde aufgeteilt. Fach 1, 2 und 3. Und oft fehlte dies und das, was der Markt uns anbot. Aber genug davon. Überall Ratten. Schon bin ich wieder beim Ausgangpunkt angelangt- »Ich konnte mich anfangs nicht finden, da ich nach Mensch suchte.« so schrieb einst Max Stirner, ein Philosoph.

Wenn ich die Tagesschau am Abend am inneren Auge vorüberfliegen seh', dann sehe ich mich nicht. Wo bin ich? Bin ich wahrhaft dort gelandet, dort, wo Einige verwirrt sich fragen, wann wird das Gatter zur Falle für uns Alle, die Wir glauben mit dem Verstand nach Mensch gesucht zu haben.: Nur wo finde ich mich?

Da wachte ich auf aus meinem Kindheitstraum, aber ich fand mich immer noch nicht. Aber? Ich suche weiter!

Thema dreiundzwanzig- Gedicht-

Das Neue- alte Heim: Die Poesie.

Weit, weit zieht mein Wort in die Ferne
abgekapselt, ich, vom Sein.
Heimgekehrt ins Reich der Sterne
Zeichen dort im toten Stein.

Frucht, dem Menschen, kann gebären
meinen Sinn. Befruchtet, abgekühlt
dies EINE zu erklären
was die Sinne in den Äther spült.

Auf, auf ihr müden Kriegs-Gestalten.
Wellen säen Keim an Keim
in die vielen Wortgewalten:
bauen mir ein Neues, Altes Heim:

Die Poesie!

Thema vierundzwanzig- Einheit- Dreiheit- Vielheit usf.

Jede Linie hat einen Anfang und ein Ende, so des Volkes Mund. Die Dreiheit besagt aber jede Linie hat einen Mittelpunkt.

Linien haben keinen Anfang und kein Ende, da der Mittelpunkt die Linie in sich ist, Selbst, Linie im Punkte des Verstehens: 1 + 1 = 2, die in der Betrachtung (1) (1) (2). Von Außen betrachtet bildet die Trias die Dreiheit. Um dieses Prinzip der Dreiheit der Momente, Allgemeinheit, Besonderheit, und Einzelheit im systematischen Ort der logischen Struktur des Begriffes einzuordnen, der Subjektivität, dort verlangt man aufzuschauen, des Himmels Blau neu zu beschauen, ihn auf einen Punkt zu bringen.

Aus dem Punkte ›ich‹ heraus bilde ich meine Worte, als Linie, hinein ins Blau der Atmosphäre. Hin und Zurück: das ist der Augenblick. Unzeit, ich sah! Kein PC wird je diese –meine- Linie- in Worte fassen können, denn jeder Augenblick ist ein unbekanntes: JETZT!

So fülle ich die Fugen dieser Wände, wie der Maurer mit der Fugenkelle, und füge meine Worte ein, Fuge für Fuge: in Stein; bis der Augenblick die Metaphern im Bilde kleidet mir- Wort an Wort.

EMPHATIE = die (griech.) Die Fähigkeit sich in Andere hinein zu versetzen.
INTROSPEKTION = Selbstbeobachtung.

Aus Heinz Kohut »Die Heilung des Selbst«
»Das emphatische Verstehen der Erfahrungen anderer menschlicher Wesen ist eine ebenso fundamentale Begabung, wie Sehen, Hören, Fühlen/ Riechen / Schmecken/!«

»Die Psychoanalyse kann mit den Hindernissen, die emphatischem Verständnis im Wege stehen, fertig werden, ebenso, wie andere Wissenschaften gelernt haben die Hindernisse zu meistern, die der Beherrschung des Gebrauchs der von ihnen verwendeten Beobachtungswerkzeuge im Weg standen.«

Das Kern- Ich, es mag sein was es will und wie es will, es ist auf keinen Fall mit einem Wort zu interpretieren. Das Kern-Ich besteht aus Sehen, Hören, Fühlen, Schmecken und Riechen; unsere Fünf Sinne, die durch den 6. Sinn zusammengefügt- z.B. dieses Kern-Ich ergeben? Oder ist der 6.Sinn das Kern-Ich? eine Zusammenfassung, die diese 5 ganz normalen menschlichen Sinne, zusammenfassend, als Einheit- Ich- ergeben kann. Oder ist der 6. Sinn das Kern-Ich-: die Seele z.B. oder die uneingeschränkte Idiosynkrasie dieser Anhang von Ahnung und Vorahnung, die uns wissen lassen(unbewusst und dann doch bewusst) was diese 5 Stammsinne untereinander in die Neuronen, um nichtwissend (wissend dann) Ablehnung oder Zuspruch durch diese jene Angelegenheit durch die unendlichen Synapsen (die Verbindungen untereinander) uns fest macht: Ja oder Nein zu sagen! ...oder ein zurückgestelltes Vielleicht?

Da wäre z.B. das Wort Introspektion, die Selbstbetrachtung, die sich im Anschluss der Empathie bedient: Die Fähigkeit sich in Andere hineinzuversetzen; in dem Moment wird die Selbstbetrachtung, unumgänglich, da die Fähigkeit sich in Andere hineinzuversetzen dieses Kern- Ich' bedarf, um Vollzug vermelden zu können. In diesem Moment (meine Ansicht) kommt die Psychologie, ohne Philosophie, der Überordnung sich an Begriffe heranzuwagen nicht aus. Ich meine jene Philosophie, die am Ende aller Wissenschaften (in der Differenz) im Sinne ›Derrida‹ ›différance- nach Auswegen sucht das Unbenennbare in die Annäherung durch z.B. Metaphern, wie sie die Poesie gegeben, die Betitelung ›Kern –Ich zu geben.

Dieses Kern-Ich ist eine Metapher, für die Zusammenfassung der 5 Sinne, wobei der 6.Sinn der sich anmaßt diese Gesamtheit zu erkennen wiederum in einer Metapher endet, wobei der 6.Sinn der sich anmaßt diese Gesamtheit zu erkennen, wiederum in einer Metapher endet: Der Übersinn! Und dort beginnt, für meine Begriffe: Die Philosophie, dieses Gedankenspiel zwischen Wirklichkeit und Annahme, Selbst, Kern-Ich zu sein, um diese Erkenntnis zu steuern.

Ich kann das Kern- Ich doch nicht durch Sehen, Fühlen, Hören Riechen oder Schmecken erkennen. Also fasse ich zusammen. Kann ich das? Nein, denn das könnte wiederum nur dieses Kern- Ich. An dem Punkte wird wieder Alles menschlich, wenn man nicht mit jedem philosophischen Gedanken, die Fähigkeit sich in Andere hineinzuersetzen beginnt, in stiller Selbstbeobachtung, das Kern- Ich der Psychologie, in das Philosophische hineinzugebären.

Dort steht nicht der Analytiker, der einem Anderen etwas berichten möchte, Nein- dort steht- Ein Mensch- an dieser Wiege der Sprachlichkeit, sich nicht mit nichtzufassenden Begriffen (différance Gedanken) zu belauern um mehr Recht zu haben als Freud, Derrida, Heinz Kohut etc …, hier betrachtet das Selbst das Selbst: was im tieferen Grunde auch nicht nachvollziehbar ist. Und schon bin ich wieder beim Kern-Ich. Wenn ich dann noch Anweisungen befolge: »Spaltung, Auflösung eines Ganzen in seine Teile« (die Desintegration) dann frage ich mich, wer nimmt das vor? In der Psychologie begibt sich der Psychologe auf dieses Gebiet, durch diese Handlung zu entblättern, um über die 5 Sinne des Anderen, abtastend, an das so genannte Kern-Ich heran zu kommen. Aber, in meiner tieferen Betrachtung bin ich beim Einstieg in die eigene Sphäre »mit der Fähigkeit sich in Andere hinein zu versetzen« (Andere – hier das Selbst zum Selbst.) dann kann ich nur für mich nicht einfach zur Tagesordnung übergehen, und sagen, das ist das Kern-Ich, das diese Betrachtung selbst im Selbst vollzieht.

An der Stelle bin ich in jener différance, dort, wo J. Derrida sagt, dass différance kein Wort, kein Ort, zeitlich wie räumlich ist …! Man schiebt Raum und Zeit weiter zusammen, bis sie Beide in sich zusammenfallen und löst so den Begriff différance auf. An dem Punkt angelangt bin ich beim Huhn / Ei Spielchen. Was war zuerst da: »Das Huhn oder das Ei?« sie waren beide zur selben Zeit Da. ich weiß es! Nur Worte gibt es dafür nicht. Dafür zog Derrida diese Annäherung des Nicht-Wortes différance in Betracht, um im philosophischen Sinne Möglichkeiten anzudeuten, die Begrifflichkeit ganz menschlich darzustellen, dort, wo Raum und Zeit: wortlos wird! Aber zurück zum Kern-Ich. Spalte ich diese 5 Sinne auf, wer betrachtet wen bei der Beurteilung, wo sie Einzelsinne sind und Einheit des betrachtenden Wesens? Ist diese Zusammenfassung vielleicht das Kern- Ich? Dort, wo alle Sinne sich finden, um sich selbst an die Hand zu nehmen, um über die Lyrik z.B. in Gebiete vorzudringen, die noch unverständlicher für die Allgemeinheit werden? Alles ist in Worte zu kleiden, das macht meine Überschrift aus, die sich auf ein Gebiet hinaustreiben lässt, das nur zwischen den Zeilen, auf das eigene Ich stößt. An der Stelle ist das Selbst des Poeten aufgelöst im Selbst des Lesers, denn seine Worte sind eingegangen in die eigenen Metaphern des Betrachters, sich in diese, seine Sinne, einzugliedern. ›Das Besondere in dieser Welt ist die Alltäglichkeit‹, dort, wo das Blatt am Baume, die Blume am Wegesrand, sogar das Wort des

Anderen zum wahren Wunder uns zusammenbringt: Mensch zu sein! … wenn es dafür auch nie ein Wort geben wird! …-

Thema Fünfundzwanzig. Ein Gedicht!

Digitales wortloses Gerangel

Liebe Deine eigene Rebe.
Gehen lernen: fliegen.
Und an den Ufern begebe
ich mich HEIM Wörter zu besiegen.

Digitales wortloses Gerangel.
Schatten an der Angel:
Punkt, Punkt, Komma, Strich
mehr nicht. Muttersprache- in der Mangel-
sie ließ mich im Stich.

Amerikanismen im Bla, Bla:
Essenzen der Technik als Sprach- Salat
so findet die Erweiterung im großen Trara
in Punkt und Komma, im Denken, statt.

Das Licht erlischt, der Verstand blieb leer.
Weiß blieb die Leinwand im Begehr
Muttersprache die Luther dem Latein abgewann
sie mit neuer Energie zu füllen, dort begann

mein »amor fati« liebe, lebe
Dein eigenes Schicksal- mit Verstand
das ist die Knospe meiner Rebe
meiner Muttersprache seligstes Land!

Thema Sechsundzwanzig- Ein Gedicht-

Energie: Muttersprache

Festvertäut liegt unser Schiff im Hafen
Muttersprache Du- so- Wort bei Wort
lässt uns alle friedlich schlafen
bis ein Bla, Bla reißt in Wellen fort

die unsre Energie, die einst Gestaltung
Licht in die Erkenntnis einzuweben, dort
wo der PC in digitaler Um- Verwaltung
in Punkt und Strich vernichtet: Wort an Wort.

Zeichen blieben: Bilder- Pixel! Sie
zerfressen zärtlichste Gedanken.
Amerikanismen englischer Magie
bilden digital nur neue Zeichen: Schranken

die geöffnet neue Grenzen bilden
in dem Muttersprachen »Ein mal Eins«.
Klick und Klack, das sind die Neuen Wilden
im PC, so, Punkt und Strich: der Sender Mainz.

Losgelöst, so dümpelt sie in unbekannte Sphären
meine Muttersprache in der Wellen Welt
hin und her. Ich möchte nur das Eine klären:
Die Erkenntnis liegt im tiefen Eingebären

dort, wo dieses Erbe Muttersprache, in Erweiterung
des Geistes, so die Energie beschalle
den -Kern der Ich- Gestaltung als Bereicherung
der Allmacht, nicht dem Vieh, im Stalle

oder in Tavernen, auf den Mist gestreut
das, was unsre Väter in Jahrhunderten im Ringen
abgerungen dem LATEIN dem –Mittelalter-Geläut-
über »teutsch« und ähnlichem Besingen

-schulbetreut – als Rand der Sphäre
im Geiste innigster Vernunft, das Schiff
in ruhigen Gewässern, als die große Fähre
zu steuern vorbei, an Untiefen und Riff.

Mögen alle Menschen dieser unsrer Mutter Erde
in der Sprache Rampenlicht- erhalten
das, was einst begann LEBEN zu gestalten
damit das Wesen einst zum Menschen werde

wie ein Kind, das neu gebäret, Hort an Hort
die Sprache Aller, das ist mir des Geistes Wort.

Fest vertäut liegt unser Schiff im Hafen:
Muttersprache Du sollst ruhig schlafen
in meinem Gedicht, der meinen Wörter Angesicht!

Thema siebenundzwanzig – Das Recht im lyrischen Erkennen.

Unphilosophisch, rein menschlich in der Betrachtung das Weltgeschehen in die offenen Arme einfließen zu lassen: ohne Hass, ohne Neid.

Ich verstehe die Allmacht der Gier im Rechten Recht zu verstehen. Doch wo beginnt, und wo endet das Recht? Lyrik ist im Erkennen im Grunde ein wortloses Benennen, obwohl das Wort entfernt, im Poeten, zeit- raum- und wortlos werden kann. Benannt ist das Allgemeine in Einzelnes umzuwandeln.

Dort, wo das Ich zur Masse wird, um in der Umkehrung, aus der Negation hervor, wieder Wort wird: Verstehen! Das Selbstbewusstsein aus dem Äther der fernsten Ferne auf den Frühstückstisch, HEIM zu holen, sich, in die Hand zu nehmen, um jedes Wort wie ein Regentropfen zu verstehen, der als fruchtbringender Segen an die Fensterscheibe Deines Zuhause klopft.

Lyrisches Erkennen ist im Benennen oft, Teil des tiefsten Inhaltes, das sich der Wissenschaft entgegenstellt. Von Fall zu Fall erklärt sich manche Einheit als Vielheit und manche Vielheit wird zur Einheit, verinnerlicht man sie für sich.

Psyche allein ist so ein mächtiges Wort, zerlegt in die Nuancen der Lyrik, eingebunden, die, Parallelen am Pol spaltet. Wörter, Teile, sie sind unwiderlegbar: belegt. Klappentexte sind Wunschgestalten, die im Handumdrehen zum Inhalt werden, zum eigentlichen Gesamttext des Buches. Der Schlüssel wird selbst der Schlüssel zum eigentlichen Selbst, Inhalt, so, belegt, er, der Klappentext: das Werk.

So ist das Wort ›Klappentext‹ Inhalt durch das Aufgezeichnete, Individuum: ungesagt klebt es am Anfang und am Ende eines Werkes, wie das Nichtgesagte, das dem Inhalt Teil des Ganzen, Merkmal, Kennzeichen für den Code, den Mund öffnend. Äußeres zu gestalten. (wie beim Recht)

Jetzt ist das Wort, z.B. Der Erkenntnisbaum, menschentäußert und Inhalte stehen herum, wie Espenlaub das im Blitzgewitter der Gedanken nach dem Selbst schreit, aufgenommen zu werden; dem Gesicht des Werkes- das Rampenlicht- zu drosseln, um als Pflänzchen aus dem Biotop herauszugelangen ›Selbst‹ ein Apfelbaum zu werden, um die Frucht, den Apfel, aus dem Garten, heraus, in ein Wort zu kleiden, das dem Inhalt eine Schale gibt, um in der Welt des Lug und Trug, Teil von dem zu werden, was dem Keim, dem Sämling als Gene mitgegeben, so, in der Zeit, erwachsen kann.

Der Sämling wird zur Psycholinguistik (Störung?).Der Keim, das klitzekleine Bäumlein klingt wie Psychopathologie, von krankhaften Erscheinungsformen begleitet, die in Regen- und Trockenzeiten, im Sturm, im Winterkabinett, Kälte in Eis und Schnee, das Wachstum, der Früchte, einst, verändern kann. Zur Psychophysik begeben sich die Wechselbeziehungen der Erlebnisse, beim Menschen ›Körper und Seele‹ bei den Pflanzen nur der Wuchs im Allgemeinen. So wird dem Psychologismus in Abrede gestellt, das er das Wort im Wort umbaut, oder zerstört.

Bis zur Blüte des kleinen Baumes ist viel Zeit verflogen, bis zum Apfel wird noch ungemein Zeit verfliehen, um an die Frucht, des Wortes ›Apfel‹ vom Erkenntnisbaum, heranzukommen, das wird (im Nichtwissen Teil des Wissens) sein, dort, wo jeder Apfel etwas Einzelnes wird, Individuum. Geschmack,

Farbe, Reifegrad, Schale, Fruchtfleisch, alles wird zum Wort an sich: Klappentext, und außen vor noch ›ich‹: Keimling, Sämling …,ein Mensch, und in der Hand den Apfel vom Erkenntnisbaum: das Wörtchen Klappentext, das zum Inhalt selbst sich hinaufhob, Teil des ABC zu werden: Buchstabensalat. Lyrik? Nein, nur Klappentext, vom ich zum WIR von der Blüte zum Garten, Selbst, dort wo der Wind hineinbläst manchen Samen, der Sämling werden kann. Zuerst nur ein Wort. Ich weiß, dass Nichtwissen zum Wissen werden kann; dort wo Erkenntnis ›différance‹ entsteht und als Menschenwort in die Runde geht.

Bewusstes Nichtwissen ist insgeheim, der Anfang von Weisheit. ›jeder‹ hat das Nichtwissen in sich und doch sagt jeder: »ja, ich aber weiß!« Darauf baut sich die gesamte Dummheit der Menschheit auf. Selbst in der Politik wissen sie zu Hauf' ; der Wissenschaft nicht unbekannt: »ich alleine weiß!«

Wo beginnt das Wissen? Im Suchen! Hast Du dann dieses Wissen erkannt, müsstest Du, so die oberen Zeilen, von mir selbst kreiert, weise sein? Nein, das ist der Beginn, wie ein Versuch, ganz unprofessionell über Psycholinguistik- Pathologie, Physik bis zum Psychologismus mein Nichtwissen als Lyrik in den Wind zu stellen. Ich, hier als Gartenbeet, ein Rondell, um die Samen, die in Hohn und Spott mir in meinen Garten fliegen werden, einzupflanzen, in den Keimen, Knospen, Früchten, mein erneutes Nichtwissen mir selbst zu bekunden. Drum verflog ich mich in die Psycholinguistik, da Nichtwissen allein schon ein Wortbeginn in dieser Sparte könnte sein.

> Das Rauschen des Windes bringt mir all
> die Klagen vor Augen, die in Landser-
> Trecks durch mein Kinderdorf zogen.

Das hilflose Wiehern Hunderter abgelegter
Pferde auf unserer Koppel neben dem
Haus, auf der anderen Straßenseite ...
Getötete Pferde. ohne Hinterbein, um an

Fleisch heranzukommen. Flüchtlinge, die
gen Westen zogen, mehr Tier als Mensch.
und dann: Kriegsende! Welch ein Wort.
Mutter drückte die Daumen, dass das
vergrabene Silber nicht gefunden wird
das im Holzstall neben dem Plumpsklo
in der Erde verscharrt auf seine

rechtmäßigen Besitzer harrte. Vieles fiel
den Blicken der Besatzungsmacht zum Opfer.

So ist es auch mit meinem Garten ›Wort‹ besetzt von einer fremden Macht, der All-Wissenden, so stehe ich da, Kind, und schäme mich Schreiben gelernt zu haben. Jedes Wort begann mit A und endete mit Z! Das ist die Vorgabe des Denkens, das Nichtwissen zu beschenken.

Das Abendmahl, jenes das die Welt erlösen sollt'? Mord stand Ihnen im Angesicht. War das Wissen oder Nichtwissen? Jesu wusste, das war sein Wissen und doch nur tiefster Glaube zur inneren Schau: »ja ich weiß!«

… das ist mein Nichtwissen einer Altersweisheit, sie, die mit 70 beginnen kann, dass weiß ich aus Büchern. Und schon bin ich 72 und wieder im Nichtwissen gelandet. Weise ich? Nein! Dann müsste ich vom Nichtwissen verlassen worden sein, und das könnte ich nicht mehr verstehen, dazu bin ich viel zuviel ein Mensch! Sollte das mein Wissen sein? 70 Jahre nach einer der grausamsten (rechtlichen) Erinnerungen an Konzentrationslagern im NAZI- Deutschland: usf. Warum (rechtlich?) In diese Erinnerung ist ein eingeklammertes Recht eingeführt? Ich will der Eingabe Rechtlich in alle menschlichen Hirne eingeben! Schon F. Nietzsche schrieb: »Recht ist nur solange Recht, wie man darum kämpft. Ist Recht erst Recht, dann beginnt das Unrecht!« So fragt man sich auf der ganzen Welt: Was ist Recht? Jeder Diktator gibt sein Recht heraus. Also denken wir vordem über Recht nach, bevor wir wieder und wieder über menschenverachtendes Unrecht (nachträglich) Blumen auf die Gräber legen, im (Recht) getötet zu haben?

Als Lyriker kann auch mein Wort, wird es auf Recht usw. untersucht, schnell in Misskredit geraten. Also bekenne ich mich in der »différance« J. Derrida' wort- zeit und raumlos zu sein … und doch Wort!

Einzelnes wird automatisch zur Masse, und Masse wird Einzelnes: Zwischenraum. Darum meine Warnung im Wort nur das Allgemeine Wort zu sehen. Löse Dein Ich in jeder Zeile auf, werde wortlos, dann besteht die Möglichkeit sich das Wort-Zeit- und Raumlose in Dein Lyrikverstehen aufzulösen!

Ich zu Ich, so besteht die Möglichkeit … »ich weiß, dass ich nichts weiß« und wir verstehen jedes Recht, dort wo Glaube die Allgemeinheit sprengt wahrhaft zu glauben: Worte? Nein! Dort alleine stellt sich wahre Lyrik ein.

Das Recht im Lyrischen Erkennen
ist schlichtweg das Benennen
im Aufschauen neue Häuser bauen: Sie
Grundstein meiner Philosophie!

Thema achtundzwanzig- Ein Gedicht- »So, wie mein AB im ABC!«

Im Zahlenspiel kalendarisch
ich, weise zu sein? Nein! …
nur erwacht am Tische
der Wesen, Einzelner:
und doch- nur- Blatt
im großen irregulären Patt
Teil des Baumes, in der Synthese mein
dann, wieder Blatt: allein.

Die Synthese dann:
Schatten dem Licht
sie vergaß ihr bleiches Angesicht
Romantisch in der These Gespann
einzeln im Streit
dem Realisten ein bitter Geleit.

Ich diene allein dem Baume
das ist gescheit: ich lese
»Romantisch-Realistisch« am Saume
als Blatt, im Baume befreit
Einzelner in der Genese Zeit

dem Stamme hörig zu sein
als Blatt im riesigen See
der Rose zum Schein
wie mein AB im ABC!

Thema Neunundzwanzig- »Deutsche Sprache.«

Anlass: Leo Weisgerbers vier bändige Ausgabe:
»Von den Kräften der Deutschen Sprache« Band I-IV
Pädagogischer Verlag: Schwann –Düsseldorf
Z.B. I/12 Seite 12 -Band I- usw.

Eine Zusammenfassung meiner Gedanken, was Muttersprache, Glauben/ Wissen usw. betrifft.

» ... dass Sprache nicht etwas Selbstverständliches ist, sondern eines der größten Geheimnisse und Wunder des Menschenlebens«, diesen Gedanken L. Weisgebers (I/ 12) schließe ich mich gerne an.

Weiter (II/ 18) birgt diese vierbändige Ausgabe wunderbare Hinweise sich dieser Wunderwelt Sprache zu nähern: »Vielmehr ist die Sprache selbst der Ort, an dem sich der Aufbau der gedanklichen Zwischenwelt vollzieht, der Weg, auf dem die Welt des Seins in eine solche des Bewusst- seins überführt wird.«

Und (III 26) entnehme' ich für mich: »Mit der gleichen Selbstverständlichkeit wie die Luft zum Atmen rechnen wir in unserem geistigen Leben die Sprache ein.« Weiter (III 180) »sprachliche Minderheiten werden zu politischen Gefahren, wo man ihr Naturrecht auf geistige Selbstentfaltung und kulturelles Zusammenwirken mit ihrer Sprachgemeinschaft zu unterbinden sucht ...! Es ist eine der Grundvoraussetzungen für die Schaffung eines geeinten Europas, dass die Gefahrenquellen der sprachlichen Spannungen und Kämpfe beseitigt werden …. (2o2) … sich im Ausgesprochenen dem Unausgesprochen zu nähern,« das ist in meiner Welt der Gedanken eine unumgängliche Möglichkeit Zwischenräume zu schließen, um die ganze Tiefe Muttersprache in Betracht zu ziehen. So laufe ich die Gedanken über die Sprachräume zwischen – im Jahre 700 und 900 – dahin und sie bilden einen Kern, woher einzelne Begriffe im Zusammenhang zu finden sind.

Wenn man sich auf Sprache einlässt, dann beginnt ein Fragen und Antworten bis zum sokratischen »ich weiß, dass ich nichts weiß«., und doch öffnen sich in diesem Wissen um das Nichtwissen wunderbare Zwischenräume, die ständig mit neuen Gedanken angefüllt das wahre Menschsein uns zum wahren Bewusstsein führt: zu leben!

So folgt Band IV mit dem Titel »Die geschichtliche Kraft der Dt. Sprache.« Es ist kein Zufall, dass das ndh. Wort Muttersprache zuerst bei Luther im Jahre 1523 belegt ist, und diese neuentdeckte Muttersprache wird nun als Kraft gespürt bei dem Bemühen, ein eigenständiges Leben zu entfalten. (IV 28)

(IV 49) »Insgesamt können wir sagen, dass ›ahd. diutisk‹ im Laufe des 9. Jahrhunderts von einem Wort der Sprachgrenze zu einem vollgültigen Volks- adjektiv- heranwuchs!

Der Kreis,in sich geschlossen, im bildlichen Sinne: Die Muttersprache. Kreis auf Kreis, bilden dann die Muttersprachen der ges. Welt. Die Quadratur des Kreises: eine Berechnung, so der Duden! Für mich – Heute- ist der Kreis etwas völlig anderes. Es kommt, an dieser Stelle für Viele etwas Unmögliches, für mich, Heute, etwas Wahres! Mein Alter, mit all den Windungen zwischen Theorie und Praxis Hin und Her gerissen. Verkleinere ich jeden Kreis auf sein unendlich gedachtes Minimum, dann bleibt am Ende, bei jedem Kreis, ein Punkt: nur ein Wort übrig. Nehme ich diesen Punkt / ich / als Ausgangspunkt und bilde, nach links, rechts, nach oben oder unten, zwei Linien, dann erhalte ich ein Parallelogramm. Die linke Seite führe ich gedanklich in die (in menschliche Worte gekleidet) Unendlichkeit und die rechte Seite auch, dann habe ich so, für mich, die unendliche Parallele, den Unendlichen Kreis. Da für mich die Parallelen (wie beim Wort) nach allen Seiten, nach oben, wie nach unten geöffnet bleiben, in dem Moment hebt sich jede Unendlichkeit auf. Also? bin ich wieder bei Sokrates: »ich weiß, dass ich nichts weiß.« Aber darum wusste Er. Und dieses Nichtwissen machte ich mir ebenso zum Wissen, um aus diesem Verständnis heraus diese Unendlichkeiten aufzulösen. Denn es gibt diese Unendlichkeiten nicht. Wie kann ich sonst Nichtwissendes, Nichtzufindendes in Worte kleiden und warum? Der Mensch er kann, und hier wird er gottähnlich; er macht sich zum Wissenden: Gott!

Die nach allen Seiten offene, meine nie endende Parallele soll uns Menschen zeigen, wo ständig neue Anfänge der Muttersprache, in der im Innern liegenden Energie, jene Kraft entwickeln, uns gemeinsam weltweit als Mensch, nicht als Gott, Götter usw. uns weiterentwickeln. Aber? In der Überbevölkerung der Erde wird der Mensch selbst die Krebszelle dieser unsren Mutter Erde und ist auf dem Wege diesen Blauen-Planeten zu zerfressen. Gier, Macht nach der Selbstverwirklichung Gott selbst sein zu wollen, zerschlagen wir das eigentlich Göttliche, diesen Glauben, der Mensch sei etwas all-ewig Gutes.

Der Wahre Glaube wird allein dort wahr, wo er wortlos Innerstes wird. Dort, dann, könnten sich diese Krebszellen lösen in der Geburtenregelung, nicht reine potentielle Wahl- Kreuzchen auf dem Stimmzettel irgendwelcher religiösen Ausrichtungen zu tätigen, für Machtansprüche – Gier- Herrschsucht etc.– im Zeugen von Masse auf Erden.

Meine Parallelen gehen über alle Ewigkeiten hinaus, um dort, geöffnet, für alle Einzelwesen den Sprachraum Mensch, in tiefster Würde von diesem Hohn, selbst gottähnlich zu sein, auf dem Wege in das geöffnete Wörtchen Mensch, befrei' n.

»Ich habe mich anfangs nicht finden können, da ich nach Mensch suchte.« So, Max Stirner, ein Philosoph! In dem Sinne sollten wir uns weltweit, über das Selbst, jedes Einzelnen, auf die Suche begeben, den, »Bestirnten Himmel« KANT als die geöffnete Parallele zu sehen, auf dem gemeinsamen Weg, nicht z.B. in geraumer Zukunft in Computerpünktchen neue Götter auszumachen. Denn? wir sind schon seit einiger Zeit auf diesem Pfad!

Ob ich Angst habe? Nein! Ich nicht, denn ich glaube das Ich im Gesamtbegriff Mensch, Ich = ich, gefunden zu haben: und meine Worte sind nur Hilferufe, dort, wo der Mensch gegen sich, im religiösen Wahn tötet, ohne zu merken, dass sie in der Umkehrung ihr Ich zum Ich des Anderen, dort erst erkennen können …! Im Grunde tötet Ich das Ich und alle sie, würden sie im Sinne Max Stirners suchen; sehen usw. würde auf dieser Suche erst das wahre Wunder Mensch, begreifend, für sie Alle entstehen. Also beginnen wir mit dieser gemeinsamen Suche: vom Ich zu Ich zum großen Sammelbegriff, der in allen Muttersprachen dieser Welt der gleiche, wenn nicht sogar derselbe ist: »seht her ein Mensch!« ‹ich› an ‹ich!

Thema dreißig: Ein Gedicht (mit einer kleinen Einleitung).

›ich‹ ein »Romantischer Realist«

Mein Gedicht ›ich‹ ein (1) »Romantischer- Realist«

… um in einfachen Worten das zum Ausdruck zu bringen, was die Dreiheit (Sprache) in sich birgt … (bergen kann)

… wieder und wieder (1a + 1b = EINS (1) um dann wieder über 1a, der These, von der Antithese beschossen (wörtlich) um dann wieder und wieder in der Synthese EINS (1) zu sein, Ursprung des Denkens, über Zeichen zur Wahrheit zu kommen: dort, wo alle Zeichen enden- verstanden zu haben. Was nicht wahr sein muss! Die Einheit ICH, wie viele endlose Zeichen ich dort überwandt- und noch zu überwinden habe? Ich zu Ich, manche Hürde wird dem Wesen ›ich‹ noch versuchen ein Bein zu stellen: Aber? Dafür habe ich meine Freunde: die These, die Antithese und letztendlich ›ich‹ auch noch Mich!

›ich‹ EIN(1) Ein »Romantischer –Realist«

Romantik ist
ein Licht zu zünden.

Der Realist
er bläst es aus.

Ein »Romantischer –Realist«
ist in Beiden ZUHAUS
Gipfel und Tal als Einheit zu sehn.

Berge hinauf und hinab
Oben und Unten
gleichauf, das ist des Lebens Lauf.

Drum halte ein, den Gipfel erreicht
die Leere ist gar leicht zu übersehen.
Man sollte keinen Gipfel übergehen.

Dann bist Du bei mir in der Romantik
auch ein Realist zu sein …

Im Tale finden wir uns beide ein
und steigen gemeinsam wieder hinauf!

TEIL II – z.B. Antithese

Thema 1 Sokrates, Konfuzius, Osiris … usw.! Hegel 1/441

»Ich ist das Sich- Erhaltende, aber es ist eben dadurch Einzelnes (negative Einheit) nicht sich reflektiertes Allgemeines. Hierin liegt die Zweideutigkeit der Dialektik und Sophistik; das Objektive verschwindet. Das Denken, der Verstand ist das Regierende, Wahre, sich selbst bestimmende Allgemeine!«

So begleite ich meinen Ausflug in die Zeit, der Bildung, der Herzensbildung: Er beginnt bei Konfuzius und Sokrates; obwohl ich tiefst auch oft an Osiris denke, der Bildung seinem Volke zu Teil werden ließ, aber, vom Bruder- aus Machtgier getötet wurde.

Um aus der Spätromantik auf mein EingangsThema »Romantischer- Realismus« mich wieder einzufinden, gehe ich weit, weit zurück; gedanklich, menschlich, aber schon über Morgen, Übermorgen weit hinaus. Ich gedenke in kurzen Einwürfen meiner mir liebsten Vor-Denker! … nämlich Konfuzius, Sokrates und bin ich ehrlich, dann denke ich im tiefsten realen Gedanken, Menschen zu betrachten, an Osiris, der in althergebrachten Geschichten an das Biblische Denken erinnert: Brudermord! Ist das wirklich der Mensch? Oder sollten wir dieses Bild nicht überwinden in der einmaligen Anlage- Denken- das Denken vor dem Wort, mit anderen Koeffizienten, zu belegen, die den Wesen dieser Erde eine Möglichkeit schaffen, doch noch Menschen zu werden?

»Ich denke, also bin ich!« sprach irgendwann ein Philosoph und man meinte, die Welt verändert zu haben.

Was hat das alles mit Romantik zu tun? werden sie fragen. »Ich denke« das soll für mich allein der Realismus sein. »Also bin ich«, das kündigt die Romantik an. Was Descartes wirklich dachte, bei diesem »Ich bin« wird ewig sein Geheimnis bleiben.

Sein Denken, das wortlos in den Jahren, bis zur Geburt dieser »Kürzest- Übersetzung« ablief, ist sein Unikat, der Anfangspinselstrich eines Malers, der gerne das ›Größte‹ festhalten möchte, was sein Geist, in der Geburtsstunde des »lumen naturale« der Stunde seines natürlichen Lichtes, ihm eingab.

Auf einen einfachen Nenner gebracht ist dieses Licht, das Erkennen- Können, Mensch zu sein. Mein Anliegen ist es, mich ständig aufzumachen- ihm- das nachempfinden zu können. Und dazu brauche ich die Romantik! Aber, um wahrhaft Romantiker zu sein, da komme ich am Realismus nicht vorbei! Also ist meine Formel des »Ich denke, also bin ich!« vor dem Wort – Ich- zu sein, dort, wo Osiris und Sokrates gemeinsam- zu mir- wortlos sprechen, dort, wo die wahre Romantik ZUHAUSE ist, im Sein der Zeit.

Meine Rückerinnerung an: Morgen! Soweit, wie zum Chaos, Anfang, will ich nicht Vor- aus. Vielleicht bis Über-Morgen, um das Morgen besser verstehen zu können.?

Im Jahre 551 vor Chr. ward in der Provinz Shandong, am 28. September, so behauptet man, ein Philosoph, wie Sokrates geboren! Ja und Nein! Jede Zeit hat ihren Platon, ihren Konfuzius usw.! Wenn sie nicht geboren werden, dann erschafft man sie. Konfuzius, einer meiner mir tiefsten Rückerinnerungen in die Zukunft ist mir eine wunderbare Anregung selbst die Vergangenheit: M o r g e n , neu zu gestalten.

Sokrates schrieb nichts auf, so wie die Kelten. Das Gleiche gilt, so sagt man auch von Konfuzius, von dem man angeblich nichts Schriftliches fand. Höchstwahrscheinlich, so nehmen die Gelehrten an, das Schüler seine Weisheiten über Jahrhunderte, von Mund zu Mund, weitergaben. Gespräche von Zeitgenossen und deren Nachfolger hielten dann fest, das, was er an Tiefsinnigkeiten preisgab.

In Form von Niederschriften soll sein geistiges Gut dann weitergegeben worden sein. So war das Vorliegende (Werk) des Großen Meisters erhaltenswert geworden, bis auf den heutigen Tag! Mich bewegte auch heute noch, ständig aufs Neue, diese Rückerinnerung nach Vorne, in die Zukunft: Zeit!

In der HAN –Dynastie, etwa ein halbes Jahr-Tausend nach dem Tode Konfuzius, im 1. Jahrhundert nach Chr. wird sein Werk, aus der Überlieferung verfasst.

»Also sprach Konfuzius: Als ich 15 war, war mein ganzer Wille aufs Lernen gerichtet. Mit 30 Jahren stand ich fest. Mit 40 Jahren hatte ich keine Zweifel mehr. Mit 50 kannte ich den Willen des Himmels. Mit 60 hatte ich ein feines Gehör, um das Gute und das Böse, das Wahre und das Falsche herauszuhören. Mit 70 konnte ich den Wünschen meines Herzens folgen, ohne das Maß zu überschreiten.

Als ich diesen Lebenslauf 2 005 las, da dachte ich – bei mir- ich hätte meinen Weg, mit ein, zwei Änderungen niedergeschrieben.

Mit 14 war ich junger Handwerkslehrling. Mit 30 hatte ich keine Zweifel mehr, mit 40 stand ich fest. Mit 50 kannte ich das Wort Himmel, bis zur Hölle, hin und zurück. Das feine

Gehör besaß ich allerdings vor meinem 14. Lebensjahr, in dem Moment, als mein Vater mir, im 12. Lebensjahr vermittelte, so wie Großvater, Vater, Schornsteinfeger zu werden. Ich musste! Mit 62 fand ich endlich ein Daheim. Und mit 70 hoffe ich, in ein, zwei Jahren alle Maße zu überschreiten, im ständigen, unbändigen Willen … immer wieder aufs Neue, Selbst, Ich, ein Mensch zu sein- wie bisher.

»Lernen ohne zu denken!« sagt Konfuzius, »das ist nutzlos. Denken ohne etwas gelernt zu haben, das ist verderblich.«

Dem kann ich noch weitergebend hinzufügen: weiter denken, wie gehabt, das ist meine Art im Hören auch weiterhin zu lernen!

»Man kann dem Volk wohl Gehorsam befehlen, aber kein Wissen!« In diesem Sinne geht mein Hören in ein Sehen über, Befehle zu erkennen, und wissentlich das Wissen von Befehlen zu befreien!

»Einen Edlen kann man zwar betrügen, aber nicht zum Narren halten.« So spricht ein Schüler das aus, was Konfuzius einst sprach. Mich kann man nicht zum Narren halten, dabei will ich aber manches Mal gar nicht Edel sein, denn mein Gedicht, das Folgende, es muss nicht unbedingt Edel sein … nach außen ja, denn in den Differenzen, in den Zwischenräumen des Gestern und des Morgen ist unendlich viel Platz, sich Platz zu erschaffen, um z.B. Selbst zu sein und auch zu bleiben!

»Und wenn die Menschen wohlhabend sind, was dann noch« fragte ein Schüler: »Sie bilden« sprach der Meister.

Also bilde ich weiter mein Wohlhabensein aus, um dann in der Rückerinnerung auf das Morgen auch weiterhin- wohlhabend – Mensch zu sein: Ein Unikat!
»Einen Edlen kann man zwar betrügen? aber nicht zum Narrenhalten?«

Wo Licht und Schatten zusammenfällt
da ist zu HAUSE die wahre Welt.

Und mancher Edle selbst ernannt
wird durch denn Narren erst erkannt.

Sich selbst zum Edlen zu küren
das öffnet der Dummheit die Türen.

Mich kann man zwar belügen
aber nicht den Narren, in mir, rügen.

All das erkannt, in einem Karren
das macht zu gut Deutsch: den Narren!

»Man kann dem Volk Gehorsamkeit befehlen, aber kein Wissen!« sprach Konfuzius

Licht und Schatten sind Verlangen
dadurch löst sich Beides auf.

Sie konnten zusammen nicht kommen
die Königskinder.

Mit dem Befehl – Gehorsam- flieht
das Licht in den Schatten

das Dementi zu begatten
Wissender zu sein.

Dort treffen sich die Königskinder.
Die Hexe fehlte im Befehl!

Sie gebar den Applaus, den Geschmack
Wissen zu wollen! Das war Ihr Aus.

»Einer Armee kann man den Führer nehmen, aber nicht dem einfachen Mann seinen Willen.« Dem halte ich entgegen: und wenn der Einfache (Mann) zum Führer gewählt.: dann wird die Armee- die Einfachen Männer- gestählt- ihren Führer verhöhnen.

Nehmen und Geben bieten in der Differenz
zwischen Sachverhalt und dem Wort
seltsamste Eigenarten an.

Ich, ein Narr, bin gewillt. Narr zu sein.
Sonst versteht man mich gar nicht mehr.

Sokrates fiel mir ein.
Er begann wohlhabend, erkannt,
sich selbst benannt,

den Giftbecher zu nehmen.
Sein Kreuz war das Bilden.

Zu grell das Licht an jener Wand,
Die Weisheit der Einfachheit erkannt!
Bilden? Sein Kreuz war

die Höhle zum Licht, wie beim
OSIRIS der Bruder-Mord-? Einfachheit!
Erkenntnis-Hort – Das Urteil:
das Ihre Wort!
Sextus Empiricus: »Auch wer am besten weiß, weiß nicht, dass er es weiß!

Thema Zwei: Gedicht: »Takte der Vergangenheit.«

Lang schon sind die Gipfel
gefallen. Das Alter hielt Einzug:
das Wort blieb ungereimt!

Das tiefe Klingen verlor
das Rache-Singen. Inhalte
fielen zusammen, lösten sich auf.

Stille setzte ein. Laut und leise
fließt in einem Lächeln
durch die Räume, blumengebündelt.

An den Wänden spielt die Zeit
ihr stilles Stelldichein! All
die Schreie sind schon lange

stumme Bilder geworden, Blick-
Kontakte der Vergangenheit.

Thema Drei: F. Nietzsche

I 151(Hegel) »Die Philosophie will die Seligkeit erlangen durch das Denken, die Religion durch die Andacht.«

I 429 »Protagoras schrieb: Von den Göttern weiß ich es, nicht zu erkennen, weder ob sie sind, noch ob sie nicht sind: denn vieles ist, was ist, was diese Erkenntnis behindert, die Dunkelheit der Sache, sowohl als auch das Leben der Menschen, das so kurz ist.«

Dies Buch ist in Athen öffentlich verbrannt worden, und es ist wohl das erste was auf Befehl eines Staates verbrannt wurde, so Hegel weiter.

Bei Friedrich Nietzsche war es zum Glück nur ein Punkt auf dem DDR –Index, es wurde zwar, dort, geächtet, aber nicht verbrannt. Als »Romantischer- Realist« bin ich ein stiller Verehrer seiner Werke, dort, wo Denken und Religion sich treffen mussten. Oft sehe ich zwischen Nietzsche und Sokrates nicht nur lose gedankliche Verbindungen! Alle Zitate aus »Sämtliche Werke- Kritische Studienausgabe. Herausgeber: G. Colli und M. Montinari, Berlin- New York 1967- 1977!

Wenn ich aus dem Dunkel herausgehe, des Anderen Dunkelheit, komme ich in Helligkeit: Alltäglichkeit, die meine. D. h. sich zu sehen, vom Meister befreit, das scheint: Helligkeit- zu aller erst. Ist dann der Schein vorbei- siehe da, eigene Dunkelheit wie Helligkeit, stellt sich ein. Das ist natürlich. Mit diesem Wissen las ich in meiner Klause zum X. Male Nietzsches Werk vorwärts und zurück. Nun bin ich Suchender des Sein›. Mit den Überschriften (Aphorismen) aus seinem Werk möchte ich meine ganze Hingabe bezeugen, die ich für diesen Philosophen empfand und auch weiterhin empfinde, denn die Abkehr geschieht nicht im Hass, im Zynismus etc.,

sondern nur: überwunden heißt »gehe Deinen Weg, sein Weg ist nicht mehr der meine.
»Werde der Du bist!« .

Ich spreche Nietzsche nicht sein Genie ab, das wäre Kleingeistigkeit. Das Wort an sich- wie viel schöne Stunden verbrachte ich innigst, völlig aufgelöst, am Firmamente – treibend – segelnd- dem Aufwind folgend: empor. Das Wort Mensch in mir ist überwunden!

Band 4 S. 287-» Und wahrlich, lange muss als schweres Wetter am Berge hängen wer das Licht der Zukunft zünden will!«
Waren die Wetter, die über den Berg hinweggezogen sind, nicht lichter, als sie, die am Berge hängen blieben? Niemand kennt sie, diese Nicht-Redenden sternenlosen Wesen. Warum am Volk hängen, um am Laster Menschsein zu Grunde zu gehen? F. Nietzsche wollte zu Grunde gehen, er glaubte am Berg zu hängen: hing er auch, nur er war auf der anderen Seite des Berges: Übermensch- und als er reif war, das Licht der Zukunft zu zünden, da fiel er in den Abgrund.

Band 4 S. 165 »Sie dachten nicht genug in die Tiefe: darum sank ihr Gefühl nicht bis zu den Gründen.«
Sie suchten sich bewusst flaches Wasser, und siehe da, sie hatten Grund … Gründe: Die Masse! Andere gingen tiefer hinein, und sie fanden denselben Grund! – Andere gingen nicht hinein in den See, sie standen am Ufer: derselbe Grund. – Andere wollten unbedingt tiefer hinein, um denselben Grund zu erreichen. Manches Mal liegt es nur am Wort: dasselbe- derselbe Grund! Manche töten: Grund- Religion! –Manche töten? Grund? dieselbe Religion- derselbe Gott! Sie töten sich gegenseitig. Schwachsinnige. Da sie aber in der Mehrzahl sind- auf beiden Seiten- dadurch bin ich der Schwachsinnige, der

Antichrist, der am Ufer stehen blieb: derselbe Grund! Und sie gingen tiefer, tiefer, grundlos? Grundlos ein Rätsel. Ob ich schweige oder rufe. Ich weine, für die Menschen insgesamt. Sie töteten, Grundlos … und der Grund war derselbe.

Band 4 S. 198- »Oh Zarathustra, du Stein der Weisheit, du Schleuderstein! Dich selber warfst du so hoch- aber jeder Stein muss fallen!«
Ich muss Stein hier als Körper sehen, real, damit die ganze gefährliche Schwachsinnigkeit klar erkannt werden kann, er, der Stein kann nicht fallen, er hat einen Motor: egal welcher Art. Er, der Stein könnte sich aus dem Tal herausbringen, auf eine Ebene und hier, kraft seines Antriebes immer(menschlich immer) leben. Würde er, der Stein, ins Tal zurückgehen wollen: dank Eigenantrieb, dann würde er nicht fallen, sondern den Weg zurückgehen. Hochwerfen kann auch wegwerfen sein. Wegwerfen, das ist Selbstaufgabe, aber Selbstaufgabe ist auch Selbst!

Band 4 S. 25- »Ein Licht ging mir auf. Nicht zum Volke soll Zarathustra einer Herde Hirt sein und Hund werden! Viele wegzulocken dazu kam ich!«
Ich kann nicht für oder gegen ein ganzes Volk kämpfen, das ist Schwachsinn: Demagogie – Kirche etc.! Wenn ich aber mit Brot und anderem leichten Futter Vögel zum Herbst aus dem Walde locke, dann muss ich wissen, dass ich sie im Winter verhungern lassen kann, stelle ich das Füttern ein. Weglocken ist einfach! Aber Weglocken, um zu töten? Nur weil es Menschen »Herde« gibt? Oder will er auch nur eine Herde (Sklavenmenschen)? Warum sucht man für seinen Krieg immer Herde? Ich brauche die Herde nicht. Für meinen Krieg brauche ich lediglich- mich. Dieser Krieg hat keinen Sieger und keinen Verlierer, es ist lediglich Suche. Aber nicht Suche nach einem

›Wort-Gott‹. Es ist das Sein was mich fasziniert: vielleicht sucht es mich?

Band 4 S. 14- »Der Übermensch ist der Sinn der Erde. Euer Wille sage: der Übermensch sei der Sinn der Erde!«
 Zwei Nicht- Genies zeugten Nietzsche. Wenn ich die Übersandkörner der Erde in die Hand nehme: eine Hand voll z.B. daraus kann ich keine Neue Erde machen! Der Sinn ist nicht der Übermensch, sondern das Sein (wortlos). Jünger des Übermenschseins bedeutet Gen- manipuliertes, gesteuertes, Computer Wesen. Gen-Architekten zeichnen ein Wesen auf und das wird dann potentiell erfasst, bis sie, die Wesen, alle gleich sind: Übermenschen! Hat F. Nietzsche daran gedacht, an die Machtgier der Nicht-Leittiere?

Nach dem Wiedergeburtsgedanken ist es ja sowieso egal, es wiederholt sich doch sowieso alles- vom Menschenwort her. Das was ablief ist demnach: Zukunft ... oder Satire?

Band 4 S. 280-» singen, mit brausendem Gesange, bis alle Meere still werden, dass sie deiner Sehnsucht horchen.«
 Sollte »Also sprach Zarathustra« eine Wagner –Oper werden? Hier spricht der Übermensch, und nur er hat Sehnsüchte? An dieser Stelle kommt eigentlich deutlich hervor, was F. Nietzsche suchte: Zu- Hörer! Freunde? So redet einer mit brausender Zunge: laut, fluchend, tobend ... und im Innersten ist er der Einsame, der Cosima Wagner verehrte, Lou Salome- im Jahre des Werkes »Also sprach Zarathustra« eine Philosophie der Liebe« schreiben wollte, um mit dieser Gewalt- Sprach Oper Beiden zu huldigen? Und Wagner selbst? geistige Größen müssen sich wohl hassen, um ihre Liebe in noch mehr Geist umsetzen zu können? Schade um die zarten Bande, das Fluten der Gehirnzellen bis zum Zusammenbruch? Oder sehen Sie, diese

Größen Schwäche aufkommen, und darum der Hass? ... Nur um aufrichtige Liebe nicht aufkommen zu lassen? Welch ein Sein im Sein des SEIN.

Band 4 S. 179- »Ein Seher, ein Wollender, ein Schaffender, eine Brücke zur Zukunft.« Ich habe mich entschieden Nicht-Mensch zu sein, obwohl ich immer noch schreibe.

Band 2 S. 465- »Schützen und Denker. Es gibt kuriose Schützen, welche zwar das Ziel verfehlen, aber mit heimlichen Stolz vom Schießstand abtreten, dass ihre Kugel jedenfalls weit geflogen ist, dass sie zwar nicht das Ziel aber etwas anderes getroffen haben. Und solche Denker gibt es.«

Der kurioseste Denker ist der Nur- Kritiker, denn er nimmt für sich in Anspruch Beides zu sein. – Manche Kritiker glauben, sie denken, wenn sie schießen! Manche schießen immer kräftiger, damit andere nicht mitbekommen: sie gaben das Denken auf. Manche Pfeile fliegen soweit, die Erde umrundend schießen sie sich in den eigenen Rücken. – Manche schießen vorbei und meinen getroffen zu haben. – Manche treffen und sie bekommen es nicht einmal mit. – Manche schießen und schießen und meinen dass sich beim Schießen das Denken einstellt. – Manches Ziel ist so nah, dass man meint, sie gehen vorbei, um das Ziel von hinten zu durchbohren. – Mancher trifft sich selbst und kritisiert dann, kurioserweise: Andere! Wie gesagt, die Kritiker sind die …!

Band 4 S. 129 – » Bildung nennen sie' s, es zeichnet sie aus vor dem Ziegenhirten.«

Wenn der Sinn der Erde der Übermensch sein soll, dann ist es nur wieder das Suchen nach einem Verhältnis, Gott,

Übermensch, Masse … Kirchen einzureißen? Im Worte ausgedruckt: Gott muss wortlos werden! Affe als These, wo die Antithese beim Menschen zu suchen ist, um dann vielleicht doch noch irgendwo für den Menschen ganz allgemein eine Synthese des Lebens, Handels, Denkens zu finden.

Band 2 S. 485 – »Tiefdenkende Menschen kommen sich im Verkehr mit Anderen als Komödianten vor, weil sie sich da, um verstanden zu werden, immer erst eine Oberfläche anheucheln müssen.«

Im Verkehr mit Anderen ist oft das Wort im Wege! »Gott ist tot!« Wo will ich mir Oberflächlichkeit schaffen, denke ich dort wie Nietzsche (in diesem Fall ähnlich). Ich lehne jeden Wort-Gott ab. Soviel Oberflächlichkeit kann ich nicht heucheln, um irgendwann, dort, in der Kirche, in Sekten, beim Volke verstanden zu werden: als Komödiant? nein, als Verrückter geht man dann nach Hause. Manche heucheln sich selbst in die Kirche hinein, denn Heucheln, das versteht der Mensch. Manche Oberfläche liegt so hoch, dass man mit den Beinen nicht wieder auf den Boden der Tatsachen zurückfindet.

Band 2 S. 505- »Unsere Anhänger vergeben es uns nie, wenn wir gegen uns selbst Partei ergreifen, denn dies heißt in ihren Augen, nicht nur ihre Liebe zurückzuweisen, sondern auch ihren Verstand bloßzustellen.«
   Band 2 S. 609- « Die traurigen und die ernsten Autoren. Wer zu Papier bringt was er leidet, wird ein trauriger Autor: aber ein ernster Autor, wenn er uns sagt, was er litt und weshalb er jetzt in Freude ausruht.«

In Freude ausruhen kann nur der, der nicht mehr leidet. Im Leide ausruhen, das kann nur der, der sich nicht mehr freuen kann- Es gibt Autoren, die haben die Traurigkeit gepachtet, sie leben davon! – Andere wollen ernst sein und machen sich lächerlich- Andere leiden und schreiben trotzdem- noch Qualvolleres- Andere leiden vor dem Schreiben, in der Hoffnung, sich in der Ferne, beim Schreiben auszuruhen. – Andere leiden aus Passion- Andere leiden in Gruppen, Sekten, Familien etc. sie können sich nur in Gruppen erlösen. – Viele wollen sich nach dieser Formel Freude gebend sagen: »Ich habe das Leiden überwunden«, in dem sie weiterleiden. Und dann gibt es sie, die freuen sich zuerst und beginnen dann zu schreiben.

Band 3 S. 519- »Missverstanden werden: Wenn man als Ganzes missverstanden wird, so ist es unmöglich, ein einzelnes Miss verstandenwerden von Grund auszuheben. Dies muss man einsehen, um nicht überflüssige Kraft in seiner Verteidigung zu verschwenden.«

Im Goethehaus in Weimar war ich 1989 von der Alten Kutsche, mit dem Goethe Zukunft und Vergangenheit, zusammentrug, ergriffen. - … Morgen toben wir durchs Internet mit der Wort-Gedanken-Kutsche der Menschen. Meine Zeitflüge möchte ich in dem Wunsche enden lassen (Im Sinne Nietzsches, ein wenig Rost angesetzt zu haben) Zeiten überwindend, meine Gedanken gleich Schmetterlingsflügelschlägen, aufs Papier zu bannen.

Band 4 S. 244- »Wer einst fliegen lernen will, der muss erst stehen und gehen und laufen und klettern lernen.: man erfliegt sich das Fliegen nicht!«

Ich habe noch nie erlebt, dass eine Henne schwimmen gelernt hat, obwohl der Wille vorhanden war: wenn sie Enteneier untergesetzt bekam. Ich sage: »Fliegen erfliegt man sich!« Ich habe noch nie gesehen, dass ein Adler zuerst Klettern und Laufen lernen musste.

Band 3 S. 365-» Mit dem Fuße schreiben. ›Ich schreib nicht mit der Hand allein. Der Fuß will stets mit Schreiber sein. Fest, frei und tapfer läuft er mir bald durch das Feld bald durchs Papier!«

Dem kann ich nichts hinzusetzen, höchstens meine eigenen Füße: Zeit! Die Gegenwart ist nämlich in jeder Zeit Zuhause, man muss sich nur der Mühe unterziehen, sie zu suchen: denn ›Die Vergangenheit ist Morgen!‹ … das ist mein ständiger Beginn!

Die oberen Rillen des Geistes sind noch unbenutzt, sie
liegen brach, wie jene unbetretne Wiese, dort
im Morgengrau. Ein leichter Duft von frisch-
gemähtem Gras dringt in den Fruchtbereich des
Denkens und in der Stirnes- Höhle., Licht! Ein unbekanntes Aufwärtsschauen lässt dich stille steh' n.
Du atmest kaum, um diesen Anflug freien Pollen-

Fluges nicht zu stören, Die Augen blinzeln leicht, dein
Arm wird schwer., die Wörter gehen aus, sie strömen
ein, in diese unbekannten Rillen und lösen sich in
dieses Wunder: Morgen- Tau! Da sitze ich, betreten und be-
troffen, die Sperre- Wölbung- neue Wortbereiche an zu geh' n
beginnt die Sinne anzumorsen, um endlich
jenen Fluchtbereich, die unbetretene Wiese zu versteh' n.

Doch plötzlich wachst du auf, die Rillen leer, der letzte Gang verschlossen. Und doch – du weißt – es gibt ein Wort dafür: I C H S E H!

Thema Vier: Flammende Schatten

Meine Philosophie sucht im Wörtchen Philosophie, das Philosophische. Im Klartext belügt sich die Wahrheit ständig aufs Neue, im Worte, Philosophie, die Wissenschaft, nach Wahrheit durch zu schauen. Im Lichte des Schattens strömen, aus Vier Sonnen-Richtungen Helligkeit auf das Wörtchen Wahrheit ein! Es gäbe die Möglichkeit, den Mittelpunkt einzujustieren, einen vierseitigen Hohlspiegel aufzubauen: groß und größer … um die Sonnenspender mit dem eignen Licht zu liquidieren … auszulöschen. Am Ende stehst du, der vierseitige Hohlspiegel, auf deinem Mittelpunkt (auch Standpunkt genannt) und bist mutterseelenallein.

Du hast deine Gegner ausgetrickst. Gut so! Aber, woher bekommst du jetzt dein Licht? Lange schreibt deine Hand im Dunkeln. Auch gut so! Aber von deinem Standpunkte aus wirst du selbst zum Schattengeber dir, aus der Sicht des Heterogenen ist das so. Dir, und Du weißt es ganz genau, dir schwimmt die Zeit davon, aus dieser neuen Platon- Höhle heraus, der neuen Ebene, auf Licht zu bau' n.

Im Schatten des Lichtes zu wandeln ist ein Randgang zur Auflösung des Wortschatzes insgesamt. Nicht- Licht und Nicht-Schatten sind einfach neue Dimensionen für Gut und Böse, so alleine kannst du im Worte noch ein wenig Heimat finden.

Meine Gedichte werden »Flammende Schatten«. Wer aber ging diesen Weg, aus der Höhle Platons heraus zu steigen, um neue Höhlen zu erkennen: und seien es auch nur die Machtbereiche von Diktatoren, usw. die dir Grube auf Grube neu ausheben.

Sokrates erkannte selbst diese letzte Höhle, er sah die einzige Möglichkeit, den Giftbecher, anzunehmen, um frei von Licht und Schatten im Selbst zu steh' n.

Ich versteh ihn sehr gut. Irgendwann kommt man in einer Höhle an, die ausgeleuchtet ist, so möchte ich diesen Standpunkt einmal ins lügnerische Wort setzen; und dort setzen die eigenen Wörter alles außer Kraft: man glaubt Daheim zu sein.

An dieser Stelle meiner Ahnungen und Wünsche greift die Hand zum Federkiel und malt Wort bei Wort außerhalb aller Philosophie, an die Wand (Das T o r) der Zeit. Vielleicht ist dort das Heim, in meinem kleinen Gedicht, am inneren Höhlen- Rand, das mich aufschauen lässt mit beiden Beinen –fest- in der Ebene zu steh' n, wo Tag und Nacht zum Schatten wird, aber ganz gewiss dann auch wieder zum Licht ... Der Neue Tag!

An dieser Stelle klappt der »Romantischer- Realist« sein Büchlein zu und bleibt weiter, wie gehabt, einfach E I N Mensch! ... ein Unikat! ... mehr aber auch nicht, damit ich Anderen nicht im Lichte stehen kann: das alleine ist mein Sinn!

Thema Fünf: Über die Zahl.

I / 235- »Das Alte also, der einfache Hauptsatz der Pythagoreischen Philosophie ist ›– dass die Zahl das Wesen aller Dinge und die Organisation des Universums überhaupt in seinen Bestimmungen ein harmonisches System von Zahlen und deren Verhältnisse ist.‹«

»Einfach, harmonisches System,« das sind in meinem Sinne Betrachtungen, die im Nachherein, mit Zahlen, Zeichen etc. belegte Vorstellungen ergeben sollen. Es ist einfach ein Endergebnis mit einem Zeichen zu versehen, um ES danach in (seine gedachten) anderen Zeichen, zu diesem Ergebnis, zu vollenden.

Z.B. ›Einheit, Gleichheit, das Prinzip als EINS die Ungleichheit als Zweiheit … die Zahl ist so nicht unmittelbarer Begriff‹

So beginnt sich in mir eine Annäherung anzubahnen!
I S 240- dann folgt aber der Satz: »die Entwicklung der Zweiheit aus der Einheit fehlt.« Jedes Wort ist, in meinem Sinne, nichts mehr als eine Zahl, ein Zeichen: Jeder Mensch auf Erden hat auf der Stirn eine(seine) Zahl, sein Zeichen: ICH! Das zu erkennen ist der Grundgedanke jeder Sprache auf der Welt! An der Stelle wird das Ergon (der Stillstand) zur Energie in dem ich dieses Zeichen, nicht verkleinere, sondern erweitere im ständigen Fortbilden, die Synapsen, und Synoden (das Bild: Gehirn) Stoff zum atmen zu geben, als Mensch zu leben, und nicht als PC – Punkt, im Klick und Klack, in Zahlen, Punkten und Strichen, um von Außen, langsam zu erblinden.

I / S 242 »Eins ist dabei gerade und ungerade, denn sie sagen: Eins zum Geraden gesetzt, macht Ungerades (2+1= 3) zu dem

Ungeraden, macht Gerades. 3+1=4 es hat die Eigenschaft, gerade zu machen, und so muss es selbst gerade sein.!«

Setze ich hier Wort bei Wort zu einem Satz: z.B. Wahrheit und Lüge, in dieses Schema ein, dann kann ich mir letztendlich jedes Zeichen, mache ich es geschickt, die Lösung zur Wahrheit oder Lüge insgesamt darstellen: je nach Bedarf.

I / S. 240- » ... das Begreifen, die Entwicklung der Zweiheit aus der Einfachheit fehlt. Die allgemeinen Bestimmungen werden nur gefunden und festgesetzt auf ganz dogmatische Weise; so sind es trockene, prozesslose, nicht dialektische, ruhende Bestimmungen.«

a) Die Pythagoreer sagen, der erste einfache Begriff ist die Einheit; nicht das arithmetische EINS ...nicht viele Eins, sie ist nur EINE«

Somit ist der Spekulation Tür und Tor geöffnet. Hier wird das Ansichsein zum Sichselbstgleichsein zur formalen Ansicht. Zwischen Namengeben und Begriffen steht unweigerlich der Infinitesimale- Grenzwert, hin zum unendlich-klein werdenden, um an dieser Stellte, Fragen über Fragen zu stellen. Hier wird Einheit zur Identität einer besonderen Zweiheit umfunktioniert ...Glaube wird zur Wahrheit empor katapultiert. Somit, so die Pythagoreer: Die Elemente der Zahl sind das Gerade und Ungerade. Somit wird die DREI, drei EINS, und drei wird eins, als Prinzip, damit aber auch nur Zahl, keine Anzahl.

Das Unbegrenzte (Unbestimmte) und die Grenze (das Bestimmte) ist nichts Anderes als der Gegensatz der Einheit und der Eins: Einheit, Sichselbstgleichheit.

Pythagoreer und Plotinikern: Der MONAS (Einheit, Monade) die als männlich galt, entgegengesetzt das weibliche Prinzip.

Somit soll Platon das Unendliche, Unbestimmte zur Zweiheit gemacht haben.

Diese Zweiheiten, 10 an der Zahl, bilden bei den Pythagoreer eine bedeutende Zahl: Ihre Kategorien.

1. Grenze und Unendliches- 2. Ungerades und Gerades- 3. Einheit und Vielheit- 4. Rechts und Links- 5. Männlich und Weiblich. – 6. Ruhendes und Bewegliches.-7. Gerades und Ungerades 8. Licht und Finsternis – 9 Gutes und Böses – 10 Quadrat und Parallele.!

I / S. 247 »Zwischen Krankheit und Gesundheit etc. gibt es kein Drittes! Weil die Gattung vor der Art ist, sie ist das Herrschende, Allgemeine. Z.B. Gesundheit ist das Gleiche, Krankheit das Ungleiche. Einheit und Dyas sind selbst EINS ; denn Dias als Zweiheit, Vielheit ist einfach.«

Damit sagen die Pythagoreer, dass das All durch Dreiheit bestimmt ist, da Ende, Mitte, und Anfang die Zahl des Ganzen in sich birgt, und diese ist die Trias (Dreiheit)

I/ S. 253 –» Es ist nur begreiflich, dass die Christen in dieser Dreiheit ihre Dreieinigkeit gesucht und gefunden haben:«

Somit wurde der Christliche Gott zum Punkt, zur reinen EINS! Vater- Sohn und Heiliger Geist. Die Neuzeit, Jahr 2 000, sie, mit J. Derrida, der das Wörtchen ›différance‹ prägte und damit gleichzeitig die Behauptung aufstellte, das dieses »Kleine« von ihm geprägte Wörtchen- raum- zeit- und sogar wortlos sei. Dieser Gedanke ist doch im Grunde nichts anderes als der Gedanke die Welt ins Bild zu nehmen: »Die Ichheit ist natürlich noch unterschieden von der Seele; und zuletzt verschwindet die Ich heit, das Selbstbewusstsein dem Inder.«

Hin zum Kleinen und Klein und Kleiner, bis wir einfach unser Erkennen im Sinne Sokrates einstellen: »Ich weiß, das ich nichts weiß.« dieses Unwissen ist doch ein Bekenntnis, zu wissen.

Am Ende unseres menschlichen Denkens steht die Allheit EINS, wort- und zeitlos. Auch der Raum findet nicht im Worte statt. Somit öffnen sich meine Quadrate zu Parallelen, die an beiden Enden geöffnet, eine Neue Einheit sichern, um letztendlich rein menschlich jedoch, wieder und wieder, eine Neue EINS zu finden. Heute fand ich mein EINS, es ist die begründete Offenheit mit der Muttersprache, dieser EINS:»PC« Energie zuzuschleusen, auf das sie uns noch lange so erhalten bliebe: und das: Wort bei Wort.

Thema Sechs: Das EINE-

Das Eine, in der platonisch- plotinischen Spekulation das erste, oberste Prinzip der Ur- oder Abgrund der Welt, aus dem das Nicht- Eine, Viele, Mannigfaltige, Materielle hervorgeht (Emanation- Explikation) das alles Endliche in sich begreift und auf das daher auch alles Endliche erkennend zurückgeführt werden muss. So spricht Platon vom Einen als dem Unendlichen. Nikolaus von Kues spricht von Gott als der ›sich selbst bestimmten Unendlichkeit, derer der Mensch durch die * docta ignorantia teilhaftig werde.* docta ignorantia lat. (gelehrtes Nichtwissen) d. i. die durch die Wissenschaft selbst gewonnene Einsicht in die Unerkennbarkeit des Unendlichen und Göttlichen, in dem die Gegensätze zusammenfallen, innerlich verwandt: mit Sokrates endend: »ich weiß, das ich nicht weiß.«

Das EINE: Theologie und Religionen, Philosophie und sinnliches Benennen. Wie nahe stehen sich Philosophie und Religion? Aus dem Götter- und Götzenglauben der Urzeit erwuchs, in der platonisch- plotinischen Spekulation 400/ 300 vor unserer Zeitrechnung die Dreiheit, in Verbindung mit dem aufkommenden Zahlenkult, der späteren Mathematik die EINS, das Eine. Nikolaus von Kues, er spricht von Gott, als der sich selbst bestimmten Unendlichkeit, deren der Mensch die docta ignorantia teilhaftig werde.

Die Übersetzung des Wortes aus dem Vortext (docta ignorantia) hört sich dann so an! … ein gelehrtes Nichtwissen, das ist, die durch die Wissenschaft selbst gewonnene Einsicht in die Unendlichkeit des Unendlichen und Göttlichen, in dem die Gegensätze zusammenfallen, die innerlich verwandt sind mit dem Sokratischen« ich weiß,dass ich nichts weiß!«

Dieses ganze Dilemma, dort, wo Nichtwissen zum Wissen sich erklärt; dort schreibt Heidegger in seinem Buch »SEIN und ZEIT«: Sein ist der allgemeinste und leerste Begriff. Als solcher widersteht er jedem Definitionsversuch! dieser allgemeinste und daher undefinierbare Begriff bedarf auch keiner Definition!«

… der leerste und allgemeinste Begriff, ist diese Aussage nicht gleich = eine Definition? So ist auch die Aussage des Herrn Nicolaus von Kues eine Definition: Es(das Unendliche, Nichtdefinierbare) bekommt einen Namen: Gott und schon ist die Unendlichkeit definiert; und die Religionen dieser Erde bewörteln das Wortlose, den reinen Glauben, in Ihre Richtungen, in Ihre ureigenen Wahrheiten um!

Hier setzt man zuerst ein mutmaßliches Ergebnis (wie Kant es schon formulierte: ein Wort ist = ein Etwas = X! Und baut darauf Gleichungen auf, die Er, (nicht Gott) sondern der Mensch zum eigenen Nutzen(auch Unnutzen) bebilderte: SELBT werden ließ.

Ich schätze jeden Menschen, der glaubt, aber Glaube muss wortlos bleiben. So wie schon Mohammed verbot Bilder (auch das Seine) in Moscheen aufzuhängen! Alle Glaubensrichtungen haben die tiefste Innerlichkeit als Grundlage wortlos in das große Wunder der Natur-Lehre einzutauchen: aber? Sie ist wie alle Heilsanbeter es sagen, unendlich, leer, und doch will man mit dem Wort und Gesetzen diese Innerlichkeit teilen, sie, die unteilbar ist, so wie sie es wollen in Worte ummünzen zu versuchen Diese Unendlichkeit wurde durch das Wort Theologie sogar zur Wissenschaft, zu Bildern. Menschenbilder.

Das, was im normalen Sprachgebrauch Unendlichkeit (Gott in allen Religionen) im Grunde nur Ein(1) Bild hat, wird ausgebeutet Menschen zu unterdrücken, wird zur Wissenschaft erhoben.

Der, der gibt, wortlos, er macht auch etwas für sich. Dann die, die mit Wörtern geben, sie geben auch gerne,aber? Sie wollen etwas Zurück, Materielles, untertänige, abhängige Glaubensbekenntnisse usw.! J. Derrida, von dem war ich ausgegangen: »différance« ist raum- zeit- sogar wortlos … und Nietzsche schrieb ein Werk »Jenseits von Gut und Böse«! Derrida und Nietzsche schrieben mit den (gleichen, denselben) Wörtern weiter!

Selbst Goethe, in seiner Farbenlehre bemächtigte sich dieses Themas: er sprach vom Abgeleiteten, das zum wahren Ursprung herangezogen wurde und damit zum »Wortkram«, (so er selbst) wurde.

Somit bekommt manches leere Wort professionelle Inhalte und die Inhalte bestimmen das was vordem undefinierbar war!

» Gotteslästerer «so möchte man mich zu gerne nennen! Dabei ist mein Inneres tiefst und tiefer als all das Unnatürliche, das herbeigeholte Wortglitzern, das die Seele (wieder etwas Unendliches) irgendwo zum Ausbeuten benutzt, da, wo Menschen gedankenlos- glauben! Z.B. im Mittelalter: »Wenn das Geld im Katen klingt, die Seele aus dem Fegefeuer springt!«

Ich bin für den Wahren Glauben, dort, wo er auf der ganzen Welt wortlos das Innerste mit all den Wörtern beflügelt wahrhaft Mensch zu sein!

Achtung aber! Auch Mensch ist nur ein Wort! Ich = Ich sagte einst der Philosoph FICHTE und machte sich selbst zum fragenden Ich! Mehr nicht, denn ich möchte noch Vieles Wortlose für mich schreiben, dort, wo These und Antithese sich in EINER (1) Einheit eint, Ich zu glauben im Nicht-Wissen zu wissen! Aber? Auch die Synthese an sich wird irgendwann wieder These ein neuer Anfang. Möge er immer und immer wieder auf Mensch enden und nicht auf Nicht-Wörtern usw.!.

Thema Sieben: Gedicht »Gut und Böse«

Gut und Böse
sind gelöst nur Wort
aufgehellt in Zweiheit
im Akkord menschlich rein
und doch böse zu sein.

Fragmentarisch ist' s
die Bilder einzuläuten
auch wenn Böser Blick
das Blau des Himmels trübt.

In den Nischen jener Katakomben
dieser Vorzeit einzugesteh' n
das im Mundwerk alle Plomben
selbst aus Gold als Zähne sind zu seh'n.

Gut und Böse lodert auf gen Himmel.
Teufel, Engel und der Ritter Kunibert
beben im Geschrei der bösen Bimmel
zu entblößen so der Reinheit Schwert.

Aufgestanden, aufgesprungen
prangt am Fahnenmast, im All zu sehn
das, was unsre Alten einst gesungen
oberhalb als Gut ist anzugeh' n,

Damit schließt das Gute auf zum Bösen
um in tiefster Reinheit Gut zu sein.
So verfängt sich dieses Paar im tiefsten Dösen
dort, wo selbst das Böse Weiß wird: Rein!

Thema Acht: Gedicht. »Glauben ist..!«

Glauben ist ein Licht zu zünden
denn die Dunkelheit gebiert die Angst
hin zum blinden Hassgelüste .

Ich vergaß, dass alle Lichter nur Stafetten
Pünktchen, Zeit, mir in die Augen malt
denn im Augenrund ist das Gebären
nur der eine lichte Augenblick.

Aufgemuckst, die Pfefferschoten brennen
ein, sich, in die Sinne, ins Gebein.
Heben auf die dunklen Stimmen
die am Uferwege sprechend uns benoten.

Umgeboren, lustgeboren, so vollzieht sich
jener feuchte Morgennebel; auf
ins unbefleckte Sonnendach.

Aufgegeben weht die weiße Fahne.
Glauben ist in mir das Licht, das
im wortlos reinem, Strömungsinterwall
jedes Tor zur Dunkelheit zerbricht.

Und ich gehe froh durch Moor und Wüste
diesen Weg, auf Licht gebläut
hin zu diesem Park der Lüste
Wort für Wort; denn Heut ist Heut!

Thema Neun: Ich zu Ich

Ich zu Ich, so begann ich nachts im Traume, aufzuschauen in die Dunkelheit; Ausgang linearen Dauerkrieges: links und rechts zu katalogisieren. Wo beginne ich? Und ich begann dort, wo sie sich treffen sollten, und da stand ich! Mittelpunkt im Infinitesimal-Gedanken, dem Grenzwert hin zum Unendlich Klein werdenden Ich, und? Ich fand mich nicht mehr.

Das Lehrbuch der Geschichte (S.201) schlug mir vor, dem unsichtbaren Kleinen: »Die Vergeistigung des Universums ist das Schlussergebnis der alten Philosophie!« Neuplatoniker und Christentum sollen gleichmäßig daran gearbeitet haben. Meiner Meinung nach setzt die Vergeistigung immer von Neuem ein, wenn man der Meinung war das endlos Kleine erreicht zu haben. »Und da der Mensch nicht imstande ist, ohne Wunder auszukommen, wird er sich neue Wunder schaffen, eigene Wunder.«, So Dostojewski

So kommt man dann darauf, das nur das begrifflich Zusammengesetzte bestimmbar ist, das einfache somit nicht zu definieren!

Die Einleitung des Buches zur Geschichte der Philosophie (Windelband- Heimsoeth.) beginnt: »Unter Philosophie versteht der heutige Sprachgebrauch die wissenschaftliche Behandlung der allgemeinen Fragen von Welterkenntnis und Lebensansicht, Denken und Sein sind das selbe!«

Die Kategorien meines Denkens beginnen im untersten Drittel der Hierheit, dort, wo die Muttersprache Wort wird: Einzelnes. Dieses Einzelne ist die Unausgeglichenheit Einzelnes aus dem Wort herauszuheben, das Ich aus dem Ich, um nicht zu hinterfragen. An der Stelle verschwinden alle Kategorien, da auch sie ein Wort!

Die Vergeistigung des Universums beginnt dort, wo das Wortlose sich im Hier in Wörter auflöst, auflösen möchte. Dieses Unendlich Kleine, nicht zu definierende Nicht-Etwas bekommt den Namen ICH, und da beginnt mein Problem.

Die religiöse Philosophie hat für mich den größten Fehler, das man für das Nicht- Zugreifende einen Namen aus dem Hute zauberte: G o t t ! Bei der Namensgebung für etwas Nicht-Fassbarem, dort beginnt das anfängliche Dilemma: Und da der Mensch nicht imstande ist, ohne Wunder auszukommen, wird er sich neue eigene Wunder erschaffen! Und dort setzt die Religiöse Philosophie ein!

Selbst Goethe, in seiner Farbenlehre machte darauf aufmerksam, daß man das Abgeleitete zum Wahrhaftigen macht und somit ein »Wort-Kram« herauskommt.

Sokrates, 500 Jahre vor unserer Zeitrechnung sagte: »ich weiß, dass ich nichts weiß.« und bekundete damit die Weisheit, das Unendliche bekannt, und negativ wie positiv, in seine Wahrheit umgesetzt zu haben.

Das Alles schließt Gott und Götter aller Religionen ein! Mohammed verbot Bilder, auch das seine, in Moscheen aufzuhängen, da er wohl erkannt hatte, wie sehr das Volk an Bilder hängt, um das zu vergöttern, das, was nicht greifbar ist. Er vergaß aber, dass das Wort, jedes, auch Bild ist, sinnlich, Wundermittel, dem Menschen! Aber wie sollte Er sonst seine Erkenntnis dem Volk vermitteln? Sehe ich heute Heilige Kriege, gleich welcher Gattung, dann sehe ich das Wort Gott so zur

Allgemeinheit werden, dass man damit, mit Fahnen, hausieren geht! Fahnen werden zu Bilder umfunktioniert und Diktatoren zu Götter!

Lösen wir zuerst Die Bilder auf? Nein! Bilder waren einst Gleichnisse. Und ER speiste Tausende mit einem Laib Brot, und die vielen Wesen, die dabei waren, wandelten in Wunder um, dieses Gedanken-Bild, ohne es aufzuschlüsseln. Sie machten Wunder daraus, denn jedes Wort schließt im Grunde die Einheit in der Vielheit ein!

Das erkannt, schrieb F. Nietzsche, sein Werk »Jenseits von Gut und Böse« und er schrieb mit (den gleichen, den selben) Wörtern gut und böse weiter! Auch hier setzten Bilder ein. »Gott ist tot!« so sprach der Pfarrer-Sohn und nahm schon vor 100 Jahren damit das Bild von der Wand in allen Religionen!

Das Wort Gott, in dem Sinne findet nicht statt! Die Unendlichkeit der unbegreiflichen nicht zu definierenden Un- und Nicht-Räume etc.. sie werden aufgelöst und haben mit dem Abwenden, zu glauben, nichts zu tun! Das Wortlose spiegelt sich z.B. im Säuseln des Maiwindes in den Linden, im Lampionweiß der Kastanienblüten, wenn die Morgensonne den Neuen Tag begrüßt! Da werden Metaphern geformt um Gedichte aus dem Nichts heraus zu gestalten. Nur das, was der Dichter dabei fühlt, es sind zwar Wörter, aber doch wortlos »Allemal«! Unwiederbringliches für den Dichter selbst!

Heute im 7. Lebensjahrzehnt angekommen, da beflügeln mich diese Metaphern- Worte- zu Papier zu bringen. Aber? Vorsicht, auch meine Wörter sind Einzelwesen, im Grunde Bilder irgendeines Augenblicks, gedacht, geweint, in das Blau des unendlichen Himmels gemalt: um hinzuweisen! Jeder möge die

Wörter entblättern, auflösen, wortlos werden lassen, damit das, was uns zum Menschen machte: Die Sprache uns als Menschheit erhalten bliebe. Darum schreibe ich im Grunde wortlos, und doch kommen Wort und Wörter dabei heraus. Also Achtung beim Sprechen und beim Hören, denn wir belehren uns gegenseitig bei jedem gesprochenen oder geschriebenen Wort selbst … und vielleicht auch den Anderen!

Thema Zehn: Gedicht- »Verzaubert fällt ein Blatt zu Boden«

Verzaubert fällt ein Blatt zu Boden.
Feingerippt lusttrinkt das Licht
den Aderrausch.

Unbekannte Flugobjekte- letzte-
Sonnenstrahlen –wenn sie fallen
buntgefärbt, durchs Licht, vom Baum.

Ein weißes Blatt ›Papier‹
mit Wörtern vollgeträumt
vor meinen Füßen: Hier!

Thema Elf – Gedicht: »Von Gedanken aufgeschreckt.«

Von Gedanken aufgeschreckt
Leben zu leben
befremdete mich das Wort
am Rand zu steh' n:
die Hände gefesselt
verschlossen der Mund.

Halb wachend, halb schlafend
die Augen zerknittert
von nächtlicher Dunkelheit.

Und in der Sternen, verloren
sich, die Wolken, ins All hinaus.

Schaute ich aus dem All
auf die Erde herab?
Oder war das Sternenmeer
mir –Heute- näher denn je!?

Thema zwölf – Glaswörter

Das Heterogene ist die These, und die Antithese im Gut und Böse Daheim! Die Synthese daraus ist das Aufschauen sich vom Wort zu befreien. Den Drachen aufsteigen lassen; ihn am Seil, das ihn noch mit der Erde verbindet, ein Brieflein zu senden; wir nannten es im Kinder-Latein: Stille Post!

Auch ich war einst Kind.
Heute, Morgen, Gestern: Liebe!
Friede, und der Tag danach
Gedanken schrankenlos, mir
das Wort verbietend, Selbst zu sein.
Auf den Podesten der Schatten-
Arenen blühen Blumen
farblos in den Tag. Die Sonne
zu umgehen, abends aufzustehen.
Farben aus dem Glas des Regen-
Bogens mit dem Strohhalm
aus dem Horizont zu saugen.
Meine Augen tränend. Runzelig
die meine Stirn. Und das Hirn
verkrampft an Gestern denkt
wo man sich mit Zärtlichkeit be-
schenkt. Heute aber ist schon Morgen!

Mit gefaltetem Papier zog aufwärts an der Schnur der Kinderwunsch in Wort und Schrift, hinaus in die Unendlichkeit der Dunkelheit. Auf dem Wege dorthin gestalteten sich Sehnsüchte gleich der Wünsche, siehst du einen Kometen.

Zwischen Himmel und Erde findet die Synthese statt, am Faden, der hinaufflieht in das Licht. Am Drachen der Kindheit angelangt wird diese Zeile oben zum Zauber einer Ungestalt Unmögliches zu versteh' n.

Zwischen These und Antithese ist die Synthese immer das Wunschdenken, das zum Anfang zurück wieder These wird; wenn man nicht, wie bei Nietzsche »Jenseits von Gut und Böse« einsetzt. Auch dort endet das, bleibt man im Wort, wieder in der These »Gut und Böse« mit der alles begann.

So schreibt man weiter, bitterer oft, nie mehr heiter, und wie ein Stein fällst du in Antithesen hinein. Am Ende deiner Jahre, grau die Haare, bist du jenseits von Gut und Böse zum 1 000. dsten Male angelangt. Und was sagst Du? »Das Wetter ist gut! Der Nachbar ist böse!« Und du erkennst, das sehe ich nach Jahren ein: Die Geburt, das ist die These: der Tod die Antithese soll sie sein, und dazwischen findet täglich die Synthese statt- Tag um Tag- Wort um Wort: Das Leben! Ob das Gut oder Böse ist? Frag die Zeit!

Wechselbeziehungen zwischen den Göttern.

Auf den Gipfeln des Olymp
thronen die Götter Griechenlands.
Und? Auf den Papierfetzen der Bank-
Noten die Götter des Diesseits. Alle
vergänglich! Wie oft wechselten
Götter ihre Masken, im Ver-
dunkelungsverfahren der Aufklärung

wieder, anbetungswürdig zu
erscheinen. Ein neuer Gott steht
draußen vor der Tür: EURO sein Name.
Schon beschwört man in der Politik und
in der Wirtschaft seine Unantastbarkeit.

Hinter den Masken lächeln
die »Alten Götter« abgeklärt, und

lassen das Volk beten. Sollten
die Götter doch ewiglich: Menschen sein?

Mir gab dieser Gedanke zu denken, mich tiefst mit dem Nichtwort zu beschenken, geschlossenen Auges den Träumen des Lebens zu folgen, und die sind weder gut noch böse, sie allein können jenseits vom Heterogenen (Gesetzen) sein; da sie das Leben selbst in sich tragen, Sehen usf.

Öffnest Du die Augen, dann bestimmt weder Geburt noch Tod deinen Tag. Also schreibe ich meine Lyrik mit geschlossenen Augen, um Gut und Böse besser zu versteh' n. Auch wenn Nietzsche »Jenseits« schrieb. Gut und Böse wird immer ein und dieselbe ›Diesseits-These‹ sein, das weiß ich, dem Worte verschrieben …ganz … ganz genau!

Nicht von dieser Welt
und doch geboren
so erfülle ich mein Dasein
auf der Erde Angesicht.

Weltbeseelt umströmen mich
Meridiane, Fassbändern gleich
mit Wortgesetzen und
der Seelenlosen Mathematik.

Glaswörter: ÜBERALL!

Thema Dreizehn: Meine einzige Kategorie: DIE LINIE, das Wort.

._____B_____A_____C___.

Für mich gibt es nur diese EINE Kategorie: Die Linie! Sie besteht aus 3, Drei Punkten. Stehe ich davor, dann ist A der Mittelpunkt, Er, der aber in sich alle Punkte, Kreise, Linien und den PUNKT, als Vielheit der Punkte, in sich schließt. Z.B. Links und Rechts, Gut und Böse, Groß und Klein usw. Vom Punkte A aus ist B Links und C Rechts. Vom Standpunkte C aus ist rechts Leere und Links ist A wie auch B! Ebenso geschieht es mit Gut und Böse. Vom Punkte A aus soll B das Gute sein und C das Böse. Nehme ich C als Grundform auf die Werte Denken, Fühlen, Wollen, Handeln, dann wird alles (A wie B) Böse. Groß und Klein fällt in dieselbe Kategorie: A ist Groß, dann ist B Klein usw.! Aber, die Grundwerte sind im weiteren Sinne allein schon im Punkte A enthalten: Linie, Kreis, und Punkt als Einheit dieser Dreiheit als Vielheit im Wort zu verstehen! Denn diese Punkte sind, Wort, Sache geworden, Vielheit in sich und behaupten so mein Denken!

Das Erhabene, hier in meinem Denken, A, B, C wird zur Vielheit, dort, wo vom Standpunkte der Betrachtung aus, jeder seine Einheit herauspicken kann. Denn die Einheit A,B,C, ist im gegebenen sinnlichen Aufnehmen dies undefinierbare KLEINE, das keiner Wortgebung standhalten kann und darf, da sonst der Scharlatanerie Tür und Tor geöffnet werden.

Somit hat jedes Wort: ob Gut, Böse- Schön, Hässlich- Groß, Klein- alle nur erdenklichen Wortattrappen in sich. Und nur im Nachfragen, kann, der Einzelne, im Zwiegespräch, dem Unendlich Kleinen undefinierbaren A,B,C, usw. in die persönliche Nähe kommen, um so, wie der Volkmund es von sich gibt, Verständigung hervorzuringen!

Weiterer Ausführungen bedarf es meinerseits, was meine Kategorie LINIE anbelangt, nicht.

In meinem Punkte(Linie) als Wort ist alles enthalten, man muss nur den Punkt aufrollen, um über kritisches Denken an die eigene Linie »Wahrhaftiges Denken« heranzukommen. Danach klappt man alles wieder zusammen, und ist in seinem Punkte Erkenntnis: ZUHAUSE!

Thema vierzehn: Gedicht- »Frühlingsbeginn

Weißer klirrender Winter, öffne Deinen
Schutzumhang bunten Tönen weltweit
Einlass zu gebieten.

Schneeglöckchen, weiß, im Eisgewand
der Frostgestalten: Spitzengrün.
Du Unschuldsschicht aus kühler Welt in Eis.

Im Stadium des Aufbruch': Frühling
zu gestalten. Reiß ein den Winterschrecken
öffne mit dem Glöckchenklang

die feinen, zarten Seiten mir. Aug und Sinn
im Licht verzaubert, jene zarte Melodie
einzufangen. Frühling Du: beginn!

Thema Fünfzehn Gedicht: »Dunkel bebt der Morgen«

Dunkel bebt der Morgen mir entgegen:
Der Maskenhorizont spielt Dunkelheit.
Doch da, ein glutig Antlitz lenkt
den Blick in weite Ferne; es kündigt sich
ein feurig Blinzeln an.

Aller Blicke: Ferne. So
entzückt der frühe Morgen Mich.
Zerschmolzen überall die Sterne
in dem Tagesangesicht.

Wellenrand mein Neuer Horizont:
Geboren. Erstes Leuchten treibt
die Hoffnung an zu tagen-

Wogen trinken Raum und Zeit.
Das graue Sein ist neu besonnt.

Kleine Wellen spielen Tagerwachen.
Morgenrot erstürmt in Anmut Mir
der Welt Gesicht. Eingefärbt
die kleinen Schaumes- Kämme.

So blinzelt er Mir zu:
Der Morgen lebt!

Teil III

Das Wort (1,2,3,…) Die W ö r t e r

Das WORT ZB: Fragment; Gleichnis, Aphorismus, Gedicht.
Die WORTE:
These, Antithese, Synthese

Die These? Die Romantik bleibt. Die Antithese? Vom Realismus einverleibt. Um am Ende »Romantischer- Realist« zu sein, in der Synthese auf Erden, Mensch zu werden. Wo? Na hier bei Dir: bei UNS!

Das Wort, die Wörter/ Das WORT, die WORTE

Buchstaben aneinandergereiht, das ergibt Ein(1) Wort. WORTE aneinandergereiht, das ergibt mein Suchen: Essays. Gedichte usf. Aus Thesen heraus, über Antithesen komme ich, wenn ich will, kann, muss etc. zu Synthesen. Das ist der endlose lange Weg des Suchens nach der Synthese, neue Thesen zu begreifen, anpacken zu wollen, zu müssen, oder gar nur zu unterdrücken: durch Angst, Staatsmacht, Bevormundung etc. wie am Anfang, und doch ein neues Suchen nach einer gefundenen Synthese, die Neue These zu erahnen, zu erfühlen, das ist mein Leben: ein ständiges Suchen. Im Grunde immer, in meinem Wissen: im Sokratischen Sinne, »ich weiß, das ich nichts weiß,« endend.

Dieses (mein) Wissen schließt ein, ständig im Gefunden einen neuen Anfang zu suchen, eine Neue Blüthe (im Sinne des Philosophen Diltheys) erblühen zu lassen, um gemeinsam den Weg der Energie »Sprache zu verbessern,« zu vertiefen, zu erneuern, mit der Grundtendenz: Als Nichtwisssender (Sokrates) ständig und immer Wissender zu sein. Und das Wort bei Wort, bei WORT!

These, Antithese, Synthese A – Z
Z.B. KANT
Erste Person. Kritik der Reinen Vernunft
Zweite Person: Kritik der praktischen Vernunft.
Dritte Person: Kritik der Urteilskraft.
Wie Platon seine sogenannten Gesprächspartner in immer wiederholenden Personen, die ganze Möglichkeit, der Auswahl, sich philosophisch zu betätigen gab, um dennoch am Ende mit Sokrates zu enden: »Ich weiß, dass ich nichts weiß.«

So ähnlich empfinde ich Kants »Kritik der reinen Vernunft«: These, Antithese, Synthese . Hier sind' s (3) Drei Personen, die sich bekriegen: »Freund«, »Rivale« bis endlich Nietzsches Kind, als Folge seiner (3) Drei Personen: Kamel – Löwe, Kind diese unendliche Geschichte uns vor Augen hält: die Kritik der Urteilskraft.. Vor dem Kamel war das 1. Kind und nach dem Löwen kommt die nächste Steigerung: das 2., 3. Kind usw. um die: Begriffe nach der Kritik der Urteilskraft wieder Kritik der reinen Vernunft folgen zu lassen?

»Und Deine Personen?« so wurde ich gefragt, »wer sind sie?« Aus der Praxis geboren (Handwerk) zum Studium VWL/BWL, mit Abschluss, und dann das Stipendium der ehem. DDR, als BRD Bürger am Johannes R. Becher Institut in Leipzig, ein Literatur Studium – Diplom zu erhalten: Autor, Schriftsteller zu sein: Nur ein Poet?

So lief ich im Hin und Her zwischen diesen, meinen Personen, Musik (Gesangsstudium), Poesie (Literaturstudium), und als 3. Person das leidige Thema- Geldverdienen – um das alles am Leben zu erhalten, was man Mensch nennt: Das Wesen! Oder waren es noch mehr an der Zahl; sie(es) liefen in der Verkoppelung als Ein(1) Mein Wesen dahin, Leben zugestalten, um einen konkreten Begriff dafür zu finden! In der Synthese des ›Ich bin‹ fand ich den Namen »Romantischer- Realist« um These, Antithese, Synthese dort zu verarbeiten, wo nach der Synthese dann irgendwann, irgendwo die Synthese wieder zur These wird, im ewigen Gleichklang-Leben- zu gestalten.

Augustinus Aurelius (13.11.354- 28. 8. 430) stammte aus Numidien, eine Provinz in Nordafrika, des Weströmischen Reiches. In Mailand, der damaligen Hauptstadt des Weströmischen Reiches lagen seine Lehrtätigkeiten. Augustinus unterscheidet zwischen ›verbum‹ (Wort als Sprachkörper) und ›dicibile‹ (das mit dem Wort Gedachte, damit die Bedeutung) und res (das Ding an sich)

»Die Seele ist das Auge, Gott ist das Licht!«, hier wird die christliche Rezeption der Platonischen Seelenlehre sichtbar. Am Rande zu erwähnen: Das Jahr 410 die Eroberung Roms durch die Westgoten. Damit war verbunden der Vorwurf, dass die Christen die Schuld am Untergang Roms hatten. usw..!

»Wer zweifelt, muss die Wahrheit kennen: denn nur um ihretwillen zweifelt er.« Mit diesem, seinen Satz aus der Geschichte der Philosophie, beginnt mein kleiner Einstieg in das Denken Augustinus! Ist das, dieser Satz eigentlich schon der Einstieg in Descartes' Denkansatz »ich denke, also muss ich sein?«

Im Grunde bauen wir, ganz gleich wo die Muttersprache Daheim ist, auf die Vordenker auf? Ich sage Ja! Im Grunde ist jedes Wort –wortgebunden- im tiefsten Denken: ein Plagiat. Es schließt den tiefen, langen Weg der Jahrhunderte ein, im Jetzt, nur Form zu sein. Die Aufschlüsselung von der Allgemeinheit zum Einzelnen ›zum ich‹ vollzieht der Einzelne in seinem Innersten und macht aus dem Plagiat, seine Form, die dann sein Eigen -EINS- Einzelnes wurde! Diesen Vollzug, des »ich denke, also bin ich« hat jeder, vor Descartes, als Form in sich vollziehen müssen, um »die Allmacht WORT« einen Teil seiner Tiefe zu nehmen, um ihr die Energie »Zukunft« stets aufs Neue zu erhalten, und auszubauen.

Das ist im Grunde der Urgedanke jeder Sprache eine enérgeia im wahrsten Sinne des Wortes. Ein Weiterformen, das, was unsere Vor-Väter dachten und es versuchten, so, uns, weiter zu entwickeln. Somit ist für mich sein ›verbum‹ (das Wort als Sprachkörper) die Vorgabe, und sein ›dicibile‹ (das mit dem Wort Gedachte, die Bedeutung) dieses Angebot der Ausweitung und der Weiterentwicklung.

Dann folgt aber weiter: »Jede Vernunfterkenntnis ist im Grunde genommen Gotteserkenntnis.« An der Stelle überrumpelt er sich, meiner Ansicht nach, selbst, denn er maßt sich an, das unendlich Nichtwahrzunehmende als seine Erkenntnis auszugeben, und er erhebt sich damit über das Göttliche, Nicht- Zu-erreichende (Denken) hinaus. Hier wird Denken Wunschdenken, Wissen! Und das ist in diesem Falle Glauben = Nichtwissen und damit Machtanspruch über alle Wahrheiten erhaben zu sein. Ich lasse einen anderen Satz Augustinus folgen: » … die drei Seiten der Psychischen Wirklichkeit sind: Vorstellung, Urteil, und Wille.«

Er sagt: ich will, das Ergebnis ist irgendein Urteil. Dieses Urteil wird im Goethischen Sinne »Abgeleitetes« und in der Vorstellung zum »Wortkram« lediglich zum ›verbum‹(Sprachkörper),mehr nicht. Somit verfällt er in seine zu gewinnende Trinität 1. Sein, 2. Wissen, 3. Wollen!« Und schon bin ich beim 1. Menschen: ADAM!

An der Stelle hört mein Verständnis auf. Adam wird für mich ein, im Sinne J. Derrida›, différance – Wort – bleiben, dort, wo der Anfang der Menschheit, der nicht nachvollziehbar ist als ein Wollender, zu glaubender Wissensanfang, um das Huhn und das Ei in einem Atemzug benennen zu können. Auch die Wissenschaft wird mir kaum sagen können, wann der letzte Affe zum ersten Menschen wurde, Er, der sich auf die Brust trommelte um zu verkünden: »seht her ich bin der erste Mensch!« Noch heute sehe ich solche Bilder, im negativen Sinne und habe das Gefühl, wir sind auf dem Wege wieder Affen zu werden: oder haben wir (…) das Alles noch gar nicht überwunden?

Auch Sein gehört als Metapher in den Raum »Wort- gedachter Bedeutung«, um der mathematischen Null oder der liegenden Acht einen Inhalt zu geben, er, der nicht erfassbar ist. Also lassen wir die Parallelen ohne Anfang und Ende laufen, und freuen uns gemeinsam immer wieder einmal einen neuen Punkt im menschlichen Denken weiter zu gelangen: aber nie um maßlos dem Nichterkennbaren über die Null hinaus göttliches Wissen zu besitzen. Und im Urteilen muss Derjenige dann ja noch drüber hinaus Denkender sein, sonst könnte Er diese Gotteserkenntnis selbst nicht hervorbringen. Lasst uns also wortlos bleiben und wahrhaft – glauben- dann könnten wir dem Menschen sicherlich, menschlich gesehen, Schritt für Schritt näherkommen … und das dann auch: sprachlich.

Zur Antithese komme ich, wenn irgendwelche Aussagen angezweifelt werden. Skeptizismus ist angesagt. Jedoch ist auch die Antithese, im Grunde These, setze ich Teil I, diesen meinen Text vorher, als nichtgegeben voraus. So komme ich, um in der Frühgeschichte der Philosophie Griechenlands zu bleiben, in den Jahren 500-400 vor unserer Zeitrechnung, auf Xenophanes von Kolophon, er schreibt dort: »Wenn Ochsen oder Pferde Hände hätten, und malen könnten, dann würden sie ihre Götter als Ochsen und Pferde malen!«

Manche Antithese ist im Endeffekt auch wiederum These, wenn man mit einfachen Sinnen an das Wort, Die Wörter herangeht.

Manche Synthese ist ebenso auch wieder These, es kommt auf den Blickpunkt des Beschauers an. Diese Aussage besagt, wenn die Menschen (…),dann würden sie ihre Götter als Menschen hinstellen- ausrufen- malen- usf. Darum verbot z.B. Mohammed Bilder in Moscheen. Aber? Sie malten die Wörter in die blinde Bilderwelt der Macht, der Alleinherrschaft des wahren Glaubens um!

Thesen entstanden von blinden Sehern, die sich anmaßten anderen Menschen Ihren Glauben in anderen Bildern (sprich Wortgöttern) ins Gehirn einzumeißeln, so wie es im Christentum, im Alten Ägypten usw. mit Ihren Göttern ähnlich geschah. Und trotzdem! Da gibt es noch den Philosophen: Thales, den sie als 1.Philosophen ausrufen. Das ist ein ähnlicher Vorgang, wie bei Adam und Eva. In der Infinitesimal- Methode, hin zum Unendlich- Kleinen ist dem Worte (différance J. Derridas) diesen nicht zu erkennbaren Anfang, menschlich, sprachlich nichts auszusetzen. Aber? Vor Thales gab es auch schon menschliche, denkende Wesen (Ägypten, China, Mesopotamien usw.) die sich, unter einem anderen Namen der Philosophie, Gedanken machten, um als Vordenker den Ansatz', auf der Suche nach Wahr- und Weisheit unternommen zu haben; dort, wo die Philosophie- Geschichte schon endlos andere Erdenbürgern, sich diese Bild – Gedanken machten, auch wenn' s dafür ein anderes Wort für Philosophie war.

These an These können angereiht neue Bilder ergeben. Nur den wahren wortlosen Glauben, der wort-zeit- und raumlos aus dem Innersten heraus die Worte an die Innenwände des Herzens, des Hirnes usw. legt, der ist allen Religionen vorgelagert, eine Angelegenheit tiefster Ich zu Ich Offenbarung den Beginn – Die These Eins – als Mensch zu beginnen und nicht als die Versuchung Ebenbild eines Gottes zu sein. Dort setzt nämlich die Antithese ein. Auch sie ist Wort an Wort ein Menschenbild!

Der Skeptizismus sagt zuerst einmal Nein und baut die Negativ-Punkte in eigene Bilder um. Nehme ich dann das Sonett, in seiner Struktur zur Hilfe, seinen Aufbau, dann bin ich im Grunde dort, wohin ich wollte, diese 3 (Drei) Formen zusammen, uns, vor Augen zu halten. Das Sonett, in seinem Aufbau, seiner 14 Zeilen, beginnt mit einer These. Es folgt im Laufe der 2 mal vier Texten, die Antithese, um im Übergang, in den 2 mal Drei Zeilen Texten, die eigene Meinung des Autors, seine Synthese, als Zusammenfassung, dem Leser zu vermitteln.

800 Jahre ca. ist Es, das Sonett alt, so der Tatbestand, denn so alt ist diese Aussage-Form, so erzählte man es mir im Literaturstudium in Leipzig.

So ist im Grunde, so ich, jedes gute Gespräch aufgebaut, jedes Gespräch: zu erkennen, wo man steht, und wie man gemeinsam an eine Lösung, der angesprochenen Themen, Sachverhalte etc. herankommt. Aber? meist bleibt man im Antithese-Teil, der vorgefertigten, persönlichen, vorgegebenen Meinungen: religiös bedingt, machtbedingt, im Gruppenverhalten blind in seinen vorgegeben Bilden steh' n. Darum sind Sonette im Grunde von der Allgemeinheit auch schlecht zu verstehen.

Der Wille, zu wollen, ist die Grundidee eines Gespräches, ob das Ende dann die Wahrheit in der gemeinsam gefundenen Synthese ist? Da sagte schon Sextus Empiricus 100-200 nach Chr. »Deshalb können wir nicht behaupten, wir wüssten, wie die Welt wirklich beschaffen ist. Jede Aussage über die Welt ist auf unsere besonderen und fehlbaren Sinnesorgane beschränkt. Ihre Wahrhaftigkeit kann nicht garantiert werden.«

Und von Sokrates (470-399 vor Chr.) erfahren wir: .. »dass die größte Gefahr sowohl für die Gesellschaft als auch für den Einzelnen in der Vernachlässigung des Kritischen Denkens besteht.«

Damit bin ich am Ende des Sonetts angelangt und am Ende meiner kritischen Betrachtung um über diese Aussagen, die am Ende in einer Synthese enden, mir und meinem Kontrahenten, das Gefühl mit HEIM zu geben ein wunderbares Gespräch geführt zu haben. Das sollte der erste Schritt zur Verständigung sein! Ob das dann schon Philosophie ist, die Suche nach Wahrheit, Weisheit usf., das ist dahingestellt; aber das ist im Grunde der tiefste Weg der Muttersprache, sie als Energie zu betrachten, sich, untereinander als Mensch zu Mensch verständigen. Alles Andere ist nur Müllabladen, Austausch von Gefechten, die im Vorstadium vorgefertigter Machtansprüche, egal welcher Farbgebung, politisch, religiös, machtbesessener Alles- und Besserwisserei im Sokratischen Wissen endet: »ich weiß, das ich nichts weiß!« Sein Wissen, vor über 2 ½ Tausend Jahren brachte ihn in den Tod. Haben wir, die Menschen jemals in der Masse, Mensch gesehen, wie gefährlich es ist diese Wahrheiten dem Nachbarn zu erklären, kritischer alle Bilder in Wörter umzusetzen, um dann nicht über billige Gegebenheit, durch irgendwelche »Wort-Führer« diese Wörter dann in Ihre Bilder umzugestalten.

Und Jesus, in der Bergpredigt, speiste Tausende mit dem Brot, mit dem Laib dieses Grundnahrungsmittels, Bildsprache: Muttersprache- Haben wir begriffen, das am Anfang, die Suche über das Wort in sogenannten Gleichnissen endete? Heute sagen wir in der Poesie Metaphern dazu. Im Grunde bildet allein das Wort die Unterschiede. Somit sind aber nur die gesättigt HEIM gegangen, die diesen Brot-Laib als Synthese dieser vorher angegebenen Form des Sonetts aufgenommen haben. Andere machten daraus Wunder. Noch Andere werden ewig daran kranken, dieses Wunder, Damals, wie auch Heute, nicht als Wunder Muttersprache, in ihrer ganzen tiefsten Innerlichkeit anzunehmen. Sie, die Sprache, sie ist Mir das Wunder in dieser Energie die Parallelen nach beiden Seiten geöffnet zu halten, um an ihren Öffnungen (Das Quadrat z.B. an zwei Seiten zu öffnen), um dann die Parallelen geöffnet zu halten, um an ihren beiden Öffnungen alle Bilder als Wörter zu entlarven; in welche Richtung sie auch immer, im ERGON, das Wunder Sprache, enden lassen wollen.

Auch wenn in Pixel und Pünktchen, der PCs, irgendwann uns Menschen die Augen blenden mögen, Alles zu wissen, dann stehe ich da und ich weiß, dass ich dieses »Mein Allwissendes«, schon lange verinnerlicht habe: »Ich weiß, dass ich nichts weiß.«
Und dieses Wissen ist im Grunde der ganze Ernst Mensch zu werden, Sprechender auf Erden.

    Gestern war ich noch ein Kind
    und weinte.
    Heute bin erwachsen ich
    und weine tiefer noch als je zuvor.
    Morgen werde ich im Alter
    all mein Weinen, als Gratwind
    eines Lächelns sehn.

Alle Tage wurden mir damit ein ständiger Begleiter geschlossenen Auges all die Schönheiten einfachster Wörter zu verstehen, auch wenn der Nachbar im Dorfe von seinen Erdbeeren schwärmte, der Andere vom ersten Duft der Wiesen sprach, ging er morgens, tauumringt, spazieren. Und auch Ihn verstand ich, er, der beim Anblick erster Maiglöckchen am Waldessaum wortlos in das All lächelte. Menschheit ist eigentlich etwas wahrhaft Erhabenes (Göttliches), wenn ich alle Religionen der Welt auf einen Nenner bringe: zuerst einmal Mensch zu sein! Das ist meine Philosophie!

Das ist keine Philosophie sprachen die Gelehrten! Und sie malten in Griechisch,. Latein. usw. Ihre Bilder an die Wandtafeln der Erde, nur um mächtiger als ich, ein Ich = Ich, im Worte wohlfühlender Mensch zu sein!

> Fern der Berge: Sehen.
> Täler blühend: Verstehen.
> Aufrecht den Tag begeh' n.
> Alle Steine wurden Worte
> aus dem Glanzlicht der Retorte
> so ergab sich mein Erfleh' n
>
> so erhob sich meine Wiege
> zu betrachten all die Kriege
> die im Wunderland der Fluten
> sich die Hände friedlich gaben
> wenn nicht all die dunklen Raben
> schworen: »Wir alleine sind die Guten!«
>
> Nur der Poet, er, war geblieben.
> Alle Guten Taten aufgeschrieben
> Und das Glück des Andersein

brachte schlechte Noten Mir.
Somit wurd' zum dunkelsten Spalier
ganz allgemein: Das Wort zum Schein!

***

Wenn das Licht nicht zu Mir
findet, dann muss ich zum Licht.
so will es mein Wort.

Finden und Suchen ist dort identisch
wo das Licht sich aufmacht
Wort zu werden.

Wüsten und Oasen bebildern meinen
Gedankengang. Wie die Worte eben sind:
Die Worte / Wort.

Schauen wir in den Spiegel:
was sehen wir? Oase? Wüste? Nein!
Wörter /Wort.

»Willst Du weise sein?« fragte man Mich.
»Nein, einfach nur ›ich‹ EIN Mensch.«
Da lösten sich die Wörter auf …Denn?
des Geistes Körper, der ist schattenlos.

Meine weißen Blätter, dort, wo alle Wörter aufgelöst durch diese Thesen – Punkte hindurch zum tiefsten innersten Refugium (Zufluchtsort) werden, das Aufgenommene in den eigenen Blutkreislauf einfließen zu lassen, dort, wo Ich= Eigenes wird. Sie stehen dann vor leeren Blättern: beschrieben sie; aber sie werden zum Übersetzen gezwungen. Sollten Sie nicht dem entsprechen, das nachzuvollziehen, (wollen, können dürfen usw.) dann trifft bei all diesen Wesen die Alte These ein: »Wenn das Geld im Kasten klingt die Seele aus dem Fegefeuer springt.«

Schon wird der weiße Bogen wieder in allen Fassetten durch das Licht der Wörter ›belogen, betrogen‹ Dich zum(…) zu machen: wie gehabt!

Eine neues Bild liegt vor mir, und ich beginne aufs Neue Licht in die Hand zu nehmen, damit Sprache als eine nie endende Energie uns Menschen erhalten bleibt.

So ende ich hier als Ihr
»Romantischer- Realist!«

Weisungen aus dem All sind
das Blinzeln der Sterne
wenn der Himmel
wolkenverhangen
dem Sehenden –
geschlossenen Auges-
Wege weist.

Abschluss? Nein, auch
HIER beginnt ein neuer Anfang:

Geborensein!

Sprache … Zeichen!

Sprache ist ein stilles Sich- Beschenken
mit dem Außen dieser Welt
wahre Lichter zu bedenken
wo das Innen,Wort bei Wort, zusammen hält.

In den aufgebrachten Wortschatullen
kriechen Motten, schmatzend, zu zerkleinern
mit der Technik, die Begriffe einzulullen
die Gedankenwelt angeblich zu verfeinern

frei von diesem Lug und Trug zu sein.
Denn die Reste dieser Ortsbestimmung Leben
sie verfällt dem Wahne, Bildschirm, Stein
an Stein, Glaube = Wissen einzugeben:

Sprache als Giftmüll in Smileys umzuwandeln
Einheit als Sprachmüll zu versteh' n.
Verselbständigt mit der Technik anzubandeln
als Zeichen, Male, Bilder, Sie, zu sehn?

So der Hirne Funktionen mit dem Klick
und Klack der Technik, zu beenden?
Sprache wird zum toten ERGON in dem Blick
mit dem iPhone Gedanken, zu versenden..

Sprache, zum toten Ergon dann erhoben
Smileys erobern die Zellen im Gehirn.
Die Macht erobert den Sinn, zu loben:
das Syndikat *Gehorsamkeit* erobert das Gestirn.

Ich ging die langen Stege, begrenzte das Mal
da öffnete sich der riesige Saal
und ich trat ein, zu gehen, zu säen
was dem Worte anheim, möge nie vergehen.

Das ist die meine Einheit: Wort bei Wort
von der Vielheit zum Ich, dem Hort
das Verstehen ständig neu zu begehen
in den Sternen Glanzimpulse zu verstehen:

so? wie der Buchstabe, der Das Wort umhüllt
Muttersprache, mich, mit Licht und Leben füllt!

Der Punkt, meine einzige Kategorie

Punkt, gedacht- und Punkt, aufgezeichnet ist nicht anderes als Theorie und Praxis. Oder anders ausgedrückt. 1. aus Büchern erlesener Punkt, und 2. aus dem Leben selbst aufgezeichnetes Mal, Zeichen! Im Grunde sind BEIDE Punkte Einheit. Nur der Theoretiker bekommt aus Büchern diesen Punkt: vorgedacht, und der Praktiker erlebt Punkt für Punkt aus dem täglichen Leben heraus. Im Grunde besteht der Unterschied nur in der Begriffsform(Kategorie)der Auslegung. So wie z. B. Jenseits und Diesseits zu betrachten sind. Beide Punkte fallen, menschlich, in den Bereich der Einheit ›Leben zu leben‹. Nur der Theoretiker arbeitet sein Diesseits als Parabel in gedachtem Jenseits (Diesseits sowieso) ab. Und der Praktiker? Um beide zu verstehen, da muss Theorie und Praxis in einer Zwischenbilanz von offenen Wortbildern vereinheitlicht werden, dort, wo Beide zuerst einmal Ihre Positionen aufgeben! Geht das? als Möglichkeit? Ja! Aber sie müssen BEIDE, den Anderen in sich aufnehmen, um in einer Synthese das offene Wort, neu, mit Diesseits und Jenseits belegen.

Jenseits aller Gegensätze z.B. die Bhagavadgita, das Lied des Erhabenen, aus dem indischen Mahabharata entstanden, ca. 300 vor Chr. dort steht schon geschrieben: »macht Euch frei vom Paar der Gegensätze«, wie die Worte eben sind: Wörter-Wort. Sie bilden sich fort Maske einer Maske zu sein, wobei selbst die Demaskierung eine neue Maskerade in sich birgt … Jenseits aller Kategorien ist immer: Diesseits, so will es das Wort, vom Menschen geformt. Alles andere ist z.B. Einheit, Vielheit, für mich ein Wortkostüm, eine Baukunst in sich- kategorisch un-kategorisch JENSEITS, das nicht zu definierende SEIN (Heideggers)

Friedrich Nietzsche schrieb sein Buch »Jenseits von Gut und Böse« beinahe 2 000 Jahre später. Er schrieb dann aber mit seinem Gut und Böse weiter seine Thesen, Antithesen bis zu seinen Synthesen usw., bis sie, die Neuen Thesen »Jenseits von Gut und Böse« über diese Antithese in der seinen ureigenen Synthese, zur Neuen These, seinem GUT und seinem BÖSE, sich entwickelten! Von der Vielheit auf die Einheit, bis diese wieder zu einer neuen Masse *Gut/Böse* wird: zum Wort.

Die Griechen, mit ihren 10 Kategorien, davon eine herausgegriffen: Quadrat und Parallele. All diese Kategorien, mit Gut und Böse beginnend, zu links und rechts, gerade und eckig usf. diese Beispiele (Kategorien) finden sich in der darauffolgenden Zeit immer wieder vor.

F. Nietzsches »Jenseits von Gut und Böse«. wo ist das? Was ist das? Gut und Böse, links und rechts … all diese Kategorien sind identisch! Wieso? Sie schließen Einheit und Vielheit in Standpunkte ein, die ›mensch-Wort-gegeben‹ keinen wahren Bestand vorgeben. All diese Aussagen sind persönliche, im JETZT, dem Augenblick, gefühlte Wort-Nuancen: mehr nicht!.

Jetzt in diesem Moment gehe ich einen großen Schritt weiter, dorthin, wo der Lehrer den Schülern in der 4.,5, Klasse klarmachen wollte, warum jeder Punkt in der Mathematik nicht sichtbar ist. »Damit Ihr aber seht, was Ihr Euch nur denken müsst, male ich Euch mit Kreide einen Punkt an die Tafel.!« Und Sie malten Alle. Und wir Schulkinder wussten nicht, was soll das bedeuten.

Quadrat und Parallele ist so ein Beispiel. Öffne ich das Quadrat, dann bekomme ich eine unendliche Parallele, ohne Anfang und ohne Ende: Mein Leben im JETZT im Heute und Hier.

Das Quadrat ist im Grunde nur ein Punkt, Gesichtspunkt, der in der links und rechts Betrachtung den unendlichen Blickwinkel bedeutet. Zwei Punkte, nebeneinander, ergeben die kleinste Parallele: gedacht. Zwei Punkte hintereinander ergeben die kleinste Linie: gedacht. Wobei jeder Punkt ein Kreis (ein Blickwinkel) oder zwei Quadrate, nebeneinander könnten sein: gedacht. z.B. Theoretiker und Praktiker? Aber selbst der Theoretiker, der den Punkt nur denkt, und der Praktiker,der den Punkt an die Tafel, auf das Blatt Papier malt, sie sind identisch, da der Theoretiker irgendwann diesen Punkt bildlich niederlegte, denn sonst könnte er diesen Punkt nicht denken.

Jetzt komme ich direkt auf das eigentliche tiefere Anliegen zu sprechen, was mich als Jugendlicher, tiefst verfolgte: Der Göttliche Christliche Glaube: Glaube überhaupt.

Heute lebe ich im SEIN, nach Heidegger nicht definierbar! Dieses Mein »Werden im Sein«, ich, als Teil:Mein Leben im Nichtzudefinierenden Sein! ›ich‹ eine Parallele ohne Anfang ohne Ende: ein ständiger unendlicher gedachter Punkt! ›ich bei ich‹!

»Lieber Gott mach mich fromm, dass ich in den Himmel komm!« So formten meine Eltern diesen Punkt Abend für Abend an das Blaue Himmelszelt! Beim Ableben der Großeltern, oder des Ertrinkens eines Schulfreundes, da sagte der Pastor: »Sie, er schauen(t) jetzt von Oben herab.« Auch er, Theoretiker machte uns zu Praktikern, indem er diese Punkte gedacht an das Himmelszelt malte.

Der Tod betrat die Bühne. Als Jungendlicher wusste ich manches Mal nicht wo ich bin. Der junge Handwerkslehrling, in schwindelnden Höhen z.B. auf Fabrikschornsteinen sitzend, dann beim Heruntersteigen in den dunklen Schlund, da dachte ich manches Mal, was ist dieser Punkt: Gott!

Ich wühlte mich, viele Krankheiten überwindend, durch diese nichtgeliebte Tätigkeit. 14 jährig begann dieses Debakel. Und mein Vater und Lehrmeister sagte, »wenn Du deine Gesellenprüfung bestanden hast, dann kannst Du machen was Du willst.« Ich bestand 17 jährig. das gleiche dann, der Neue Punkt: Meisterprüfung. 21/22 jährig. Bestanden. Da nahm ich mir eine Auszeit, 1/2 Jahr Napoli, um Caruso in seiner Geburtsstadt nahe zu sein. 10 Jahre dafür jeden Pfennig zurückgelegt. Krank kam ich Heim. Also zurück in den Alten Lauf, Kamine kehren, rußige Heizungskanäle vom Ruß befreien und anderer schwerster Arbeiten mehr.

3 Jahre Wanderschaft in diesem Beruf aufgenommen, um geehelicht normal zu werden? Schweiz: Bern, Basel. Der Fernsehchor der Schweiz half über manche Tränen hinweg. Drei Jahre wahren vollbracht. Frau und Tochter verabschiedeten sich in der Heimat Hamburg.

Philosophie, Poesie begann Besitz von mir zu ergreifen. Das Wörtchen Gott bekam einen anderen Klassengehalt einen anderen Klang. Buddhas Lehre ergriff Besitz von mir. Die Meditation blieb mir. Den Islam bekam ich über Goethe zu Gesicht, aus seinem Werk »West Östlicher Diwan«; eine Quasie- Übersetzung des Persischen Dichters HAFIS: Sein »Diwan«. Die Alten Chinesen Konfuzius, Laotse schlichen sich ein, bis ich wieder im Endloskampf bei Nietzsche endete: »Gott ist tot!«

An dieser Stelle fiel mir wie ein Lichtstrahl in die Hand, jener Reclam Band Wackenroders, mit dem er die literarische Frühromantik 1795/96 heraufbeschwor. Und die Maler Caspar David Friedrich (1774) aus Greifswald und Philipp Otto Runge (1777) Wolgast, nicht zu vergessen.

Aber zuerst Wackenroder's Aufzeichnungen, die ich wie eine Naturbibel, mir, zu Herzen nahm. Wilhelm Heinrich Wackenroder (1773- 1798) »Herzensergießungen eines kunstliebenden Klosterbruders«

25 jährig, zu jung, verstarb er am 13. Feb. 1798 an einem Nervenfiber. Seinen zarten Organen war der Zwang zu dem ungelobten, ja verhassten Beruf nicht geschaffen … sein Inneres schätzte er über alles und hielt es vor anderen heimlich und verborgen. Sein Kopf ward von leeren irdischen Kleinigkeiten betäubt: »Der Himmel hat es so gefügt, dass ich mein Leben in einem Kloster beschließe!«

»Seit meiner frühesten Jungend her, da ich den Gott der Menschen zuerst aus den uralten Büchern unserer Religion kennenlernte, war mir die Natur immer das gründlichste und deutlichste Erklärungsbuch über sein Wesen und seine Eigenschaften. Das Säuseln in den Wipfeln des Waldes und das Rollen des Donners haben mir geheimnisvolle Dinge von ihm erzählt, die ich in Worten nicht aufsetzen kann. Ein schönes Tal, von abenteuerlichen Felsengestalten umschlossen, oder ein glatter Fluss, worin gebeugte Bäume sich spiegeln, oder eine heitere grüne Wiese von dem blauen Himmel beschienen- ach diese Dinge haben in meinem innersten Gemüte mehr wunderbare Regungen zuwege gebracht, haben meinen Geist von Allmacht und Güte Gottes inniger erfüllt und meine ganze Seele mehr gereinigt und erhoben, als je die Sprache der Worte es vermag.«

(S 73) » … Buchstaben sind nur dazu da, dass das Auge ihre Form erkenne; und Lehrsätze und Begebenheiten sind nur solange ein Gegenstand unserer Beschäftigung, als das Auge des Geistes daran arbeitet, sie zu erfassen und zu erkennen.«

Den Abschluss dieses Reclam- Heftchens beendete im Nachwort dann (R. BENZ) »Seine Herzensergießungen werden immer wieder einzelne Herzen finden, und seine ungestillte Sehnsucht wird so manchen wecken und zu ihm ziehen.«

So verweile ich in Trance und gebe mich gefangen in diesen kindlich jugendlichen Träumen Wackenroders! Diese Anschauung könnte in allen Religionen DIESER gedachte Punkt sein, diesen Gedanken, der gedacht SEIN ergibt, es an die Tafel, Himmel oder Erde gemalt.

Traum und Wahrheit wäre so eine andere Kategorie, sie, die in wachen Zuständen Punkt, Nichtpunkt als SEIN Heideggers hin zur Muttersprache führte. Wissenschaftlich, oder nichtwissenschaftlich = Theorie und Praxis! Sprache, welch ein Kunstwerk, welch ein Wunderwerk! Die Deutsche Sprache ein Kunstwerk in Stein und Farbe?

Das Jahr 2015 ist nicht der Untergang der Dt. Mutter- Sprache. Auch wenn die Kanzlerin -Sie, es- nicht für nötig hielt DEUTSCH als Landessprache ins Grundbuch eingebären zu lassen. Die Dt. Sprache ward (für mich) von dem Tage an ein Kunstwerk in Stein und Farbe.

Möge denen, DIE fernab von Gedenksteinen (Grabmal, Farbklecks, Smileys usw.) in das tiefste Urgestein ab (700-900 nach Chr.) wo teutsch und disk usw. heranwuchsen um Muttersprache zu werden, dann wird uns wohl langsam bewusst, auch ohne Kanzlerin, dass hier ein DINOSAURIER von einem

Kometen (Unachtsamkeit, Gleichmut, Nachlässigkeit, Überheblichkeit, Dummheit etc.) zerstört wird. Als Folge: Die Umformung, tiefster Bedeutung, mit sogenannten Smileys, Amerikanismen usw. zu zerschlagen. Neue Kategorien erobern den bequemen Geist. Nicht nur das iPhone setzt alle Kategorien außer kraft. Wir geben uns dem Billigsten des Denkens hin: im Klick und Klack sich und Anderen zu beweisen, Alles zu wissen! Welch ein Weg, fort vom wunderbarsten »Aufeinanderzugehen«: Sprache!

Aber der Weg des geringsten Widerstandes »Allwissend« »gottähnlich« zu sein, dieser eine Tastendruck, er ist die menschliche Verarmung, die Gehirnzellen mit dem Einzelwert ›ich‹ aus zu kleiden.
Gott wird zum Tastendruck der Medien, ob Islam, oder Christlicher Glaube (evangelisch, katholisch) oder das Heidnische Denkvokabular: ein einziger Knopfdruck nimmt uns das Selbst-Denken ab. Das, was durch das Wunder der Technik uns angeblich Weise, Wissend machen soll, Das wird eines Tages »wie gehabt« gesteuert und SIE, die Armen Wesen »Deutsch« etc. Sie bekommen es nicht einmal mehr mit.

Bin ich mit dieser Aussage schon ein Gotteslästerer? Im Grunde Ja, denn der Neue Gott ›Technik‹ hat mit all seiner Macht die Menschen der Welt schon längst in ihren Bann gezogen, mit dem iPhone allwissend selbst göttlich, übermenschlich zu sein.

Hatte F. Nietzsche seinen ›Übermenschen' so vorhergesagt? Oder wollte er damit einfach nur sagen, über das Selbst, Denkender, ›ich‹, Mensch zu werden? Vielleicht zeigt Euch das Internett ja den Weg, den Menschen zu überwinden. Überall auf der Welt bin ich der Dumme- Mensch – er, der mein Speicher Wort über die Vielheit zur Einheit das verwandeln muss, was letztendlich die Masse Wort ergibt. Und dann muss man ja auch noch über (Hier z.B. Die Dt. Sprache) aus der Überlieferung heraus, Vaters, Großvaters Verstehen umsetzend einfließen lassen, in Begriffe formulieren, das, was Nietzsche mit Übermensch meint(so ich) wahrhaft Mensch zu werden, im stetigen Hin zum Wunder der Welt, die Sprachen dieser Erde. Sie zu schützen, und damit unser ›ich‹ endend, letztendlich im Übermensch, das Einzelwesen, Mensch, zu werden, mit der Sprache, dem Wunder, den Anderen verstehen zu können(zu wollen, zu müssen etc.)

Der Klick im iPhone ist nur das Vernichten der eigenen Sprachsymbole, das zu formen, was den Menschen zum Menschen machte: denn der Übermensch ist nicht (so Nietzsche) der Sinn der Erde, sondern (so ich) das Wesen Mensch in sich, als Wunder zu verstehen, um das, was Nietzsche mit seinem Übermenschen bezeichnet, nicht als Übersetzungsfloskel im Amerikanischen Übersetzungsmodus zum Superman(n) zu machen.

Wahrhaft Mensch zu sein, das ist ein langer, langer, einsamer Weg. Das ist der erste Punkt, der zu öffnen ist, um über Gut und Böse hinaus, in seiner Mutter-Sprache die ganze Tiefe, selbst über den Übermenschen F.N.› Mensch zu werden, das ist das eigentliche Wunder auf Erden.

Bin ich jetzt Gut oder Böse? An dem Punkte, gedacht oder wie Hier aufgezeichnet, einfach ein MENSCH, in Sorge, das wahre Wunder Sprache, die den Menschen zum Menschen machte in lächerlichen SMILEYS umgewandelt zu sehen.

Ein Neues Gut/Böse hat sich wieder einmal aufgemacht uns zu täuschen, in lächelnden Fratzen – Sokrates – zu vergessen: »Ich weiß, das ich nichts weiß!« … ›ich‹ weiß, und dieses Wissen soll mich mein Leben lang begleiten, in meinem Gut und Böse die Energie Sprache ständig neu zu erleben, um mit den Mitmenschen dieser Erde, dieses Wissen um Sokrates niemals zu vergessen: die ganze tiefste ENERGIE Muttersprache in sich!

Das Wort, die Wörter- Male, Bilder: Stein!

Hand in Hand geht der Gedanke
aufrecht in das große Phänomen
die Hand zu geben, jener Schranke
Wörter als tiefste Gedanken zu versteh' n.

So öffnen sich die Welten ›Wort‹
allein im tiefsten Ich-Verstehen
alle Brücken neu zu begehen
Sprache, Du, mir liebster Ort.

Wort bei Wort ward Smiley- Denken.
Mein Ich zu tiefst nach Atem rang.
Der Restverstand fiel ein:

möge das letzte Sich- Beschenken
Muttersprache, im Denken bang
zerbröseln zu Sand den kalten Stein.

<u>Der Ort ... das Wort!</u>

Schaut auf die Einheit bei jedem Wort
dort liegt das höchste Gut
›für Groß und Klein‹
am Rande des Denkens: Mensch zu sein!

Vorspann zu Kapitel Zwei

Der Einsame Weg zum ›ich‹
 Vor über 50 Jahren, bei einem Aufenthalt in meiner Kinderheimat erzählte man mir unter vorgehaltener Hand –unter Sportkollegen der ehemaligen DDR: Folgendes!

»Drei Freunde wollten im Rausch
in den Westen flieh' n, schwammen
durch die Elbe? Einer ertrank …
erschossen, den Zweiten ließ man
im kalten Elbewasser, MP im Anschlag nüchtern werden.
Nüchtern erwachte er, der Dritte im Ufergras. Er war
unterwegs eingeschlafen. Schlaf fand er nun nimmermehr.«

Heute über diese 50 Jahre und mehr, weiter, da ergibt sich mir die ganze Misere BRD, DDR in meiner Innerlichkeit als »Romantischer- Realist«. ›These, Antithese, Synthese ‹. Der Rausch: Alkohol, oder Blindheit der Situation, die Ohnmacht Grenze zwischen Mensch und Mensch! Die These! Berauscht gingen Alle Drei: fest entschlossen! Die Antithese musste folgen. Einer ertrank, der Zweite, er wurde vom Gegenteil überzeugt!
 Die Synthese? Sollte man alle Grenzübergänge berauscht etc. verschlafen? An dieser Stelle folgt normalerweise eine Neue These, ein Neues Trunken!?

Manches Mal sind alle Resultate, menschlich betrachtet als unmenschlich anzusehen!
 Die Mauer fiel! Neue Mauern bilden sich überall! Das ist meine Neue These: unberauscht, ganz menschlich betrachtet ›ich‹ zu sein: auch nur ein Mensch! ›ich‹, einfach 50 Jahre weiter! Mehr dazu? Ich? Nein!

Kapitel Zwei

Das Sein im SEIN

Flüsse des Lebens:
Werden im Sein, so verfolgte mich Wort auf Wort.

Stehst Du einst –wortlos- da
und Du bekommst kein Wort heraus

in Dir vereint sich Lachen und auch Weinen
ringe nicht nach einem Wort, denn sonst

verhinderst Du die Neugeburt in Dir
das Licht der Erde erblickt zu haben:

seht her ›ein Mensch‹!

Einklang zu Kapitel Zwei

Der einsame Weg zum Ich ist eine kleine Herausforderung: z.B. Heidegger ein wenig in die Karten zu schauen. Nachfrage an das Selbst ist hier wohl besser angesagt. Meine Texte bekommen ihre Form allein durch das Wort, das Ich aus der Vielfalt hervorzuholen, um im Ich-Verständnis durch die Meine Einheit Ich, zur Vielheit der Wesen ; klassen- und kastenlos Mensch zu werden. Der Mensch in seiner Relation, ohne Anfang und Ende, im Wort, sich, in seinem ureigenen Sein zurecht zu finden.

Zum Inhalt Kapitel Zwei

I

Die Frage nach dem Sein ist ›ich‹, ein Wort geblieben: unbe –ge-schrieben Der Beginn klassenlos zu sein in der Kaste Mensch!

II

Das Sein im Schein, klassenlos in der Gesellschaft: Mensch zu sein.

III

Fundamentalbetrachtung: Mensch- ich, wo bist Du?

IV

UND? die Frage nach dem Sein? Ein Zeichen das sich aufmachte Wort zu werden. Was blieb? Ein Zeichen: Mensch auf Erden!

Kapitel Drei -Lichtgeburten: Flüsse des Lebens-

Phase 1 Das Sein im SEIN
Phase 2 Das Licht im Schatten der Wörter
Phase 3 Ahnengalerie WORT
Phase 4 Der Wille zur Macht
Phase 5 Banales, Alltägliches
    Menschlich-
    Allzumenschliches

Teil Eins

Die Frage nach dem Sinn ist ein Wort geblieben unbeschrieben.

Beginnen möchte ich mit der Einleitung des Übersetzers des Buches Sextus Empiricus /»Grundriss der pyrrhonischen Skepsis« von Malte Hossenfelder Professor für Philosophie an der Universität GRAZ. Suhrkamp Nr. 499-

Seine Einleitung: Der Sieg des Christentums über die Antike Philosophie lässt sich nicht allein erklären durch den mehr oder minder geglückten Versuch der Partistik (Duden: die Wissenschaft von den Schriften der Kirchenväter) die christliche Lehre mit der hellenistischen philosophischen Begriffswelt zu interpretieren. Entscheidender dafür ist die Tatsache gewesen, dass im spätantiken Denken die Philosophie verstanden als Erkenntnis der wahren Struktur des Seienden, ihren Anspruch, Weg zur Glückseligkeit zu sein, aufgeben musste und dadurch die Stelle freigab für die christliche Glaubenslehre.
  Malte Hossenfelder zeigt in seiner Einleitung die Gründe auf, die zur Entmachtung der Philosophie geführt haben.«

Wie das Entmachten erreicht wurde? Schaut Hin! Schaut Her! Schaut euch um! Hexenverbrennungen, Folter, Peinigungen usw. Philosophie ist und bleibt eine ständige Suche, auch über das Christentum hinaus, um an der Stelle den Christlichen Dogmatismus nicht, als einzige Wahrheit, Ihren Glauben, zum All- Wissenden zu verdeutlichen. Die Suche nach der Wahrheit ist und bleibt keine Sehnsucht nach Glückseligkeit, denn das wäre sich selbst zur göttlichen Allwissenheit zu erheben. Die Suche nach der Wahrheit ist im Grunde, im wortlosen Glauben zu entschlüsseln, der an der Schwelle des Problems GLAU-

BEN/ WISSEN, kein Sieg des Christentums erkennen kann, wenn nicht all jene weltliche Macht den einfachen Menschen vom Alten Glauben zu einem Neuen Glauben: auch Nichtwissen, mit Ihren Wortgegebenheiten verdummen zu versuchen.

Glaube gegen Glaube: Christentum gegen Islam, Buddhismus und Manitu oder das Heidentum (egal welcher Art)? Wer spricht dort WAHR? Und dann spricht irgendein Professor vom Sieg des Christentums und vom Ende der Philosophie! An dieser Stelle löst nur ein neues Wissen- Wollen, ein anderes Altes Wissen -Wollen ab. Gewusst haben Sie Beide nie: da beginnt dann wieder eine Neue Philosophie, die durch die Neue Kirche (die den Sieg der Antiken Philosophie feiert) erpresst wird: zu sein, einzig Ihren Glauben als Wissenschaft auszurufen!

Jeder Glaube ist für mich rein, findet er wortlos statt, denn dort findet der Austausch zwischen Wissen und Glauben statt.

Denn, hast Du die Wahrheit in der Allheit erkannt, dann wird Dir das Zeichen nur zum Schein diese Wahrheit sein. Die Unüberwindlichkeit bleibt bestehen zu erkennen sie. Und du suchst weiter und machst am Ende Deine Wahrheit zu Deinem Gott- ein Wort- ein Zeichen! Der Glaube –REIN- wird stets verinnerlicht dort wahr Dir bleiben, wenn er wortlos bleibt. Auch nur ein Zeichen? Oh, ja, aber deines, allein, weder wahr noch unwahr.

Hast Du die Hand gesehen, die meine, die das Licht auf diesen weißen Bogen hob? Nein? Ich auch nicht, sie, diese Hand, die Poeme- Zeichen- an die Wände malt um sich zu verstehen: zeitlos zu sehen, das Licht unangetastet zu lassen.

Will ich aber meinen Glauben dem Nächsten als alleinige Wahrheit aufzwingen, dann setzt das ein, was nicht nur die christliche Kirche versuchte in Überzeugung (sprich Krieg, Versklavung, Entmachtung anderer Denk- und Glaubensweisen) sie zu zwingen Ihren Glauben als alleinig wahr zu glauben!

Mein Wissen kann ja auch nur Ein(1) Glaube sein, da das Wort, ein Zeichen, gegeben durch die Generationen, hindurch gereicht wurde. Drum schließe ich mich wortlos ein: einfach nur Mensch zu sein. Mensch? leider auch nur ein Glaube? Oder?

Vielheit, Einheit:Ein (1)Wort

Das Zeichen, das sich aufmachte Wort zu werden;
und? als es Wort wurd' dann auf Erden
ward' das Ich zum Harlekin.
Also lasst uns weiterzieh'n

in das abgemachte Zeichen: Wort.
Jedes ist ein Plagiat, so mein Rapport.
Und aus der Einheit ganz apart
wurd ›die neue (Vielheit) Einheit: Staat.

Zeit
In den Gewächshäusern
blüht eine neuer Baum
er heißt: Zeit.

Auf den Ascheplätzen
trübsinniger Abgestumpftheit
trinkt der Rest der Menschheit
den CODE zum Überleben.

Kahlgefegte Bäume: Umwelt.
Leergeträufelte Gedichte
zeugen vom Wahn, real
das zu sehen, was wortlos
war geschehen: Unser Sein.

… Der Baum ist tot …!

Die klassen- kastenlose Gesellschaft: Mensch!

Jedes Wort ist in sich nur ein Zeichen, ein Mal für irgendeinen Tatbestand. Das X, das Unbekannte wird zum Hebel, um aufzubrechen das, was ewig wortlos bleibt: der tiefste Hintergrund für jedes X der Welt. Ich übergieße alle meine Gefühle mit dem unerklärbaren Beigeschmack, zu benennen! Und doch weht mir ein Zeichen, generationsbedingt die meinen Positionen wie ein leichter Wind den Nebel fort. »Ich bin!« welch ein Hindernis im tiefsten Sein mich in Formeln einzugliedern, als wäre ich ein Abzählreim aus der Kinderzeit. Und doch möcht ich nicht wortlos sein. Was ist DAS? In kleinen Gedichten versuche ich die Zeichen aufzulösen: mit Zeichen! Und doch sind sie ans Herz gewachsen mir: Warum? Ich zähle auf die Reime, die als Schlösser all die Türen mir verschlossen halten, die in Wortlosigkeit verharren ungelöst. Und doch lasse ich sie heraus, dann werden Zeichen draus, Sie, das ist mein Trost! Ich fange sie auf, und wieder sind es Zeichen, die mir lediglich ein stilles Gebet ins Kämmerlein bewegen. Schnell verschließe ich die Tür, damit erhalten bleibt, mir, manche Träne, die auch ich im Glück gewollt. Auf Händen tragen möchte ich in Reim in stiller Prosa mir, (die Meine) so dass sie mir für alle Zeit erhalten bleibt.

So füllen sich die Jahre. Graumelierte Haare, und doch kein bisschen weise! Nur? Mensch bin ich nach all der Zeichen Wirrwarr heut nicht mehr. Nicht einmal dieses kleine ›ich‹ blieb mir im Mund verborgen. Und trotzdem schreib ich, wortlos- Reim bei Reim- auch sollten reimlos meine Zeilen enden, bei mir allein soll'n sie diese Zeichen bleiben: *gedacht, gefühlt*, als Mensch, ein (1) ›ich‹

Diese Zeichen, wie ein Blatt am Baume, das sich zum Lichte reckt. Wahrheit? Nein, nur ein Zeichen Da-Gewesensein als Teil der Energie: Muttersprache ins geheim.

Also steige ich ein, auch Andere, in diesen Zeichen, wortlos zu verstehen: dort, wo Licht und Schatten Einheit bleiben, wie beim Wort.

Klassenlos ist der Gedanke ›ich‹ mir, wie es Hegel ausdrückt: »Die Phänomenologie des Dasein ist Hermeneutik. Somit gehört das Dasein selbst zum selbstgehörigen Seinsverständnis!«
    Wieder so ein X für Zeit. Die Tür fällt zu, ein leeres Blatt Papier füllt neu, unbeschrieben meinen heiligsten Raum: Muttersprache meine Herzensenergie!

LEBEWESEN: ein Teil davon ist die Menschheit. Mensch eine Unterart der Lebewesen. Ich ist die Vermassung, der ideelle Grundsatz, Teil der Menschheit zu sein!
   Wort ein universelles ›ich‹!
   A=A ist nichts anderes als eine, irgendeine Setzung, die mit Identität rein gar nichts zu tun hat, denn A selbst ist und bleibt eine Setzung, über das Nicht-Wort zum Wort, ein Zeichen zu finden, um dann Ich= Ich zu reflektieren. Vom Bezeichnen zum Bezeichneten (X) = ›ich‹!

Meine These: meine Frage nach dem Sein

Im Zahlenspiel, kalendarisch
›ich‹ weise sein? O Nein!
nur erwacht am Tische

Einzelner, wie Wesen sie
und auch nur 1 Blatt
im großen Patt

allein, ein Punkt im Sein der Zeit.

Die Antithese setzt voraus
die These, eine neue Zahl.
Zur Synthese dann

wird der Schatten zum Licht.
So vergaß der Realist sein
bleiches Angesicht: These bei These.

Heraus kam ›ich‹ ein »Romantischer Realist«

Im Zahlenspiel, kalendarisch
wird jeder Tag zum Blatt am Baum
Knospe in der Einheit wortlos Licht zu bergen.

Alle Zeichen zu entfernen? So der
Blick hinauf ins Sternenzelt
zu öffnen mir die Parallelenwelt

im Ich Daheim zu sein, ein Keim
zu meinem Wort ›Blatt an Blatt‹!

<u>Auf allen Seinspartikeln</u>
fliehen Namen aus dem Dunkel
werden Licht:
und wieder ruft ein Mensch
»ich denke, oh ich bin!«

Kriegsschauplätze drängen sich
ins Rampenlicht nach Außen.
Vermenschlicht steht die Zeit
als Wortspiel: Mensch.
Töten, das ist ganz natürlich!
Wer's anders sieht, der weiß
noch immer nicht, das,
was menschlich ist.

Seinsgebunden trinkt das Blut
sich seine Bahnen. Gelebt
zu haben, das ist Masse
Leben- MENSCH-! Eingewebt
als Teil der Sonne lebe ich
als Seinspartikelchen
durch diese Dunkelheit:

als Mensch, ein Wort
im Sein der Zeit.

Auf dem Wege zum Ich:
Meine Entdeckung des Poeten Johannes R: BECHER
geb. am 22. Mai 1891 in München

Wie, Wo und Wann begann meine Enddeckung dieses Poeten?
Nicht alle Gedanken Bechers kann ich nachvollziehen, da ich in einigen Punkten sehr negativ über Lobensformen Lenins, Sowjetunion, dem Roman »Abschied« dort die Jugenderinnerungen- Seine- teilweise strikt ablehne! Aber? Kritik muss auch die positiven Seiten betrachten, so ich, und ich schwelge über bei einigen Sonetten. Aber? Ich nehme mir nur diesen einen Teil ins Innere auf, den ich hier mir herausgesucht habe!
Seine Zwiespältigkeit klingt in den Briefen an seine Mutter mir in die Augen. Seine Emigration in die Sowjetunion. Diese Jahre müssen einen klasselosen, aber nicht kastenlosen Erdenbürger sehr viel abverlangst haben. Also berichte ich nur in ein paar Auszügen über diesen Poeten, den ich aber keiner Tiefstkritik, meinerseits, strenger ins Auge fassen möchte. Also beginne ich mit mir, 1942. Der Weltkrieg lag in den letzten Zügen danieder! Flucht, Ausbombung usw. angedeutet mehr nicht!

Der Beginn klassenlos zu sein? Ich als Kind. Im Dorfe Mutters. nach der Ausbombung Hamburgs. Dies, nach der totalen Zerstörung meiner Väter Stadt. Flucht an den Rand der Elbe. Vor dem Krieg noch Amt /Lüneburg: Deutsches Reich! Zur DDR-Zeit dann Mecklenburg.
Hier das zweite Bombardement mit Einzug der Amis, der Engländer erlebt. In ausgehobenen Erdlöchern, die wir Bunker nannten, in einem bewaldeten Hügel hinter dem Haus am Bach ›Rögnitz‹ (Nebenfluss der Sude) die dann bei Boizenburg in die Elbe sich beheimatete: überlebt.
1945 Rückkehr in das zerbombte Hamburg. Handwerk, Stu-

dium VWL/BWL Abschluss in HH, um dann, nach der Ehe eine unendliche undefinierte Zeit des Suchens zu beginnen.

Bis zum heutigen Tage am Rande der POESIE, der Philosophie das Fleckchen Ich aufzusuchen, um dieses Ich = Ich(im Sinne Fichtes) auszuleuchten, mir näher zu bringen.

Mein Stipendium am Johannes R. Becher Institut (der Universität Leipzig angegliedert) zur DDR- Zeit, schloss ich diese Suche mit einem Diplom der Uni Leipzig ab: Schriftsteller, Poet zu sein.

Ein neues Suchen ›*Gefunden zu haben*‹ begann meine Lyrik aufzulösen, meine Philosophie der Weißen Blätter nach irgendwelchen Restbeständen meines Ichs zu befragen: Warum? Und ich fand mich in meinen Ohrensessel, der in meiner Kinderheimat, Ort: SÜCKAU, Amt Neuhaus / Elbe, vom Sohne eines Fußballkollegen gefertigt wurde, wieder ein: weder Ich noch im Du Zuhause zu sein.

So, nach dem Philosophen Hamann: »Kinder, Kinder müssen wir wieder werden, um an die Wahrheit heranzukommen.« So, im Groben dann auch auf Nietzsche verweisend, er, der von sich gab: »werde der Du bist.«

An der Stelle frage ich mich, in meinem kindlichen Ohrensessel, wer soll dort Antwort geben?

Sextus Empiricus sagte schon ca. 150 Jahre nach Chr.: »Auch wer am besten weiß, weiß nicht, ob er es richtig weiß.« So er, der Skeptiker. Ich sage: an der Stelle wusste er. Oder?

Und ich? In dem Sinne wird meine Wahrheit immer nur ein Teil des Baumes sein, ein Blatt, und mein Gedanke eine Knospe aus dem Erkenntnisbaum, in der Hoffnung selbst dieser Apfel zu werden, in mir die Wortlosigkeit als Heiliges Mittel: meiner stillen Heimat ›Muttersprache‹ zu verinnerlichen.

Ich = Ich löste sich auf: wohin? Ich bin auf dem Wege POESIE und PHILOSOPHIE an den Sprachrand zu legen, um dort auf Zehenspitzen auch Ihre Worte zu vergessen! Warum?

Nach meinem Studium in Leipzig, mich Poet zu nennen, da kaufte ich mir damals die DREI -bändige Ausgabe BECHERS im Aufbau Verlag von 1967.

Da ich mich intensiv mit dem Sonett beschäftigte gefiel mir Eins, im Band 1, seiner Gedichte, so sehr, dass diese Zeilen mich lange begleiteten.

Ich beginne an dieser Stelle mit diesem Sonett von Johannes R. Becher. Ob er sein ganz persönliches Schicksal in diese Zeilen hineinlegte? Für mich sind diese Zeilen, die tiefsten und reinsten Wortgegebenheiten, die ich je las. (Riemenschneider, ein Holzkünstler, Altarschnitzer)

<u>Riemenschneider</u>

Als er eines Tages, vorübergehend
einen blindgestochenen Bauern sah,
Sagte er: »ich mach dich wieder sehend!«
Und er schnitzte ihn aus Holz, das ja

Aus dem selben Stoff war. Alle Lasten
Schnitzte er, die solch ein Bauer trug,
Ins Gesicht hinein, vom vielen Fasten
War um den Mund ein bitterer Zug.

Da das Werk für den Altar bestimmt
Um zu zeugen und um anzuklagen
Ließ den Bauern er die Kreuzlast tragen

Als die Fahne, die ihm keiner nimmt
Und der Bauer, der geblendet war,
Sah mit großen Augen vom Altar.

Zeus z.B. blendete TEIRESIAS, weil er, im Streit mit HERA, offenbarte, dass die Frau die größere Lust in der Liebe empfinde. Durch Begebenheiten, war er, Teiresias 7 Jahre Frau und dann 7 Jahre wieder Mann. So wurde er zum blinden Seher: »Als Fahne, die ihm keiner nimmt.« Und er, der geblendet war: s a h !

So die alten Göttersagen, dort wie hier. Dann las ich einen Text Bechers: nochmals und immer wieder:
»Vater unser
Der du bist nicht im Himmel
Nicht auf der Erde
Nicht unter der Erde
Entheiligt ist längst Dein Name« usw. …!

Wie viele Götter – A- haben wir durchlebt. Gott, ein Zeichen für Heilige, Könige, Päpste Staatsmänner, DIKTATOREN usw. haben der Menschheit ihre Macht aufgedrückt, um sie auszubeuten usf. . Nietzsche schrieb einfach: »Gott ist tot!« um diese Wortnuancen, die durch die Setzung A=A, Gott wurden, um die Menschheit im negativen Sinne auszurauben. Er schrieb nichts über den wahren, wortlosen Glauben, nur, um die Vermenschlichung (des Nichtzuwissenden) in ihre Wahrheiten (sprich Machtansprüche) umzuformen.

Sokrates sagte: »Ich weiß, dass ich nichts weiß.« Auch er kämpfte gegen die Machtgier der Alten Griechen, die Nichtwissen, nicht als diese Einheit der menschlichen Erkenntnis anerkennen wollten. Er nahm den Giftbecher! Sie aber sagten: »ich weiß«, mit dem Gesetzestext in der Hand. Schon Nietzsche schrieb: »Recht ist nur solange Recht, wie man darum kämpft. Wird es, das Recht zum Gesetz erhoben, wird es von dem Moment an zum Unrecht gar!«

Ich verstehe heute teilweise den Poeten, der ehemaligen

DDR, Johannes R. Becher. Zurück auf die DREI- bändige Becher Ausgabe: da ich kein Freund der DDR, war, nicht der Menschen wegen, sondern wegen dieser wahnwitzigen Idee besser sein zu wollen, als die BRD!

BRD, DDR, wer sprach da von Menschen? Niemand. Nur Kommunismus, Kapitalismus; nicht einmal Menschen. Also legte ich die DREI- bändige Ausgabe ins Regal und da schlief sie 25 Jahre.

Erst durch die intensive Auseinandersetzung mit dem Philosophen Hegel und mit Heideggers »Sein und Zeit« brach aus meinem Innersten hervor, was ich so recht nicht verstehen konnte, also begann ich mit Aufzeichnungen der sonderbarsten Art.

Ich musste Poesie und Philosophie aufgeben, um über das Wortlose, das innerste Gespür von Muttersprache, zuerst, das Wörtchen Mensch aufgeben, dann das Ich, auch Fichtes Ich = Ich, um aus den Untiefen mich schwimmend an das Ufer eines Neuen Erdteils zu retten! Ein Blatt vom Baum, mehr war es nicht. Und dieser Erdteil war das abgegrenzte Ich von Mensch, BRD, DDR, Kommunist, Kapitalist usw.!

Dieser Erdteil war ein Blatt vom Erkenntnisbaume Meer, das Alle Kontinente bindet, ob sie wollen oder nicht. Ich war wortlos auf einer Insel gelandet.: fremde Bäume, fremde Tierwelt, keine Straßennamen, keine Häuser, nur wortlose Wesen: Ich, Du, Er …!

Das Stipendium zur DDR- Zeit brachte mich den Menschen näher. Die Einladung zum offiziellen Schriftstellertreffen der DDR hielt ich in den Händen, und schon begannen die Warnungen der HH- Kollegen: sie würden mich dort zum Spitzel ausbilden usf.! Ich fuhr!

Wir wurden privat untergebracht: bei einem Spion oder Agenten: so Bekannte und auch Freunde Daheim!

Ich bekam eine Adresse in der Nähe des Völkerschlachtdenkmals bei Familie Gehrke. Eine Woche frühstückte ich mit Ihnen, als wäre ich Daheim. Erst später erfuhr ich, es war Prof. Gehrke, stellvertretender Direktor des Johannes R. Becher Institutes, und außerdem Kulturbeauftragter der DDR. Nach dieser einen Woche fragte man mich, ob ich nicht hier in Leipzig ein Literaturstudium aufnehmen möchte. Ein Österreicher war schon vor Ort, und für einen Zweiten aus dem deutschsprachigen Raum ›Schweiz oder BRD‹ könnte noch ein Stipendium erteilt werden. Ich begab mich auf den Heimweg, um dann alle 4 Wochen für 3/4 Tage, und für die Semesterarbeiten, ca. 1 Woche, nach Leipzig in die DDR zu kommen.

Ich war wieder einmal in meiner Poesie gelandet. Ich fühlte mich wohl, obwohl ich in meinem Alter, damals 5o jährig, mit 20 jährigen DDR lern die Schulbank drücken musste.

Erinnerungen tauchen auf. Und Heute? Johannes R. Becher z.B. seine DDR –Nationalhymne »Auferstanden aus Ruinen! …!«damit konnte ich all die Ruinen in HH vor meine Augen holen, die mich Heute noch in Angst und Schrecken jagen. Ich fühlte mich sehr angesprochen, gar identisch, wenn ich so von meiner Väter Stadt HH, Bildern irgendwelcher Nachschauen, betrachte, und wenn ich außerdem der Feuerbrünste gedenke, die WIR in HH miterlebten: überlebten.

Abgeschnitten, auf einer Insel, meinem Neuen Kontinent, versuche ich, nur mit wortlosen Bildern mich vor Ort zu orientieren. Ob ich je zur Sprache zurückfinde? Ich schrieb Zeichen in den Sand, wie bisher. Die erste Welle spülte fort, das, was anfangs noch ein Wort in mir.

Mit den Gedichten Johannes R. Bechers und dem »Sein und Zeit« Spektakel Heideggers, außerdem Fichte, Nietzsche, Derrida, bis auf Sokrates zurückgreifend, fühlte ich mich wie einst Heidegger »auf dem Holzwerge«. Aber Holzweg, was war das?

Das sind doch die Wege, die die Baumstämme, von Pferden gezogen, als Schneisen in den Wald säumten. Am nächsten Tage, der nachfolgenden Wochen, da waren die Schneisen, Wege, wieder verschlossen; durch Nachwuchs, durch Aufrichten niedergewalzter Jungbäume: etc.

Auf dem Holzwege war ich schon lange nicht mehr. Ich kannte das Dickicht WORT, von der Allgemeinheit zur Einheit, wie auch umgekehrt.

Jenseits von Gut und Böse, schreibt man mit denselben Wörtern, gut und böse, weiter, wenn sich auch die Inhalte ändern: wie beim Holzweg! Man geht hinein in den Wald und verläuft sich im Wirrwarr der angelegten Schneisen, und findet nicht hinaus; es sei denn, man ist ortsüblich vertraut.

Diesen Holzweg Heideggers betrete ich mit Becher, Hegel, Fichte, Derrida, Nietzsche und der Griechischen Armada von Religionsstiftern und Philosophen zugleich.

Also beginne ich stammelnd ein paar Zeilen auf den »Weißen Bogen« abzulegen, um näher auf Johannes R. Becher eingehen zu können. Anbei eine Kurzbiographie Bechers, um seinen Hass, seine Qualen, die Verbrennung seiner Werke, seine Flucht aus Hitlerdeutschland, seine Emigration nach Russland ein wenig nachvollziehen zu können.! Somit eine kleine Einschau in seine Lebensgeschichte …Gedichte!

»Band Drei«:Johannes R. Becher geb. am 22. Mai 1891 in München, als Sohn des Amtsrichters und späteren Oberlandesgerichtspräsidenten, Dr. Heinrich Becher.

1897: Becher besucht die Volksschule in München.

1911: Abitur am Gymnasium in Ingolstadt. Er beginnt mit dem Studium der Medizin, Philologie und Philosophie in Berlin und später in München.

1920: Nach Abbruch seines Studiums lässt sich Becher für

längere Zeit in Berlin nieder! Dort entstehen u.a. die Gedichtssammlung »Ewig in Aufruhr« …!

1933:muss Becher, im Frühling sein Deutschland verlassen, und über Österreich und Tschechoslowakei nach Frankreich fliehen. 12 Jahre Emigration!

1940: Becher beendet seinen Roman »Abschied«!

1945: Im Juni kehrt er als einer der 1. Emigranten aus der Sowjetunion in die befreite Heimat zurück.

1950: zusammen mit Hanns EISLER schreibt er die Nationalhymne der DDR!

1954: wird Becher Minister für die Kultur des Staates DDR …!

1958:Nach schwerer Krankheit stirbt R. Becher am 11. Okt. in Berlin. (Auszug aus der 3bändigen Ausgabe)

Diese Angaben, zum besseren Verständnis, um ein wenig Einschau in die Gedankenwelt dieses Poeten zu bekommen. In dieser Lebenseinteilung sind seine Sehnsüchte für mich gut erkennbar, und sein Hass auf all die, die ihm seine Heimat (D) nahmen, auch ebenso seine Selbstmordversuche, Drogen und anderer Lebensfragen, gestalten mir seine Lyrik in sprechende Bilder um, die ich als DDR-Gegner nicht einkreisen konnte … wollte?

Aber Heute, dem gewissen Alter angenähert, da lösen sich manche seiner Reime in Tatsachenberichte um, seinen Leidensweg, aus den Markierungen herauslösend, dort, wo die Wörter selbst Farbe, Lebensmomente ergeben. Ich sehe weiße Blätter, blutgetränkt mit Trauerfähnchen behängt auf Antwort wartend. Meine Antwort wird immer wortlos bleiben, betrachte ich z.B. sein Sonett »Riemenschneider! usw. …!

Weiter aber zur klassenlosen Gesellschaft: von Mensch zu Mensch. Hier denke ich an jenen klasselosen Menschen: Bertold Brecht, der Folgendes schrieb:

»An wem liegt es
wenn die Unterdrückung bleibt?
An uns.

An wem liegt es
wenn die Unterdrückung
aufgelöst wird?
Ebenfalls an uns.
Denn die Besiegten von Heute
sind die Sieger von Morgen.«

Und? Es machte mich stutzig, da ihm das Wörtchen Sieger einfiel, und nicht, WIR müssen uns, den Menschen, überwinden. Diese klassenlose Gesellschaft hat den einzigen Nachteil, das Hier, dieses Ich, Brecht, in seiner Villa lebend, er, der Sieger wird, (ist): Zum Neuen Gott einer klassenlosen Gesellschaft! Und dann bekämpfen, die Sieger, als Neue Herren und Väter den Rest der Menschheit? Bis? …!

Wenn Becher, ein Ich, in dieser Auflösung seiner Gefühle diesen folgenden Text schreibt …:

»Vater unser
der du nicht bist im Himmel«

Mit wie viel wortlosem Gefühl muss er, der Dichter dann, an dieses Wunder »Göttlich, Herr, Vater« gedacht, geglaubt haben? Und dann zerstört man seine Heimat« Ein Neuer Gott: HITLER betritt das Podium und verkündet den Neuen Himmel usw.!

So beginnt die Einleitung der Dreibändigen Becher Ausgabe.

S.5/6 »Der Dichter Johannes R. Becher – befand sich in der Sowjetunion, im Exil, geflohen aus Hitlerdeutschland schon 1933, wo sein Leben bedroht, wo seine Bücher verboten und verbrannt waren, in einer merkwürdigen Situation: er lebte in jenem Land, das er als seine andere glückliche Heimat bezeichnen konnte; in jenem Land, in dem – unendlich mühevoll und konfliktreich, doch unaufhaltsam und mit sichtbaren Erfolgen verwirklicht wurde, was der Dichter als der Menschheit Zukunft erkannt und begriffen hatte: der Sozialismus, die neue Klassenlose Gesellschaft.«

Warum ich über Hegel,. Heidegger und Johannes R. Becher schreiben möchte? Ich bin Heute soweit, außerhalb von Poesie und Philosophie das Gesamtbild Menschheit vom Wort Gesellschaftsschicht, egal welcher Art, zu befreien. Das geht nur in einer tiefsten Selbstaufgabe, mich vom Ich zu befreien, um hinter dem Wörtchen Mensch in einer klassenlosen Gesellschaft zu leben. Jetzt noch das Wörtchen Ich aufgeben …!

Mein ganzes Leben war *Poesie*, die am Ende –im Alter- sich der *Philosophie* annäherte: zu guter letzt will ich anmerken, das *Beides* Wörter sind! Also? Ich befinde mich im luftleeren Raum: auch klassenlos? Nur ein Wort im Sein!
  Hat der Dichter Johannes R. Becher in einer klaselosen Gesellschaft Platz? N e i n! niemals!
  Neben dem Manuskript der Dichtung »Das Holzhaus« lag seine Aufzeichnung des Romans »Abschied« begonnen 1935 in Paris!
  S 15 / »gegenüber dem Klassenkämpferischen Vers Bechers trat die Staatsmacht auf den Plan und eröffnete ein Verfahren wegen literarischen Hochverrates und Gotteslästerung.
  Sein Text des Anstoßes:
  »Vater unser
Der du nicht bist im Himmel
Nicht auf der Erde
Entheiligt ist längst dein Name
Dein Reich, deine Herrlichkeit sie kam
Ein stinkender Pfuhl

Darin sich die Ermordeten wälzten!« …!

Wie viel Schmerz muss hier unterschwellig mitschwingen, lese ich diese Zeilen: Hass gegen irgendwelche Herren, gleich auch gegen die, die eine vermenschlichte Revolution, die wahre, in Wörtern umsetzen wollten.

»Entheiligt ist längst Dein Name«. Nietzsche schrieb einfach: »Gott ist tot!« Im Grunde identisch, nur mit anderen Wörtern, aber die Inhalte blieben: konstant.

Band 3:Bechers Gedicht:

Krankheit

Die wenigen noch schmerzfreien Stunden
Sind mir wie ein Geschenk von Dir beschert,
Und so. als hätt› ich wieder heimgefunden,
Hats sich erfüllt mir was ich lang begehrt.

Was mir das Herz hat alles beschert,
Ist wie auf Nimmerwiederkehr entschwunden.
Vielleicht, wer weiß, darf ich durch dich gesunden,
Denn du bist über alles liebenswert.

In all den Jahren, jene Schmerzensreichen,
War ich mit dir in gleichem Leid vereint,
du hast gelehrt, vor nichts zu erbleichen,
Und ohne Tränen haben wir geweint

Um unsere Toten. Leichengroß
die Zeit- und sie entlässt uns tränenlos!«

Die ganze Tragik, seiner Emigration, fern seiner Heimat Deutschland gelebt zu haben tritt hier hervor, als ob er mit geöffneten Pulsadern seinen Schmerz freien Lauf lassen möchte: »als hätt' ich wieder heimgefunden.«

Band 3 S. 103
»Man soll die Tränen nicht im Auge tragen, die man über das Leid der Welt weint. Nach außen hin trage man eher ein munteres Wesen zur Schau und weine innen- damit ist der Veränderung des Leids, so fern eine solche gegeben ist, nicht gedient, denn man entmutigt nicht seine Umgebung und macht sie selber weinselig, sonder sammelt sich und den anderen Kräfte, um das Leidwesen (des Leides –Unwesen) zu beseitigen.«

Johannes . R. Becher S/ 512

<u>Die Jahre sind gezählt</u>

Die Jahre sind gezählt, die dir verbleiben.
Die Jahrzehnte sind gezählt.
Was du geschrieben hast, was wirst du schreiben,
Ist schon gesichtet und ist ausgewählt.

Die Jahre sind gezählt, die bittren Jahre.
Die Tränen spärlich und zu spät,
Und auch das schöne Jahr, das wunderbare
Ist schon vergangen und wie fortgeweht.

Die Wochen sind gezählt. Fürs Wochenende
Ist »Eintrübung« vorgehrgesagt.
Und schweigend blicken an dich deine Hände
Als hätten sie um einen Rat gefragt.

Die Tage sind gezählt. O wie sie eilen
Dem Ende zu, unaufhaltsam.

Der Schritt ist müd'. Es zittert in den Zeilen.
Der Abschied kam bevor man Abschied nahm.

Die Stunden sind gezählt zu Tod gehetzte
schon wie voraus berechenbar,
Naht sie, die Stunde, deine allerletzte
Vielleicht wirst ihrer du nicht mehr gewahr.

Es zählen nicht die Freuden, nicht die Qualen.
Es zählt nicht der, nicht jener Schritt.
Es aber zählt, unausdrückbar in Zahlen,
Vielleicht ein Lied in ferner Zeit noch mit.«

Die Vergangenheit ist MORGEN, so beginne ich mein Erwachen, auf die Zukunft vorzubreiten. Denkt man weit voraus, dann ist das Morgen schon lange Vergangenheit, und man rätselt im Gestern an Morgen vergebens. So wird aus Vergangenheit Zukunft. Z.B. Die Romantiker um 1800, sie die sich Dem »Dieses MORGEN« verschrieben hatten; Hegel, Herder, Novalis, Die Brüder Schlegel, Wackenroder, Tieck: hinzu die Maler Philipp Otto Runge und Caspar David Friedrich ... Ihre Thesen Romantik, 1795 beginnend, wurden zur Antithese, allein durch die Zeit, (Industrialisierung, Kriege groß und größer) um in der Synthese den Einklang zu finden, den Kapitalismus zu überwinden?. Ist diese andere Sozialistische Gesellschaft wirklich klassenlos? Oder schmiedet man wieder nur Neue Pläne, um den Nächsten, mit einer Neuen Maske auszubeuten?

›ich‹ Klassenlos

Seinsgebunden
stell ich meine Zeit zur Rede.
Andacht ist entstanden:Wort an Wort.

Auf den Lichtaltären fliehen Schatten
von den Kanzeln, dröhnen verloren
durch das SEIN.

Mittendrin ein Lichtstrahl –ich-, gewesen
In den Punktnuancen Helligkeit Und?
abgeschwächt: Vergangenheit
 … als Wort.

In dem Sein des SEIN verbringe ich
die Punktgeburt »Mein Leben«
Seinsgebunden stell ich mich
der meinen Zeit: klassenlos.

So fand ich mich ›ich‹ und doch
auch zugehörig der Kaste:*Mensch*!

Heidegger sagt: »Sein ist der allgemeinste und leerste Begriff!«
(In Sein und Zeit)

Nach Allgemeinheit Fragen
bedeutet:
nichts zu sehen.

Sein
ist gleich
ein Nicht-Verstehen
allen Sehens- insgesamt.

Der leerste Begriff
ist zugleich
auch der vollste: SEIN!

Als kleine Randbemerkung: Johannes R. Bechers

Der Entfernte

Er geht durch Wälder. Lautlos unbewegt.
Wo gar kein Raum ist in der Luft zum Schrein.
 … nur manchmal wie umarmend schlägt
Den Kopf er brüderlich ins Moosgestein.

Mein Wegweiser: Die Musen

Der einsame Weg zum Ich geht zu aller erst durch die Vielheit Mensch! Aus der Masse zum Einzelnen, dort die Klasse- Kasten- lose Masse durchleben.

Durchlebt, dann Masse oder Einzelner im Ich, sich als Einheit zu benennen oder Ja- Sager in der Kaste zu bleiben. Das Ich selbst Masse, ist dann noch durch das ›Minus Ich‹ hindurchzuleiten, um an den Kern, den wortlosen heranzugelangen.

Die Infinitesimal- Methode, zum Grenzwert hin unendlich klein werdend, sie kommt an diese Grenze, wo das Ich sich scheinbar auflöst: wo ich auf J. Derrida zurückgreife, diese Differenz, sein »différance« wird raum-zeit- und sogar wort –los. An der Stelle übernehmen die Milliarden Synapsen und Neuronen die Leitungen und Nervenzellen im Gehirn diese vermeintliche Wortlosigkeit. Hier beginnt, nein, hier weiten sich die Parallelen erneut hin zum Sternenzelt hinauf, und weiter, um teilweise sich selbst begreiflich zu machen, was dieses raum- zeit- und sogar wortlose Ich im Nicht- Ich gar als Einheit bedeuten soll.

Auch Einheit ist an dieser Stelle: Vielheit, das gilt es zu verstehen!

»Am (Im) Anfang war das Wort« so gab man mir die Schulweisheit ein. Ich sagte Ja, denn ich wusste weder das Ja noch das Nein!

Heute kommt mir der Skeptiker Sixtus Empiricus in den Sinn, der an dieser Stelle aushalf:

»Auch wer am besten weiß
weiß nicht
ob er es wirklich weiß!«

So stehe ich irgendwo zwischen Himmel und Erde als dieses raum- zeit und wortlose Wesen ich. Ein Mensch? So wie ich Heute denke, Mensch, sicherlich noch nicht. Also war am Anfang das Wort; es war noch – oder nicht mehr- Affenknurren, jene Vorgeburt, wie das Blatt am Baume, aus der Knospe, sich gebar.

Alle Zeichen springen wie kleine schwarze Punkte auf dem weißen Untergrund hin und her. Ob sie Sinn ergeben? Meinen sicherlich, aber wie vermittle ich, wortlos noch, dass diese Zeichen irgendwelche Inhalte beherbergen.

Nietzsches gedankliche Stufen – Kind-Kamel Löwe-Kind – in allen Stufen durchdrungen. Angekommen wieder einmal erneut im Kind der dritten, vierten Folge. Wer hat jetzt für das Kind auf der 1. Stufe Kamel die Möglichkeit meine Zeichen zu öffnen? Oder der Löwe in der 1. Stufe, er, der brüllt und seine Mähne in die Lautstärke seiner Symbole einbringt, besser zu sein, als ich, ein Kind dieser Stufe zwei, drei oder mehr durchlebt?

Ich bin dieses Kind, also muss i c h versuchen sie, die anderen zu verstehen! Das ist der Grund, der Anderen, mich als einen Außerirdischen – mit diesem Denken- einzuteilen. Dabei ist dieses Denken, nichts anderes, als das Sokratische Gelöbnis »– ich weiß dass ich nichts weiß«- und dieses Wissen dann, durch all die Stationen des Lebens hindurchmanövriert gibt mir die Kraft als Kindsein der Wortlosigkeit meine Offenbarungen nicht als ewige Wahrheiten kund zu tun.

Das ist, an dieser Stelle, der einsame Weg zum Ich eines Kindes, das sich im Außerwörtlichen theoretisch an diese Ich-Suche heranwagte, auch Nietzsche, als Kind-ich zu überwinden.

Mit Heidegger aus -Sein und Zeit- »Nur wo die existenzielle Möglichkeit von Reden und Hören gegeben ist kann jemand horchen. Wer ›nicht hören kann‹ und ›fühlen muss‹, der vermag vielleicht sehr wohl gerade deshalb zu horchen. Das Nur- herum- hören ist eine Privation (Beraubung) des hörenden Verstehens. Dieses entsteht weder durch vieles Reden noch durch geschäftiges Herumhören. Nur wer schon versteht, kann zuhören!«

Und Homer sagte: »*Und der Dichter sagt nur, was die Musen ihm kundtun!*«

Sind die hier genannten Musen die Mächte des Wortlosen, dort, wo sich aus dem Nichtwort diese Zeichen ›Wörter‹ bilden? An dieser Stelle schaue ich in das Wirrwarr der Gehirnzellen, ganz oberflächlich hinein, und sehe nur diesen einsamen Weg zum Ich mit all den positiven und negativen Lebensabschnitten, die sich als- Zelle bei Zelle- das herausnehmen, und dann öffnet sich das Fenster, um Wort und Wörter zu bilden: Die einen sagen Musen dazu, ich sage einfach: das bin ich, auf meinem langen Weg des Verstehens, im Hören auch zu sehen, zu schmecken, zu fühlen, um im Ich-Sinn, den obersten Sinn, der Sinnskala Rudolf Steiners meine Hände zu öffnen, nur um wie das Blatt am Baume das Licht des Tages trinken zu dürfen? Dieses Wort dann? es ist so einzeln, das selbst ich es nicht entziffern kann. Homer sagte- »Das sind die Musen!« Ich? ich bin immer noch auf dem Wege und fühle mich bei jedem Wort, das meine Feder verlässt einfach wohl: wie ein Kind, ständig *neu: Geboren!*

II

Das Sein bleibt klassenlos Gesellschaft zu sein.

Alle Zitate aus »Sein und Zeit« von Martin Heidegger
Max Niemeyer Verlag Tübingen 12. Aufl. 1972

Eine Denkphase der wortlosen Klasse Mensch im Sein und auch der Zeit.

Heidegger: »SEIN dieser allgemeinste und
undefinierbare Begriff bedarf
keiner Definition.«

(AWB)
Dann frage ich mich- Warum:
die Exposition der Frage
nach dem Sinn von Sein.

Das Sein bedarf keiner
Definition, so, ER, der Philosoph
Warum dann diese Aus-
einandersetzung: Wort an Wort?
Das Sein ist im SEIN nur- das Leben!

Und? in dem Sein des SEIN – dort
definiert der Mensch jenen Schein- den
er, der Mensch dafür erfand
nicht Sein- sondern Zeit.

Johannes R. Becher meint: »Man muss die Wahrheit flüstern, um sich verständlich zu machen.«

Heideggers SEIN wird meine Zeit
um zu duellieren:Zeit und Raum.

Aufgespießt ist dieses JETZT im Raume
durch das Vorgefühl im Saume

den Vergleich zu ziehen, wo allein
das JETZT »Zuhause« ist.

An diesem Punkte löst sich Raum
und Zeit ganz unumgänglich auf.

Und doch wird hier ganz ohne Zeit
und Raum ein Wort geboren, obwohl

das Sein ganz wortlos und ganz hohl
spricht die große Wahrheit vom Altar.

So entstand aus dem Nicht-Wissen ›Glaube‹
und er wurde Wissenschaft für wahr!

So verweigerte das Licht der Taube
den Flug zum Frieden. Und die Schar

der Kriege wurd': »Für Gott und Vaterland«
Glaube = Wissen. Es gaben sich die Hände:

Sein und Zeit? Ein ganzes ABC wurd' zur Blende
für das grenzenlose Wörtchen: Friedenszeit.

S/ 23 »Die Einheit dieses transzendental ›Allgemeinen‹ gegenüber der Mannigfaltigkeit der sachhaltigen oberster Gattungsbegriffe hat schon Aristoteles als die Einheit der Analogie erkannt.«

› **HIER** ‹
an dieser Stelle setzt
Aristoteles, er erkennt nicht.

Wenn ich das Transzendentale
in der Hierheit ansetze
dann ist Sein solange zu hinterfragen
wie noch Wörter (Wille)
vorhanden sind: zu setzen.

Denn das Unterbewusste (Bewusste)
das ist Etwas. Wenn es auch
eine Ur-Form dessen, was ich
(oder WIR) Bewusstsein nennen.

Die Einheit der Analogie kann
demnach hinterfragt werden, als
Hierheit, als »Sein im Werden«
nicht als SEIN.

Das »JETZT« DIE Differenz zwischen
Sein und Zeit, das Transzendentale:
»Allgemeine« JETZT ist jener Augen-
Blick in der Mannigfaltigkeit
das Einzelne zu verstehen:
Aristoteles? Nein nur ich: Mich!

Heidegger meint: »Wenn man demnach sagt: Sein ist der allgemeinste Begriff, so kann das nicht hießen, er ist der klarste

und aller Erörterung unbedürftig. Der Begriff des Seins ist
vielmehr der dunkelste.«

Philosophen wollen setzen. SEIN
ein undefinierbarer Begriff
der keiner Definition bedarf.
Damit ist er der vielmehr dunkelste Begriff
überhaupt.

Erkennen setzt voraus, Wortlosigkeit anzunehmen. Das bedeutet zuerst: alles
Entdeckte ist menschlich. Schon Vorher: Seiendes.

Alle Wörter und Worte kommen
vom Menschen- auch die, die von Gott
kommen(sollen, müssen) denn Gott
ist die vermenschlichte SEIN'- Findung
um sich selbst zum Gott machen
zu können: menschlich gedacht!
»Gott lebt- Gott ist tot!«
Menschen streiten mit Menschenwort
lediglich um Macht!

Solange SEIN noch ein Wort ist,
solange kann ich es auch definieren.
 …(…)!

Heidegger meint: »Das SEIN ist definitorisch aus höhern
Begriffen nicht abzuleiten und durch niedere nicht darzustellen.«

Und was macht er, Heidegger, er stellt dar!
Er definiert: Das Sein. Die Macht

Wissen zu wollen. Er hat das
Wort göttlich gemacht: Bibel, Koran
… usw. Damit (irgendwelche Menschen)
sich selbst vergöttern, schuf er das
Wesen Mensch, Gott, nach seinem Ebenbilde.
(So der Mensch)

Die Borniertheit dieser Menschen, sie
die ähnlichen Thesen- vermenschlicht
göttlich- zum Gesetz erheben; damit wollen sie sich
unsterblich machen.
SEIN wird endgültig nur Zeit! Und die
Unsterblichkeit ist in sich jene Zeit
im Definieren menschlich sich zu zieren.

Ich bin bereit, in meiner Zeit
das Licht aus der Dunkelheit heraus-
zu heben, darzustellen.
Sein und Zeit: zwei Wörter, Teil der Ewigkeit:
ein JETZT!

Aus »Phänomenologie des Geistes«: HEGEL S. 39

» Die Ungleichheit, die im Bewusstsein zwischen dem Ich und der Substanz, die sein Gegenstand ist, stattfindet, ist ihr Unterschied, das Negative überhaupt. … Wenn nun dies Negative zunächst als Ungleichheit des Ichs zum Gegenstande erscheint, so ist es ebenso sehr die Ungleichheit der Substanz zu sich selbst. Das Sein ist absolut vermittelt; es ist substantieller Inhalt der ebenso unmittelbar Eigentum des Ichs, selb- stisch oder der Begriff ist. Hiermit beschließt sich die Phänomenologie des Geistes. Was er in ihr sich bereitet ist das Element des Wissens. Ihre Bewegung, die sich diesem Elemente zum Ganzen organisiert, ist die LOGIK oder spekulative Philosophie.«

Zwischen Leere und Nichts gibt es da einen Unterschied? Ja! Nichts ist das Andere und Leere kann auch Fülle sein, angefüllt mit dem, was nicht zu fassen ist. Digitales wortloses Gerangel: Punkt, Punkt- Komma,Strich. Der befeuchtete Tisch brach das Licht! Ein Regenbogen beblühte den Himmel. Wieder blickte der Tod mich an. Ich schaute zurück und konnte lächeln: Ein kleines Stückchen grünendes Erdenrund, ein Baum erwärmte mir die tränenden Augen. Gebunden an das Licht verschmolz das Gebilde zur Form. Abendlicht trägt das Blatt vom Baum ins Tageslicht hinaus. Der Regenbogen löste sich ins Licht hinauf auf, um diesem Baum die neue Energie zu spenden, so wie die meine Muttersprache nur neue Phänomene in den neuen Regenbogen trieb: Wort an Wort.

All überall, sah ich Lichtlein blitzen.
Und auf den Tannenspitzen der Kindheit
verflackerte der Schatten: Krieg.

Welch ein Sieg führten die Sieger HEIM?
Jetzt sollen sie, die für Ehre und Orden
töteten keine Heilige mehr sein?

All, überall seh' ich die Menschen im Schein
ohne Mandat, weiter töten
auf andere heilige Arten, göttlich zu sein.

Welch ein Schrei, dieser Federstrich am
offnen Herzen vorbei. Es war nur ein
Schrei: im Worte- Menscheinerlei.

Und doch? all, überall auf den Tannen:
spitzen sah ich neue Kriege blitzen
zu töten um heilig menschbefreit

eingereiht im Selbst- göttlichen Segen
auf Straßen sich zu bewegen, die
aufgeweicht die Unendlichkeiten

mit ihrer Wahrheit, das Nichtzufassende
zu fassen, ins Wort wollen befrei n
Heilig zu sein; dort, wo die Welt

zur Unart Mensch, all überall
Glauben in Wissen ummanövriert
im ewigen Krieg »Gott« zu sein, Herrscher

über Zeit, die in der Unzeit gar
zum Werden wird: Sprüche auf Erden!
Menschbefreit eine neue Heiligkeit!

Alle Sterne eingeordnet, wie das Wörtchen
ABC ins Allgewitter meiner Feder, die
am Morgen sich vergab einen
Tintenklecks zu illustrieren: die Samen-
Zelle meines Ich-Verstehens aufzunehmen,
wie ein Kind, gerad' der Nabelschnur ent-
bunden, Selbst zu sein.

Die Samen, dieses Einzelwortes, Leben
ist das Sehen. Ich schloss die Augen
um die Dunkelheit des Nicht-Verstehens
zu verstehen, das Augenöffnen, als die Neue Zeit!

So küren sich im Selbst- Verbund
von Sein und Zeit die Ebenen, zu
Berg und Tal, um das Innerste zu führen
hinaus in jenen Streckengrund
Ich zu Ich als Einzug anzusehen!

Alle Sterne buchstabiert, sind eingeordnet:
jener Farbenklecks – All um All-
jene Feder an zusehen! Die meinen
Hände führen im Wort, geborgen,
wortlos in den Himmel: aufzuseh' n.!

»**Der bestirnte Himmel** über mir«
so las ich Kant in Dunkelheit der Wort-
attrappen- Hand und Fuß zu geben.

Hast du das Licht gesehen, das
meine Hände umgarnten
das moralische Gesetz in mir
mit Farbe zu belegen

damit sich alle Wörter regen
die Kant beim Schreiben
seiner Kritiken in der Vernunft verlor?

Ich sah Sterne, aber nicht den Himmel.
Die Vernunft- Kritik- sie stellte mir ein Bein
in dem tiefsten Kategorien- gewimmel-
im Platzgewitter- Hier- noch Wort zu sein!

Der kategorische Imperativ, rief
mich zum Stelldichein in der Moral
wortentlehnt zum Stein zu werden
bei all der Kritik –Ich- Mensch auf Erden?

Nein, nur der be (ge) stirnte Himmel
blieb mir offen: Als Kritik der Kritik!

Definition Diallele

Rohdiamanten! Ungeschliffen dümpeln sie
im Schlick, im Gestein, in Höhlen und
Grüften dahin, bis der Mensch
dem Gestein, ihnen ihr Licht abgewinnt.

Sie schlagen und schleifen.
Sie feilen und putzen.
Dabei ist jeder Edelstein
ungeschliffen die Ureinheit: Wort!

Da begann ich zu begreifen
ungeschliffenes Alltägliches
Atmen und Hecheln
als –Leben- zu versteh' n.

Ich sah sie ächzen und keuchen
flehen und fleuchen
die Hände aufgerissen.
Die Hemden zerschlissen.

Vieh auf der Weide, so dachte ich mir
sah den warmen Stall. Und?
Großvater brachte in die Box
frischen duftenden Klee, Heu
der letzten Maat: Gedeckt war der Tisch.

»Manches Mal« dachte ich, hatte das Vieh
es besser, als ER, der das Futter dem
Getier in die Boxen warf. Er
ein Rohdiamant, oder doch nur
Vieh? ich vergesse ihn nie!

Heidegger sagt: »Sein ist jeweils das Sein des Seienden«

Für mich ist' s eine totalitäre Aussage: der Kreis
er wird gegeben- er ist nicht durch das Wort
widerlegbar, auch wenn es den Kreis nur in der
Vorstellung des Menschen gibt.

Ich mache das Wort Sein zum Kreis
hebe mich selbst hinein
und laufe wie ein Goldhamster
im Laufrad mir die Beine müde und den Verstand.
Sein bildet die klassenlose Gesellschaft
die man sich als Wort, als Schatten
in das Licht hinausprojiziert, nur um
im angenommenen Kreislauf, im Sein
unterwegs z u sein.

»Sein ist jeweils das Sein des Seienden«
wie viel Unbekanntes lege ich dem Punkte
Kreis mit bei. Nur das X
im Kreise »Seiendes« bleibt?

Ich hebe die Schranken auf, erweitere
die gebogenen X-Punkte (Kreis-Teile)
in Blickpunkte, geordnete Parallelen um
und siehe da, das Wörtchen Sein löst sich auf.
X am Anfang der Parallelen und am mensch-
gedachten Ende: das geöffnete SEIN.

Das Seiende ist lediglich ein Zirkelschluss, der
sich selbst im Symbol der Parallelen öffnet, Ich = Ich
wie das X in der Hypothese X zu halbieren
nur um das Wörtchen Sein nicht zu verlieren?

… Mensch den Menschen …!

Heidegger: »Als Sinn des Seienden, das wir Dasein nennen, wird die Zeitlichkeit aufgewiesen …!«

Wie kann ich Nichtzuwissendes nachweisen?
selbst der Unsinn hat einen Sinn
so ich als Volkes Vertreter: Wort bei Wort.

Der Sinn des Sein ist die gegebene Hand
die vom Herzen kommt. Das nenne ich
Dasein. Da- Sein heißt eigentlich
vor Ort sein.

In dem rauschenden Blätterdach
blüht eine Idee des Sein', die
ich nachweisen kann. Und es bleibt
doch nur ein Wort, eine Negation

beblümt durch das Licht der aufbrechenden
Knospen vor Ort. Ich sehe SEIN:
der Augenblick; der nicht zu fassende
von Sein und Zeit öffnet die
Pupille weit und beginnt zu atmen:

Knospe, Blüte, Frucht. Dann wieder
Blatt am Baum: Frühlingszuversicht.
Hoffen auf ein erneutes Licht, das
alle Schatten hebet und lebt …

als Sinn des SEIN!

S / 18- Heidegger: »Ferner findet man eine »KLUFT« zwischen dem »zeitlich« Seienden und dem »überzeitlichen« Ewigen und versucht sich an deren Überbrückung.«

Wie viele Brücken muss ich begehen
um das Eigentliche zu sehen
die Überbrückung: ›ich‹!

Meine Brücke über die Kluft
im Zeitlichen ganz still verpufft:
so fand ich Mich!

Das Überzeitliche war ganz kurz bereit
im Sinnlichen der mir gegebenen Zeit
aus der Welt ins Licht zu schau'n.

Die Ewigkeit als Vielheit sich zeigt
das Seiende als Einheit schweigt:
wir wollen gemeinsam diese Brücke bau' n.

Über Kluften gemeinsam hinweg zu schau'n
um? der Energie ›Muttersprache‹ zu fronen
mit diesem Weg unser Selbst zu belohnen:

Ich zu ich
Du für mich
Wir für uns Beide: Ich = Ich!

S /18 Heidegger: »Auch das »Unzeitliche« und »Überzeitliche« ist hinsichtlich seines Seins »zeitlich.«

Ich sage Nein!
Das Sein, so Heidegger, »Sein« ist nichts Seiendes.«
Zeitlich ist, durchs menschliche Wort Sein, zeitlich, somit kann ich nicht real gleich und ungleich sagen:
unzeitlich, 2) zeitlich ist seines Seins: zeitlich, denn diese Begriffe sind nicht, verstandesmäßig fassbar also kann ich nicht Unbegreifliches = X in Wahrhaftigkeiten umwandeln.

Im Grunde ist' s eine Diallele, ein in sich kreisender Gedanke, der dem Autor einen Hauch »göttliches Wissens« eingeben sollt› .

Es gibt so endlos viele Begriffe, die Alle, zum Gedanken Macht, hingewendet, einen Hang zum Größenwahn, Übermenschlichkeit Überzeitliches befinden zu können.

»ich weiß, das ich nichts weiß!« dieses Wissen schließt ein: ständig und überall »Wissender« zu sein!

S / 20-Heidegger: »Geschichtlichkeit meint die Seinsfassung des Geschehens des Dasein als solchen …!«

Sein wird zur Geschichte
Wie das Wort im Gesichte
als sich die Stirn in Falten zog.

Augenblicke umwörteln, dieses Geschehene.
Sein wird Wortlos, dieses Ungeschehene
das, was fragend um die Ecke bog.

Geschichtlichkeit ist das Gegebene
das eindeutig zu Behebende
verankert in des Wortes Schatz.

Sein und Zeit sind dort verborgen
das Wörtchen Dasein zu umsorgen
für die Muttersprache ist kein Platz.

Geschichte trägt zur Seinserfassung
jene stete Unterlassung
aufbegehrend seine Ziele zu bezwecken

Und die Zwischenräume werden stille Träume
Lug und Trug im Worte zu verstecken:

Sehen! Sehen zu erwecken
das ist die Geschichte der Zeit:
Daseinsbereit!

Meine Kategorie

Jede Idee hat nur zwei Ausdehnungen: Punkt und Fläche. Die praktische Ausführung? Sie benötigt die 3. Komponente, die Ausdehnung in den Raum hinaus. Fläche und Raum, zu kombinieren, dazu braucht es anfangs den Skeptiker, der sich aber dann zum Realisten wenden müsste, um zwischen Beiden (dem Ideengeber und dem Praktiker) zu einer Neuen Einheit zu finden.

Der ideengebende Praktiker wäre somit ein Schlüsselwort? Für den Anfang: Ja! Aber weiter gedacht nützt auch das nicht, da sich Beide irgendwann im Wege stehen, in der simplen Frage, Idee, im Punkt, allein Fläche: oder in der körperlichen Ausdehnung, den Punkt als Fahnenmacht in die Höhe zu treiben, um dort seine Flagge zu hissen; dem Ideengeber unerreichbar!

Sokrates sagte: »Ich weiß, dass ich nichts weiß!« Darauf läuft es letztendlich hinaus, und man müsste einen Weg finden, ihm, dem Wissenden, den Giftbecher abzunehmen.

Dafür reicht die 3. Dimension nicht aus! Also müssen wir eine 4. hinzunehmen, die nicht die Zeit ist, wie allgemein angenommen wird. Diese Ideen lösen sich auf, werden Punktnuancen und Strichmännchen von Raum und Zeit. Wir müssen in die Wortlosigkeit eintreten, um dieses Nichtwissen, des Sokrates, erstmals als, »Das menschliche- Wissen« in aller Konsequenz zu denken. Diese Wortlosigkeit ist kein Rückschritt in den Wortlosen Beginn, sondern dieser Schritt ist der Schritt, den wir ständig gehen müssten, nämlich? dorthin, wo das Licht den Schatten akzeptiert. Oder? wir lassen das Licht in Raum und Fläche in der Ebene laufen, fließen, dort wo wir das Wort(sprich Gegenstände) entfernen, um über diese unbekannte Freiheit (schattenlos) das Licht, im Lichte, wortlos, auszuleuchten.

An dieser Stelle gibt es den Skeptiker, den Sophisten, die

Nikomachische Ethik und Eudemische Ethik all nicht mehr, an der Stelle sind die geöffneten Augen fehl am Platze, an der Stelle müssen wir die Augen schließen, um wahrhaft mit allen Sinnen das Wortlose aufzunehmen. An der Stelle ist die Allheit Wort erreicht, über Punkt, Fläche, 3.Dimension eine 4. aufzubauen, um nicht Abhängiger von all dem Allroundwissen der i-Phon Techniken überrollt, mehr zu wissen, all das, was Sokrates mit seinem »Wortlosen Wort« uns Menschen als Eine(1) Einheit vermitteln wollt. Aber? Wir müssen aus dieser Unendlichkeit zurückfinden zum Wort, diese Zeit ist an all den unüberwindlichen Punkten angekommen, dort, wo der Schöpfergeist angesagt ist, zuerst Glauben und Wissen, nicht identisch zu setzen, und doch reden wir mit Wörtern, die im Grunde wortlos sind, im différance Bereich, dort, wo J. Derrida diesen Punkt als zeit- raum- und sogar als wortlos betitelte. Wobei raum-zeit- und wortlos, meines Erachtens nach auch Wort, Wörter sind?

So tapsen wir hinein, und zuerst in dem Glauben, das Glauben zum Wissen wird, und folgern daraus Wahrheiten, Wissenschaften usw. Und am Rande stehe ich und weine, um den, der wahrhaft glaubt zu glauben: wortlos, im Raum, dort, wo seine Punkte Wörter wurden, auch wenn sie unverständlich sind, denn sie sind die Bilder jener inneren Kamera, die den wortlosen Raum sprechen lässt, wenn es auch anfangs nur Glaswörter sind, die sich im Regenbogen auflösen. Der Regenbogen löst sich in Licht auf, enden die Brechungen. Die Farben werden zum wortlosen Licht, das nicht, so Runge ein Maler, im Wort nicht zu fassen ist, und doch war der Regenbogen am Himmel, so wie das Wort. Auf nassen Wegen gehe ich Heim, und drücke mir die Daumen, dass das Licht noch einmal in Farben zu mir spricht.

Meine Kategorie ist allein ein einziges Bild, im Worte, sehend, ›Wissender‹ zu sein: »Sokrates hab Dank!

Eine Diallele

Wortlos, der unendliche Teil
von dem, was in der Zeit
in Raum und Worte feil
im Selbst als Rest sich befreit.

Mit der Parole eingraviert
auf der Brust gar tätowiert
Er, in die Friedenskriege zog
Krieg und Frieden, Er belog.

Mann und Maus im Schützengraben
wie das Vieh, dem Schwure Eid verlieh.
Für den Frieden- Töten, Töten:
so im Recht nicht zu erröten …!

Auf der Straße rollte die Armee
hin zum Sonnenrand, ob Eis, ob Schnee.
Ich schließe meine Augen, um besser
sehen zu können. Allein das Blut

das Zeile um Zeile im Wort zerrann
begann zu fragen, Warum für diesen Frieden
kämpfen? Im Klassenlos die Kriege
mit dem Geiste zu bekämpfen, DAS

wär' mir der Mensch in all seinem GUT!
Davor zög ich gerne, gar zu gerne meinen Hut!
Auch das nur ein Wort? Für meine
Seele: Meine Diallele.

III

Fundamentalberachtungen: Mensch, wo bist Du

Heidegger: S /65: »Die Griechen haben kein Wort für Sprache, sie verstanden dieses Phänomen ›zunächst als Rede.‹«

Wieso kann dann Thales der erste Philosoph gewesen sein, wenn alles nur Gerede? Selbst REDE ist doch streng genommen auch ein Wort: Teil der Sprache!
Und vordem war der Mensch Nichtwort, noch Sprachenlos? Diese Tiefe führt in die Infinitesimal – Methode hinein, wortlos auch nur Mensch zu sein: Gerede? zum Grenzwert hin unendlich klein werdend und doch Muttersprache: Wort an Wort.

Ontologie, Die Wissenschaft vom Seienden

Heidegger S. 27: »Die Aufhebung des Seins vom Seienden und die Explikation des Seins ist die Aufgabe der Ontologie!«

A wurd' B. Zwei Pünktchen
meines angewandten Sichgebärens:
Stein auf Stein.

Nicht ein Haus entstand, nur?
eine Missgeburt- ein Land.

Unbetreten ward aus Unrecht
einfach Wort bei Wort-

ein Neues Recht entstand:
  im Land … Die Mauer fiel!

Fundamentalbetrachtungen

»Sein des Seins«, durch das gegebene Wort- SEIN- hat der Mensch das Sein bestimmt- festgelegt. Wie kann man nach dem Sinn des Seins mit Wörtern fragen?

Ich kann fragen: warum gibt der Mensch dem Nichtzubegreifenden ein Begriffliches? Wenn ich Fundamentalbetrachtungen zu Grunde lege, dann kann die Frage nicht gestellt werden. Nicht- Seiendes ist das Sein, wenn ich im Wort bleibe. Dadurch, das ich im Wort blieb tritt das ein, was Heidegger (S. 18) sagt: »Auch das Unzeitliche und das Überzeitliche ist hinsichtlich seines Seins ›zeitlich‹!«

Damit wird Sein und Zeit identisch. Der Kreis ist nichts anderes als eine Strecke, von Geburt bis zum Tode. Dasein- Sein und Zeit- laufen dort zusammen und werden Wort, wo sich die Parallelen in der Unendlichkeit treffen sollen.

»Was heißt Sein?« Warum wählte der Mensch für Etwas Nichtzufassendes ein Wort? Es müsste eine neue Sprache erfunden werden, die diese unzufragenden Fragen ausschließt. Oder? neu umschließt, als ob man Wasser auf ein Blumenbeet gießt. So ein Neues Wort, Sein, als Blüte, sprießt, seht her: Ein Mensch!

Wissen und Glaube

»Ich weiß, dass ich nichts weiß.« So der Alte, Weise Satz des Sokrates, der damit zum Weisesten (Menschen) durch das Orakel von Delphi ausgerufen wurde.

»Orakel, eine rätselhafte Weissagung,; auch Ort, an dem Seherinnen oder Priester Weissagungen verkünden.«(so Der Duden)

Der Philosoph Max Stirner schrieb: »ich konnte mich anfangs nicht finden, da ich nach Mensch suchte.«

Sextus Empiricus schrieb 150 nach Chr.: »Auch wer am besten weiß, weiß nicht ob er es richtig weiß.«

Sie formten alle, Wissen in Glauben um, im Glauben: zu wissen! Ist das jetzt, das; was ich da von mir gab Glaube oder Wissen? Beides nicht. Es bleiben Fragen.

Um diesen Punkt zu klären, da bedarf es den einen(1) riesigen, wenn auch kleinen Schritt, in die Wortlosigkeit hinein zu gehen. An dem Punkte angelangt, dort wo J. Derrida seinen Begriff »différance« einbrachte, der raum-zeit- ja sogar wortlos ist! So er, der Philosoph! Dann ist der Punkt erreicht: an die Infinitesimal- Methode zu erinnern: »zum Grenzwert hin unendlich klein werdend«. Dann noch einen nicht zu erkennenden Schritt hinein in die Wortlosigkeit, die nicht wortlos ist. Die Neuronen und Synapsen, in ihrem Zusammenfunken von Daten, die so klein werden, dass sie nicht mehr im Wort zu fassen sind. Dort, wo Huhn und Ei Einheit von Zeit und Raum werden, das sie nicht mehr im Wort zufassen sind. An diesem Punkte, dort, ist Glaube =Wissen und Wissen = Glaube! Jetzt bin ich an dem Punkte angelangt, dort, wo »mein Wissens-Glaube« in den Wortlosen Raum eintritt, an dem Punkte, wo Eingang und Ausgang EINS(1) wird: ein Wort. Dieses Wort ist aller Inhalt von Raum, Zeit und Wort. Es ist ein Lichtlein in meinen Händen, ein Samenkörnchen das ausgesät werden sollte, um eine Blume, einen Baum, eine Ähre zum Brot, den Apfelbaum aus dem Paradiese erblühen zu lassen. Nur? ein wortloses Samenkorn! Mehr weiß ich nicht. Dann bin ich bei mir, auf den Glauben an das Göttliche etc! mit Wissen einzugehen … meinem ureigenen Wissen: wortlos noch.

Lang suchte ich den Menschen in mir, und ich fand ihn nicht, weil ich als Mensch suchte, mich in der Vielheit von Mord und Totschlag, Liebe und Leid versuchte zu erkennen. Das war ich nicht. Also suchte ich weiter. Da trat ich wissentlich aus dem Menschen heraus, den Glauben, Mensch zu sein, und fand mich, ein Bündel Elend im Nichtwissen angekommen. Ganz klein war dieses Nicht-Wissen, aber, das war der Anbeginn zu wissen. Da begann ich Sokrates zu erkennen, dort, wo sein Nichtwissen zum Wissen wird.

Jeder Glaube ist, im normalen Denken, immer, Nichtwissen! Somit ist jeder Glaube, egal welcher Religionsgemeinschaft ich angehöre ein wortloses Wissen! Dieses Wissen ist aber nur im wortlosen Bereich, dem Nichtwissen, persönliche Wahrheit! Also könnten sich alle Menschen, gleich welcher Glaubensgemeinschaft, ihr Nichtgreifbares Wort: Gott, Manitu, Buddha, jeder Heidnische Nichtglaube, der an dieser Stelle zum Wissen wurde ; sie Alle könnten, müssten, wenn ihre Gedanken Wort werden, dieses Wissen, nicht zu wissen, aus der Vielheit auf Ihren wortlosen Punkten: Raum, Fläche, Sehen, Denken, Glauben, Wissen usw. zurückfinden, um den Anderen in seinem Wort zu verstehen, denn dann wird aus dem Wort Wissen: Glaube und dieser dann ist unendlich rein, da er von der Einheit, das Ich, auf die Vielheit, Nichtwissen, den Glauben des Anderen, ganz gleich, wie er die Unendlichkeit (ein Wort) für sich definiert: hinführt, und erkennt.

An dem Punkte angelangt, ›ich‹ und ich sehe Sextus Empiricus, dem Skeptiker sein Wort erheben: »Auch wer am besten weiß, weiß nicht, ob er es wirklich weiß.«

Betrachte ich seine Aussage aber ganz konkret im Wortlaut, dann möchte er, mit dieser Aussage am ›Besten‹ wissen!

Wer diesen Satz tätigt glaubt zu wissen, als letzte Möglichkeit der Skepsis, skeptisch zu sein! Glaube und Wissen endet in tiefster Innerlichkeit: wortlos. Wortlos auch ich, obwohl ich kleinbürgerlich versuche über einfache Wörter meiner Wortlosigkeit einen Hinweis zu finden, außer Krieg, Hass, Machtgier, Habsucht, Rechthaberei von der Einheit ›ich‹ auf die Vielheit Menschsein- meine- Worte zu finden.

An dieser Stelle wird das »Wort«, Wort, zum Symbol das Wortlose sichtbar werden zu lassen. Nur? um zu erkennen, wie Glaube/ Wissen sich zur Einheit findet. Es ist ein langer, einsamer Weg zum Ich, aber er lohnt sich, aus dieser Sicht, die ganze Tiefe, und den unendlichen Wert unserer Muttersprache auf der Welt als jene Energie zu betrachten, die alle Werte Menschheit als größten Schatz dieser Erde in sich birgt. Bauen wir dieses Haus »Glauben/ Wissen« ständig weiter, um ewiglich diesen Schatz »Sprache« als Einheit zu verstehen, dort, wo wir über das Ich allein auf den Menschen schließen können. So verändert jeder Einzelne ständig die Welt. Wohin? Hier kann ich im Wort eine, meine, Antwort geben ... zur Vielheit MENSCH! Das soll mein Wissen sein, meine Kleinsterkenntnis am langen Faden Glauben /Wissen entlang, durch die Sprache eine Möglichkeit zu finden, sich dem Glauben aller Glaubensrichtungen dieser Erde- im Wort anzunehmen. Es lohnt sich. Mehr sag ich nicht. Ich weiß, und dieses Nichtwissen ist mir heilig, wie das Licht, das den Schatten in die Erkenntnis bringt. Denn? Das Licht sind WIR, die Menschen, die erkennen können »Glauben /Wissen« als Eine Ebene zu verstehen, in der wir die Schatten: Kriege, Hass, Selbstmord, für dieses Wissen: hingeben!

Wenn der Mensch etwas Heiliges sein soll? Dann, indem wir diese Fremdkörper von der Ebene »Mensch= denkend« entfernen, um das Licht in dieser Ebene »Erkenntnis-Reinheit« fließen zu lassen.

Dieser Gedanke ist der einfachste auf dieser Welt unserer Mutter Erde, darum ist er so schwer zu verstehen, da wir ihn mit unserem GANZEN Ich betreten müssen. An dieser Stelle wird Jedem klar, jeder Eingang kann auch Ausgang sein! … so ist es auch bei jedem Wort!

Ich glaube zu wissen,
ich weiß zu glauben.
Das zum Thema »Glaube / Wissen!«
Hallo Mensch sind wir bereit Mensch zu sein?
Dann packen wir es an: Denn?
es gibt noch viel zu tun.

Heidegger S/ 38: »Höher als die Wirklichkeit steht die Möglichkeit.«

Dann ist Wirklichkeit immer nur ein(1) Teil der Wahrheit, da die Möglichkeiten: unendlich sind. (Diese Wahrheit vordem, setzt dann diese Wahrheit höher als die Möglichkeit)

Das bedeutet: Das Vollkommen(ste) wäre vom Menschen nicht erfassbar, da er ›nie‹ die Unendlichkeit der Möglichkeit erfassen kann. Darum trifft dieser Satz Heideggers in dem Moment nicht zu, wo sich die Möglichkeiten mit den Wirklichkeiten deckt. Das heißt, das dieser Satz falsch ist, denn es gibt eine(1) Möglichkeit zu decken. Nur? ... Wirklichkeit ist Teil der Wahrheit, die ich(durch die Möglichkeiten des negativen Betrachtens) auch nicht erkennen kann, und es gibt unendliche Möglichkeiten Gutes in Böse umzuwandeln: allein durch das Wort!

Die Möglichkeit der Wahrheit, sie endet in der Negation: Wort. Und dort steht die Möglichkeit Wahrheit, in dem einen Moment, über die Möglichkeit zu triumphieren. Ob ich gewinnen will? Nein! Auch ich möchte ab und an auch einmal, wie jener Sextus Empiricus, einmal so ein Skeptiker sein! ... nur als Meine (1) Möglichkeit.

Banal ist das akustische Geplänkel
im Wort zu bleiben, nur um dort
vor Ort zu sein: im Ich!

Gemessen an dem aufgetürmten
Wortschatz, der dem Müllberg ähnlich
vollgestopften Blechcontainern
geistreich sollte sein.

Das Hirn mit seinen endlos »Vielen«
Synapsen, die dem Wort die Laute
auseinanderdefiniert, beginnt
im Staub der Andacht im Latein
Mittelalterpunkte zu enthüllen:
die Computer sind gefüllt..

Banal wird so das Wort zur Vielheit
ganz allein, um allgemein die Blindheit
zu fördern, das Einzelne zu verhindern
damit nicht jene Vielheit zum Einzelwort
heraufgestuft jene Machtbereiche zu
demaskieren; dort, in Vielheit, droht nur
»Vieles«, der Andere, zu sein.

Ganz banal wird so das Wörtchen ›ich‹!

Vor vielen Jahrzehnten, als Junger Handwerksmeister DDR/ BRD müde, zog ich mich zurück, um meine Gedankenwelt zu ordnen!

Heute, die Flüchtlingswelle erdrückt das Jahr 2015. Kriege: Asien, Afrika usf.! Vor 30 Jahren und mehr, schrieb ich was passierte, wenn erst 1 Mensch kommt und man ihn mit offenen Armen aufnimmt. Kommen 2, pro Familie, dann ist die Grenze erreicht. Kommt der 3., 4. dann eskaliert das Armeöffnen, und nicht nur ein Armeschließen folgt. Dann rufen die Politwissenschaftler aus, das sie das Alles vorhergesehen hätten, man muss das Übel an der Wurzel auflösen! … Sie packen es nicht einmal an, denn anpacken, das bedeutet es in die Tat umzusetzen! Doch wer darf über das wahre Übel reden, um nicht geköpft, gekreuzigt, gesteinigt zu werden? Niemand. Da niemand seine Gedankenwelt› Glauben/ Wissen‹ im Sokratischen Sinne ins Gespräch bringt: »ich weiß, das ich nichts weiß!«

Vor all diesen Jahrzehnten sagte ich damals: irgendwann kommen die »Kreuz-Züge« zurück! Ein Anderer Glaube wird zur Wahrheit hochgepeitscht. Man tötet im Glauben für Gott. Dann töten die Anderen für ihren Glauben für Gott die Anderen Andersgläubigen: Gott gegen Gott! Ich schaue in der Zeit weit voraus, dann werden die Neuen Allwissenden- Neuen Gläubigen, im Nichtwissen, aber moralisch rein, für den neuen (denselben Gott) Kreuzzüge veranstalten. Ein neuer Name- ein Neuer Krieg! Wann kommt endlich der Zeitpunkt, wo der Affe den Affen überwindet hin zum ›ich‹ das Einzelwesen Mensch? Ich glaube nicht mehr dran, denn dann müssten wir Alle unseren Glauben wortlos werden lassen, um gemeinsam das Wörtchen Gott (vom Mensch gegeben) auflösen in die tiefste Innerlichkeit hinein, um dieses Gefühl, als Einheit, in der Allgemeinheit, jeden Glauben zu respektieren: dann sind wir endlich, so meine ich, auf dem Wege, Mensch zu werden.

Auch der Kommunismus, Sozialismus usf. die »Klassenlose Gesellschaft«, auch das ist ›Nichtwissen = Glaube‹ und ein Zar wird zum Neuen Gott. Und der Kapitalismus? Ein anderes Wort, der selbe Gott!

Die Versinnlichung der Gegebenheit zum Glauben liegt, so habe ich Im Laufe meines Lebens erfahren, erlebt, durchdacht, durchfühlt, Sie wurde von Generation zu Generation weiter gegeben! Ob Cäsar, Hitler oder andere Götter eine klassenlose Gesellschaft ausbeuten wollten, Glauben wurde zum Grundwissen uns von Kindesbeinen an, in allen Erdteilen, uns, als absolute Wahrheit eingetrichtert. Aufzuschauen, den Kopf erheben, um aus der Fläche heraus einen Bindestrich nicht als Sperrmauer auszurufen; dafür muss man aber zuerst die Fläche überwinden Nichtwissen zu akzeptieren, um den Strich als Pforte zu erkennen und sie zu öffnen: um dann hindurch zu gehen in die eigene wortlose Gedankenwelt.

»Dort sind aber die selben Wörter! Und dann?« so fragte man mich. Dann sind' s aber keine Plagiate mehr, sondern überwundene Pforten, es sind Zeichen, die gleichen, aber mit Deinen Inhalten, Deinem Selbst. Dein Glaube ist allein »Dein Glaube«, etwas Einzelnes, etc. so Wunderbares; und du sprichst mit einem Heiden über seinen Glauben!« Nur? sollten Beide daran denken, ihren Glauben nicht als die alleinige Wahrheit auszurufen, denn dann bist Du wieder in der Fläche angekommen, und vor Dir wird Dein Federstrich wieder eine Pforte eine Mauer usf.!

Glaube ist im Grunde das tiefste Wissen, was das Einzelwesen Mensch als Gut in seinen Sinnen tragen kann.

Schau auf meine Hände, wie sie das Licht auf diesen weißen Bogen legen, es verfärben mit kleinen schwarzen Buchstaben: Zeichen! Von dieser Vielheit auf die Einheit, um von dort das eigene kleine Zeichen ›ich‹ Masse Mensch werden zu lassen.

Ein Blatt am Baum. Auch die Wurzel gehört zum Stamm, der den Apfel aus dem Garten Eden, reifen lassen kann!

›ich‹ bin nur der kleine Regentropfen auf dem heißen Stein! Aber viele bilden den Regen! Und dann wird's nicht nur Ein Apfel sein ..., so sind wir auf dem Wege vom ›ich‹ zum Menschen, wie bei dem Einen Apfel aus dem Paradiese. Im Grunde sind die Zeichen, so einfach zu verstehen. Man sollte nicht allein Nur mit den Augen sehen, die auch anders sehen können: menschbefreit ›ich‹! Und trotzdem kannst Du glauben: es sind Deine, Deinem Innersten Alleine eingegebenen Zeichen! Und das Wörtchen Gott löst sich auf zum Wissen: wahrhaft wortlos zu glauben.

Das Abendrot blüht ein neues Zeichen auf den meinen weißem Bogen! Kein Wort! Ein rötlicher Schein bebildert meinen Tisch. Und jede Glaubensrichtung stammt aus diesem tiefsten All des Lichtgebärens: Menschen geben sich die Hand, EINZELNE, wortlos und doch mit diesem Händedruck ist dieses Zeichen, jener Apfel am Baum, der als Frucht uns Alle nährt. Jetzt sehen Alle Sinne mit, und? alle Zeichen enden. Sie geben sich die Hand! Ich dem Ich: so wurde der Affe zum Menschen ... wenn es denn so in der Entstehungsgeschichte sich zugetragen haben sollte. Jetzt sehen sogar meine Hände: und ich schreibe ›ich‹ die Einheit, die zum Wesen Mensch sich wendet, wie das Blatt im Baum den Lichtstrahl umwandelt, um den Stamm am Leben zu erhalten, WIR, die vielen Blätter am Baum!

Die Erfinder

All das, was der Mensch meint, erfunden zu haben, all das war vordem in der Natur schon vorhanden. Der Mensch erkannte und schwamm wie der Frosch. Atomspaltung? Auch sie war vordem da! Nur mit dem Müll, da haben Sie, die Forscher nicht genau hingeschaut, irgendwo neutralisiert sich Er, der Abfall in der Natur!

Jedes Blatt am Baum trägt geädert, wie meine Fingerkuppen seine Identitäten in die Welt hinaus. Bienen bauen ihre Waben so genau, dass kein Mensch sie besser herstellen könnt'.

Der Philosoph Dilthey sagte: »Die Blüte ist die eigentliche Frucht, die Frucht selbst gehört nicht zum Baum, der Pflanze.«

Wenn ich die Erziehung der Kinder so betrachte, dann will manche Mutter ihre Tochter besser machen, als sie es je erreicht … und die Väter?

Somit wird auch der meine Gedanke abgeworfen, wie die Frucht am Baum, um in den Zellen des Gehirns die Wörter mit neuen Inhalten zu belegen. Und das Blatt? Es wird zum Humus, zum Dünger, neue Pflanzen, Bäume, Blumen usw. zu unterstützen.

Selbst die Wortlosigkeit, ist kein Stillstand, sondern jener Raum, der in der Natur überall vorhanden, auf neue Ereignisse sich, vorbereitet, ganz natürlich,eine neue Pflanze zu werden, wie für den Menschen die Entdeckung ›eine Erfindung‹ die dann ein neues Wort erhält.

Selbst das Fressen und Gefressenwerden, nahm er, der Mensch, leider in sein Repertoire ganz natürlich mit auf. Mord und Totschlag sind Tagesprogramm!

Ich bin der Meinung, in meiner Wortlosigkeit, noch irgendwo ein helles Eckchen deuten zu können, wortlos noch, wo WIR selbst den Menschen überwinden könnten.

Sollte so etwas passieren? Auch das wäre ganz natürlich und

in der Natur irgendwo schon seit Zeiten vorhanden. Für irgendetwas sollte doch der Apfel im Erkenntnisbaum Wort geworden sein! Aber Er, er war schon Wort! Also muss es noch etwas anderes geben, um den gefallenen Apfel wortlos anzunehmen, um dort zu schauen, wo er den neuen Baum ergrünen, erblühen, Wort werden lassen könnte.

Ich = Ich schrieb Fichte. Apfel = Apfel? Nein, das kann nicht sein. Es muss im wortlosen Raum irgend ein WORT zu entdecken sein, das im Ich den Apfel überwindet? Er ist anfangs nur so ein heller lichter Schein: wortlos noch, sonst hätte man ein Wort dafür. Mensch jedenfalls kann das Wort nicht sein! … Oder doch? Nur ein anderer Inhalt? Mag sein. Ich bin jedenfalls schon lange auf der Suche!

Heidegger: S/ 25-»Seiendes ist in seinem Sein als »Anwesenheit« gefasst, d.h. es ist mit Rücksicht auf einen bestimmten Zeitmodus, die Gegenwart verstanden.«

Ein Augenschmaus, der Morgen.
Nebel eingefangen, und blinzelnd
sich die Morgensonne- Wort -. verschafft.

Im Sinken all der fruchtentzückten
Tropfen, in diesem Wolkenmeer
befruchten sie des Grases Halm.

Auf der Anschlagstafel ›ich‹ steht
Wort an Wort: Ich liebe, lebe. Und aus
der Dunkelheit, dem Schatten meines Wissens

A= ungleich A geht jeder Tropfen Tau zum Wort
und hob die Schatten alle auf.

Heidegger: »Nietzsches Wiedergeburt des ewig gleichen? Das Dasein ist seine Vergangenheit in der Weise seines Seins, das rohgesagt, jeweils seiner Zukunft her geschieht.«

Nicht aus dieser Zeit
und doch im Sein Zuhause
ich, ein Knöpfchen, wie ein Punkt
im Feld des unbedachten Sehens
maskiert im Wort: Vergangenheit.

Und aus dem Staub der Andacht
Kanzel, hoch im Baum, ein Blatt
so Grün, wie nie ein Nichtwort
sich zum Stelldichein geboren-

Sein und Zeit verbrüdert sich:
Hand in Hand.

Heidegger:« Zwischen der Zeit, und dem ich denke, in völliges Dunkel gehüllt …!«

»Auch wer am besten weiß, weiß nicht ob er es wirklich weiß.«

»Sextus Empiricus!« ist der Skeptiker, der aufschrieb was den Skeptiker ausmachte. Die Welt des Altertums, jene These der Allwissenden, mit Gegenthesen zu entthronen. Nicht gewinnen wollen war der Sinn, denn Skepsis ist auch Heute noch nur ein Nachfragen ob diese ausgesprochenen Grundsätze, der Menschheit ganz allgemein noch Bestand haben!

Die Schüsse an der Berliner Mauer. Ist das Recht? Wer durfte, zur DDR- Zeit dort offenkundig Skeptiker sein? Jeder! Nur laut durfte der Skeptiker DAMALS- das nicht veräußern.

Heute sagte jeder: Die Schüsse an der Mauer, sie waren Unrecht. Spricht dann ›ich‹ einer von Recht dann …? Nietzsche schrieb damals schon: »Recht ist nur solange Recht wie man darum kämpft, wird Recht zum Gesetz erhoben, dann beginnt ein Neues Unrecht!«

Um hier an dieser Stelle den Skeptiker zu überwinden, da muss man selbst zum Skeptiker werden, um in seiner eigenen Innerlichkeit gesunden zu können! Ist das Recht? Nein, das ist die unumgängliche Synthese, sich selbst zu hinterfragen. Und der Erfolg? »Tue Recht und scheue niemand,« das war der Leitspruch meines Vaters. Ich widersprach, und befand mich im Grunde in einer neuen These wieder, die mich ruhelos durchs Wort von der Allgemeinheit Ich zum Einzel-Ich forttrieb. Jetzt, selbst in seinem Alter, von Damals, als er mir diese These unterbreitete, da sehe ich im Nachherein, dass sein Handeln nichts anderes war, als zur DDR-Zeit die Mauer und die Schüsse anzuzweifeln. ER trat nicht in die NSDAP ein, wie der Gesamtverband des Handwerks (im Recht: damals.) Er verlor Alle Ämter. Als Holzfäller unterhielt er seine Familie. Hitler- Deutschland war vorbei, da gab man ihm Recht. Speichellecker Sie. Er mein Vater sprach nie mehr davon und wählte weiter sie. Ist das die Einsicht eines Skeptikers am Ende? Nein! das Menschliche tritt dann in den Vordergrund: Familie,

Kriegsschäden beheben, verkohlte Möbel herrichten, die vom Großen Krieg angekohlt neues Recht bekokelten.

Und ich? Kein Sophist, kein Skeptiker, nur um in der Synthese »Romantischer – Realist« bleiben zu können, Ur-Einzelner in der Muttersprache, heimisch, selbst als Wortloser im Worte frei zu sein? Ob man mich versteht›? Frag den Skeptiker, den Kritiker, sie, die nur im Recht nie ein Un-Recht sehen, bis man Ihnen zuruft: »Die Mauer fiel!« Jetzt reden Sie anders, und das bleibt so bis sie die Hand nicht mehr – vor Rechterkennen: sich selbst ihr Leben lang widersprochen zu haben..

Nur Sie, die Glücklichen werden es – leider- nie erkennen … denn Sie handelten immer im Recht.

Auf den Zinnen des Lichtes
verbrüdert sich das Wort mit der Zeit
jenes Sein, des ungebeugten Wichtes
bebildern sie der Welt Geleit.

Ich hinterfrage alle Tage
seziere das Gefragte in dem Arm
der angeschauten Urnen-Trage
und halte so die Tränen warm.

Gesiebt, zerfleddert ist der letzte Tropfen
er, der einst Gedanke war- zu sein.
Er zerbröckelte im Glas im Funken-Klopfen
und all das Leben, das gestrandet, ward zu Stein.

Die Tage wurden kürzer und das Licht
begab sich langsam in die Dunkelheit
nur um zu hinterfragen, welcher Wicht
beschwor das matte Licht der Zeit.

Hamann, Heidegger, Nietzsche, Hegel
gaben ihre Kommentare ab
nur sie fanden nicht die Regel
dort im Basar, des Lichtes Grab.

Die Zinnen des Lichtes sind verglüht
in einer anderen Philosophie
wenn auch das Wort und die Wörter beblüht:
zu erfüllen von Neuem – die Alte MAGIE-!

Klassenlos ist diese Kaste Mensch geblieben, auch wenn der Sozialismus formte eine Neue Macht: gedacht.

So umrundete der Neue Name, Staat und Erdteil, das diese Macht zur Herde wird, und Er, der's ausrief war der Boss im Staat.

So formte sich der Kommunismus, genau mit jenen Vorzeichen des Kapitalismus: sie reihten sich in jene Formel ein; ich bin der Chef und Ihr seid nur die Menschen, Volk, wie gehabt. Es änderten sich im Lauf der Jahre und Jahrhunderte, nur, die Namen. Die, die herrschten waren stets, dem Volke zugetan, wie die Befehle, die sie gaben. Und wenn es gar nicht anders ging, dann hieß die Form: »Für Gott und Vaterland.«

Dann sprachen wieder einmal die Kanonen. vordem war's die Panzerfaust, die Keule und der Speer, der Flitzebogen oder gar der Stein, der in der Schleuder den armen Goliath, der wehrlos seinem schmächtigen Boy in der Arena gegenübertrat.

So ist nicht Führer gleich Führer negativ. Es gibt da die Verführer, ob Staat, Religion, Partei, Gesellschaft. Auch die Klassenlose Gesellschaft, sie bedarf des Führers Hand, damit die Serie der Oberhäupter sie nicht ins Abseits führe, wer sonst erfindet nach der Niederlage nicht den Neuen Führer? Der Neue Führer, das Oberhaupt; wer denn sonst?

Wo aber sind die Menschen? Sie schimpfen wie der Spatz am Rande des Daches sitzend und schauen hinauf zum Neuen Führer, das ist's, das macht den Menschen so endlos klassenlos in der ewigen Kür das Abnickens des Kopfes zu üben, für den Neuen …: Menschen, Menschen: wie bisher!

Die Kritik und Kritisieren sind doch eigentlich der selbe Stamm?

(Philos. Wörterbuch) »Kritik von gr. Kritiké (techné) Beurteilungskunst.«

In der Philosophie die Prüfung insbesondere der Grundlagen unserer Erkenntnis und unseres Erkenntnisvermögen.

Für mich allein müsste Kritik nicht nur negativ sein, sondern auch positiv, denn dort, wo der Kritiker Negatives sieht, da muss es (Er) automatisch auch Positives geben (sehen), sonst könnte er in der Beurteilungskunst das Negative nicht entäußern.

Manche Kritik ist nichts anders als Neid: dem Künstler einen auszuwischen, etc. Oder der Kritiker bedürfte ein Nichtvoreingenommenes ein Nichtdogmatisches Verhältnis (Verständnis) von der Vielheit auf die Einheit zu schließen. Denn, bei einem Hausbau, dort, wo z.B. die Tür klemmt, dort ist nicht gleich das ganze Haus negativ zu beurteilen. Hinzu, der Kritiker, er, der im Nichtwissen der Materie: Poesie, Lyrik, Philosophie, Baukunst usw., er schreibt seine Kritik, als Un- Halb- Wissender nieder. Das ist im Großen und Ganzen meine Kritik an der Kritik, dort, wo die ganze Tiefe der Einheit nicht von der Vielheit abgekoppelt, und nur das Negative zu Papier gebracht wird. An dieser Stelle auch Unwissenheit, Profilierungssucht, Besserwisserei und nicht zuletzt die er-ver- kaufte Kritik, die dem Kritiker ein paar Euro, Dollar, Rubel etc. mehr einbringt.

»Die Kritik der reinen Vernunft« (Kant) ist doch letztendlich nicht nur Negatives an der Vernunft, denn selbst eine Negativ- Aussage kann umgemünzt im Verstehen ›positiv‹ Vernunft bedeuten. Ich bin kein Kritiker, im Grunde bin ich nur ein Fragender, der, wie MENON, bei Platon zum Sokrates sagen lässt: »Ja, Sokrates; aber behauptest du es ganz unbedingt, dass wir nicht lernen, sondern, dass, das wir Lernen nennen, Wiedererinnerung sei?«

Was unsere Milliarden Nervenzellen, wortlos speichern, das war Platon (medizinisch noch nicht bekannt) und ist uns durch die Mikrowissenschaft nur von der Masse der Zellen aus bekannt gemacht worden. Wir können ES im Grunde nur erahnen.

Die spekulative Seite dieses Gespräches das Platon mit MENON führt, wo er die Person, seinen Lehrer, als Sprechenden einbezieht, sie ist eine einzige (Heute für mich)die Infinitesimal-Methode »zum Grenzwert hin unendlich klein werdend!«

J. Derrida, spricht da mit seinem Wort »différance« das aus, was an den Rand des Erkennbaren flieht: er bezeichnet diesen Punkt als raum- zeit- sogar als wort- los.

In diesen bewussten wortlosen Räumen findet das Gespräch MENON mit Sokrates von Platon eingegeben, statt.

Die Figur, die am Anfang Fläche, Form, sie bekommt ein Gesicht, dann Farbe Weiß usw. und jeder Gang in tiefere Einheiten löst sich auf im Punkte der Wortlosigkeit, in eine andere Abhängigkeit. Kurz vor dem Eintritt, dort, wo alle Wörter enden, dort beginnt die Erweiterung bis ins Neue Endliche »Unendliche.«

Das ist so beim Wettlauf Agamemnon mit der Schildkröte. Die Schildkröte und Agamemnon bestreiten einen Wettlauf. A bekommt einen Vorsprung; B, Agamemnon startet, rückversetzt zur selben Zeit. Die Griechen dann erkannten aber, dass in der Zeit, wo A eine Strecke absolviert hatte, B auch eine Strecke zurücklegte. Aber, so die Griechen: spielten sie die Zeit mit hinein. Also? In der Zeit, die A lief, lief auch B, und somit konnte B, A nie einholen! Da die Differenzen zwar vom Maße der Strecke sich bis zum Grenzwert hin unendlich klein werdend begaben; danach konnte man diese Einheit, so wie ich sie einmal nennen möchte »Zeit-Maß- Wort- Einheit«, die ich anders nicht betiteln könnte, da an der Stelle Derridas »différance« eintritt: (sie ist mit Begriffen nicht zu entäußern)!

An der Stelle wird das Wortlose eine einmalige Neue- Einheit, und platsch hatte B, A eingeholt. B lief vorbei! Nur den Punkt, den kann ich nur klarmachen bei dem andern Beispiel: »Das Huhn und das Ei, wer, was zuerst da!« Sie waren zur selben Zeit, Raum und sogar Wort: AB-

Ist das Kritik? Nein! Nur eine wortlose Klarstellung am Ende des Regenbogens das Licht zu sehen, das meine Worte bündelt auch wenn sie anfangs noch wortlos sind! … ein kleines Fünkchen Licht an meinem Endlos- Horizont.

IV

Und die Frage nach dem SEIN? Ein Zeichen, das sich aufmachte Wort zu werden.

Der Philosoph Dilthey spricht ganz eigenartige Gedanken der Frucht betreffend aus.

»Die Blüthe ist die eigentliche Frucht, die Frucht selbst gehört nicht zum Baum, der Pflanze.«

Beim Lesen überraschste er mich mit dieser Aussage. Augenblicke später formte sich was nicht zu formen war. Die Blüthe, ist die eigentliche Frucht, so wie die Knospe zur Blüthe wird zum Blatt usw.! Der Baum wirft die Frucht ab. Sie gehört nicht zu ihm, sie bildet eine neue andere Pflanze, einen Neuen Baum! So wird die Mutterpflanze, mir zur Blüthe selbst, dort, wo die Masse Wort zur Einheit wird; durch die Wortlosigkeit wird die Blüthe, die Frucht zu einem Neuen Gedanken- die Energie- die, die Sprache am Leben erhält: an der Stelle wird das Selbe Wort zum Eigentum EINZELNES: Blüthe, und wirft die Früchte, Gedichte, Wortspiele usw. ab, um Platz zu machen, neue wundersame Blüthen hervorzubringen, die ich dann wieder als die Masse ›Wort‹ in neue Energie, in Eigenes, umsetzen kann. Jetzt, ja, jetzt verstehe ich ihn! Seine Gedanken, Blüthe, Frucht betreffend machten mein Wort zur Frucht, die ich abstoße, um über die stille, intime Wortlosigkeit, die eigentliche Blüthe, des Selbst, die Zeichen- Wort an Wort- mit neuen Inhalten, Früchten: Gedichte, Abhandlungen, philosophisch klingende Ausflüge usw. zu belegen. Seine Blüthe wurde mir zum Plagiat, und dann Frucht, eigene Zeichen: Blüthe an Blüthe, Frucht an Frucht, Wort bei Wort!

Die Spezialisten

Es gibt den Praktiker und den Theoretiker, Beide, bis hinauf zum Genie: Die Spezialisten! Sie erfanden zu guter letzt das i-Phon, die Verbindung in die Welt- weltweit.

Selbst im fernsten Afrika, in einer Hütte, palmbewedelt das Dach, montierte man eine Solarzelle, ein kleines wundersames Glas-Paket. Man bewunderte die Genies, die dieses schufen. Seit 2 000 Jahren leben die Afrikaner, dort, so wie vordem Generationen. Doch diese Genies mit ihrem Erfindergeist dachten nicht soweit voraus, die Konsequenzen zu untersuchen; was geschieht mit den einfachen Menschen, die, wie ein kleines Mädchen im tiefsten Busch erkannte, nach Deutschland überzusiedeln. Man fragte sie: »Warum?« und die Antwort war sonnenklar: »Dort gibt es jeden Tag etwas zu essen.«

Man spaltete das Atom. Der nächste Spezialist baute die 1. Atombombe. Spezialisten formten, klonten Tiere; zum Ruhme des Menschen. Künstliche Befruchtung war bald keine Seltenheit mehr.

Heute bekam eine 65jährige Frau, der man Frucht- Körperchen in der Ukraine einpflanzte Vierlinge, und sie hatte damit 17 Kinder zur Welt gebracht.(Wird der Mensch selbst zur Krebszelle dieser Erde? Wann endlich setzt die Geburtenkontrolle ein, unseren Kometen vor uns Menschen zu schützen?) In diesem Moment las ich in einer Illustrierten von einer künstlichen Befruchtung, nach der die Frau Siebenlinge hervorbrachte: Weltrekord!

Die Spezialisten pressen mit Chemie etc. unserer Mutter Erde in Tiefen des Grundwassers aus, um somit Gas zu erzeugen. Dabei ist die Sonne, der Wind, dem Menschen naturbedingt gegeben. Das Meer wird verseucht, da man endlich rissfeste Tüten aus dem unverwüstlichen Plastik erschaffte.

Man baute Atomkraftwerke! Nur die Spezialisten planten

nicht den Atom-Müll ein, der die Erde von Innen her verseucht. Warum planten diese Spezialisten nicht diesen Müll zu neutralisieren? Das geht nicht, so die Spezialisten! Der Praktiker sagt: Man spezialisiert mit Hingabe in alle Richtungen, ohne die Grundprobleme Mensch mit einzuplanen. Hauptsache? es ist genial den Menschen der Erde auszurotten: These bei These! Die Gegenpartei- die Antithese- der Skeptiker er posaunt: Dagegen! Die Synthese allein, vordem schon Spezialist –Mensch- zu sein, die fehlt.

Wann z.B. erkennt man den Glauben endlich vom Wissen Mensch her als Nichtwissen an, um dem Wortlosen tiefsten Innersten des Menschen seine Ruhe im Glauben zu lassen.? Nein, die Spezialisten machen daraus Gott, Übergott, und schicken die Ungläubigen, im Nichtwissen Ihres Glaubens in den Tod, damit die Mächtigen, die Spezialisten in Palästen in Saus und Braus mit der Unzahl anderer Spezialisten Volk vergewaltigen kann, Andere, die auch Nichtwissende sind, zu töten.

Glaube ist das wortloseste Phänomen der Menschheit insgesamt. Das sage ich und mache mich, denke ich tiefer, im Wort, darüber nach: zum Spezialisten? Nein! Nur als Mensch kommen mir all diese Fragen, warum der Eine mit seinem Nichtwissen (Glauben) den Anderen (einen Anderen- auch Nichtwissenden) im Recht seines Glaubens töten kann?

Xenophanes schrieb schon im Alten Griechenland: »Hätten die Pferde und die Kühe Hände und Farben zum Malen, sie würden ihre Götter als Pferde und Kühe darstellen!« Glaubte er? oder wusste er?

Sokrates sagte damals zur der Zeit: »ich weiß, dass ich nichts weiß.« Und man machte ihn damit zum Weisesten unter der Sonne des Altertums.

Dieses Wissen ist die Grundlage dem Glauben endlich seine tiefste Eingabe menschlichen Wissens zu zu erkennen: um alles Nichtwissen nicht in Wahrheiten umzuwandeln, um Andere

(Menschen) zu verdummen: Sie, die Spezialisten müssten, das Nichtwissen für Ihre Zwecke- zu bewörteln.

Muss ich, um das zu erkennen, erst ein Spezialist werden, oder kann ich, als Praktiker das auch mit einfachem Menschenverstand erkennen? Ja! Nur? Das darf ich nicht sagen! Da dann die Spezialisten auf der ganzen Welt in Angst und Schrecken geraten. Selbst in der angestrebten -Klassenlosen Gesellschaft-, dort ohne sie, die Spezialisten (in Palästen, Villen, im Staatseigentum usw.)nicht weiter ihr müheloses, in Saus und Braus Leben, zu leben? … Dabei stempelt man doch den Praktiker, den einfachen Arbeiter- so wie ich einer bin- nur zum Pöbel um, der, der glauben muss, was die Spezilisten, dem einfachen Arbeiter, sprich Volk, als Wahr +Wissen unterjubeln. Sie wissen, und der einfache Mensch, der den Alltag mit seiner Arbeit- Tag um Tag- am Leben hält, er muss glauben.

Ich weiß, ich lüge: spreche ich. Und trotzdem lüge ich Wort auf Wort zum Poem, um diese Lüge- Wort- zu überwinden,

Sage ich aber, ich lüge bewusst, wissentlich, dann hebt sich jede Lüge zur Wahrheit hin auf. Ich lebe! Lebe ich? Soll auch das eine Lüge sein? Ja! denn was ist Nicht-Leben suche ich krampfhaft in den Zwischen-Räumen von Raum und Zeit dieses Leben: Ich! Ich bin im SEIN, so könnte ich im negativen Sinne »SEIN« beschreiben. Damit begebe ich mich aber in Etwas hinein, was in der Sprache angelegt ist, Das, was nicht sein darf. Damit wird jedes Wort zum Machtobjekt- zum Schein- zur Spielerei! Es gibt Kriegspiele, Gottspiele, Kreuzzüge, und irgendwo ›ich‹ der das Atom zerteilt und wieder Wort werden läst, nur um zu leben: Im Nicht-Wissen Wissender zu sein!

Heidegger: »Die Frage ist ein Wort geblieben obzwar unsere
Zeit sich als Fortschritt anrechnet.«

Der Fortschritt beinhaltet:
Das Wortlose ... auch den Fehltritt.
Jede Frage ist also: Zeit
Unvollkommenheit, auch, für wahr.

Sogar das Vollkommenste
kann unvollkommen sein
reiht sich die Zeit
in die Gedanken ein

weil jeder Schritt nach vorne
Fortschritt ist. Er schließt ein
Jeder Fortschritt kann ein Fehltritt sein.
Somit ist auch der eine Schritt voran

ins geheim, die Frage, an das Wort, geblieben.
Ich sehe ein, erwacht, der Fortschritt ist
Schritt für Schritt im Wort geblieben:
Z e i t .

Hinaus ins All- Gemäuer meiner Sprache:
Denken. So vollzieht sich in dem Aufbegehren
Schritt für Schritt, die Ohnmacht, sich dem Wort
zu unterwerfen, die jenes Wesen-Denken-
tiefst beschnitt.

Einheit, Du, Gewesensein, die Hand zu heben
sie, die Wörter an die Tafel: Leben malt.
Diese Bilder, ohne Farbe, sind das Streben
wort- und bild befreit, das Innerste
zu leben- Ich zu Ich- ins Sinnlichste
hineingebärend, gekürt durch dieses Wesen:
weltbefreit, Selbst, SEIN, zu sein.

Das All-Gemäuer, so der Ziegel, Wort für Wort
beraubt, zerstückelt Stein um Stein.
Der Mörtel in den Fugen: aufgelöst, so
dümpele ich im Morgen-Tau dem meinen
Licht entgegen- jene Schranke: Mauer, aufzulösen
für das Neue Wort: ich seh›!

So schaue ich in jedes Wort hinein
das Mauer wurde. Der Speichel, Sehen
löste selbst den harten Kanten Brot
die Stärke, dort, in Zucker um, und
versüßte mir den Schatten der das Licht umgab.

Heidegger meint: »Sein ist nichts Seiendes.«

Solange Sein als Wort erscheint ist Sein
eine Form des Sein, und wenn es die Null-
Form in der Mathematik ist, das Nichts, als
ein Etwas in der Mythologie …so könnte es sein.

»Das Sein ist der selbstverständlichste Begriff!«

Ein sich selbst verstehendes Wort?
Hier wird wieder: »Von Gott gegeben«
eingeführt, und das durchs Menschenwort.
Jedes Ende ist ein JETZT, somit
der kleinste Teil von Zeit.

An dem Punkte wird Sein: Seiendes
›wie gehabt‹ ein Wort! Ein Zeichen?
Bestand: Niemandland!

Heidegger: » … und der Sinn von Sein zugleich in Dunkelheit
gehüllt ist, beweist die grundsätzliche Notwendigkeit die Frage
nach dem Sinn von Sein zu wiederholen.«

Es gibt für mich nur eine Not-
Wendigkeit, die Stellen entdecken
wo Menschen mit Not-
Wendigkeiten Endliches oder Un-
Endliches schaffen wollen: sie setzen!

Not-
Wendigkeit ist die Göttlichkeit selbst
sie, die der Mensch gebieterisch
in sich gebärt, um mit Not-
Wendigkeiten, das zu beugen
was in der Wortlosigkeit stets
wortlos bleibt.

Der Sinn von Sein
verläuft sich im Ansatz
des Wortes: Zeit.
Jede Wiederholung ist ein
neugeborenes Fragen
nach dem JETZT, als Teil des SEIN!

These einer These: ohne Beginn!

Heidegger: »Jedes Fragen ist ein Suchen!«

Jedes Fragen ist ein Suchen?
ich sage: nein! Das kann nicht sein

denn das Suchen selbst
stellt alle Fragen
nach dem Fragen ein!

Also kann die Frage allein
nie ein Suchen sein.

Gefragt ist demnach schon gefunden
denn sonst würd' man nicht fragen.
Hier endet das Suchen, um zu gesunden:
ich habe die Frage im Suchen eingestellt.

Nicht jedes Fragen ist ein Suchen, denn
die Frage selbst stellt sich anheim
im Gefunden zu fragen: Wann
stellt das Fragen das Suchen ein?

Hier wird das Suchen selbst zur Frage:
da jede Frage- ein Gefunden- darstellt
sonst würde man nicht fragen.

Heidegger: » … **Seinsverständnis**. Aus ihm heraus erwächst die ausdrückliche Frage nach dem Sinn des Sein und die Tendenz zu dessen Begriff.«

Das, was in Worte gekleidet ist
wird in Wörtern definiert.
Das Seinsverständnis ist in
Begriffen durch die Philosophie:
fest verankert. Der Sinn nach dem Sein
als Frage wäre ein philologisches
Problem- wer- wie- lange- warum, usf.
fragt man nach(oder nicht nach) dem Sein:
Das Wort!

Wenn ich das, was wirklich wortlos ist
wortlos lasse, dann habe ich: SEIN,
das Wortlose. Kein Begriff, sondern nur
ein Zeichen für? das Wortlose.
Mit diesem, dem meinen SEINS- Verständnis
gibt es die Frage nah dem Sinn des Sein ›s nicht.
Das andere ist die Frage nach dem Wort:
Sein, das, was die Menschen- im Wortlosen
alles mit MACHT dem Wort belegten!

Kirche, Politik …, usf.! Nichtmensch ich =
Wortlos: allemal.

Heidegger: »Wir wissen nicht, was Sein besagt. Aber wenn wir fragen: »Was ist Sein?« halten wir uns in einem Verständnis des -ist- ohne das wir begrifflich fixieren können, was das ›ist‹ bedeutet. Wir kennen nicht einmal den Horizont, aus dem her wir den Sinn fassen und fixieren sollten.«

In meinem Seinsverständnis ist das – IST- ein Werden und hat mit dem Sein nichts zu tun.
Der Mensch lebt im Werden(Sein) und- ist- im SEIN(dem Wortlosen) Daheim.

Warum kann der Mensch nicht, Wortloses erkennen? …Ich weiß es. Geblendet von dem: allwissend, gottähnlich zu sein, strebt er der Mensch Vollkommenes an.

Nur Vollkommenes kann der Mensch – als Mittel- Leben auszudrücken, nicht erkennen; und erkennt er Vollkommenes, dann wird selbst der nächste Schritt, ein unvollkommener sein- Vollkommenes- in Frage stellen …!

Heidegger: »Das Sein des Seienden i s t nicht selbst Seiendes.«

Das Seinsverständnis wird hier selbst *ver-seint*. SEIN- Das Wortlose und »Sein als Werden«, wobei die Zeit eine unendliche- Dritte- Rolle spielt. Die begriffliche Einleitung des: WANN.

Sein ist »Wortlos«, während das Sein Heideggers wieder »sein Seinsgebilde« in sich geprägt: das, was wortlos ist in Worte kleiden zu können, mit dem Endergebnis- (= gleich) Nicht Erfassbar!

 … Aber der ganze Nicht- Raum ist belegt
mit Wörtern;
Und?
man operiert mit Schein
gegen Schein, um weiser als der Allwissend*ste*:
allwissender, als −ER− der Andere zu sein.

Heidegger: » … der rechten Zugangsart zum Seienden.!«

Der rechte Zugang wird durch Philosophen, Prediger, Politiker, Fanatikern usw. doktrinär vorgegaukelt, um allwissend zu scheinen; dadurch dann Machtansprüche bis ins SEIN, in andere Menschen, hinein zu interpretieren usw.!

Es gibt keinen Zugang zum SEIN. Der Zugang zum Sein ist das, was im Wort vorgeschrieben wird: das werdende Sein. Das Sein selbst ist wortlos, wie will ich da Zugang finden … und dann wieder den Ausgang? Nur? um die nächste Sippe zu unterdrücken, das Derjenige der vorgibt ALLES zu wissen, alles weiß?

» … der gerechte Zugang zum Seienden?« … die beidseitig geöffneten Parallelen zeugen ohne Anfang und Ende mit Metaphern allein das Sein zu erkennen, wortlos zu benennen, im ewigen Auf und Ab, Sein und Nicht-Sein, als Punkt der Verdummung denen zu unterbreiten, sie zu entzweien, die Glauben und Wissen nie begreifen können. Eingemeißelt ist die Herrlichkeit *im Glauben, Wissender zu sein!*

Heidegger: »Sein liegt im **Dass- und Sosein**, in Realität, Vorhandenheit, Bestand, Geltung, im ›es gibt ‹.«

… es gibt nicht … und trotzdem könnte Es, es geben; das wäre ein Teil der Wortlosigkeit des »Sein im Werden« (des Heideggers »ist«) das Heute noch wortlos ist- unentdeckt- und Morgen »es« sein kann!

Zeit ist die Einheit des Sein im Werden.
Mit Heideggers Wort: Zeit ist die Einheit des »ist«! Wobei die Teilung gegen Null Keine Sein-Frage ist, denn Sein ist wortlos.!

Heidegger: »Zum Fragen gehört außer dem Gefragten ein Befragtes.«

Zum Fragen gehört nur: Das Selbst.
Selbst das Befragte ist nur Teil des Fragenden … um sich im Sein, in Verbindung zu sehen, zum Auge, Ohr, zum Mund …!
Ich will von ihm etwas wissen, das ist mein Fragen: insgesamt.

Hier antwortet das Befragte den Befragten.
Das Ergebnis stellt von selbst sich ein.
Gefragt zu haben ist Teil eines einzigen Wortes:
SEIN!

Revolutionen

Es gibt die sogenannten Revolutionen.
Jetzt denkt der Pöbel- Mensch-
Ha, ha, jetzt regieren WIR.
Es sind doch immer Die
die Herrschen, unterdrücken wollen
sie, die in jenen Positionen
christlich, Jüdisch, RAF, IS usw.
das Land beherrschen wollen, zum
eigenen Wohle: »Seht her, ich bin der Herr
und Du der Knecht, Genosse usw.« denn
Sklave ist in dieser Zeit: verpönt.

Dann stößt der Nächste Sie (ihn) vom Thron
eine »Neue Revolution« beginnt.
Die Namen ändern sich in allen Positionen.
Die Menschen aber bleiben wie sie sind.
Das ist das Alte, an den Revolutionen
von Kirche angefangen bis hinauf
zum Königlichen Haus. Es herrschen die
die herrschen wollen; sie, dies könnten
bleiben königlich *ZUHAUS*.

Heidegger: »Jedes Fragen ist ein Suchen!«

Das beinhaltet: wenn ich gefunden habe, dann beginnt ein neues Fragen. SEIN ist kein Wort, es ist wortlos. Das ›Sein‹ im Werden kann immer hinterfragt werden, denn das ist menschlich. »Sein« und »Sein im Werden« hat miteinander NICHTS zu tun … hier hört das Fragen auf, also auch das Suchen!

Es gibt das Sein, das ist unser Ich als Einzelwesen. Abgeschlossen stellt sich dann »ein« Leben dar.
Dann gibt es: Das Sein, das ist das Leben insgesamt, soweit der Mensch es denken kann, voraus, wie auch zurück.

Dann gibt es: SEIN, und der Mensch meint Göttliches, Heidnisches usw. zu bezeugen: Mythologien, endlos an der Zahl (die Zahl ist gleichzusetzen mit der Zeit) … Alles, Das ist Sein, ist Hierheit, insgesamt, weil es vom Menschen stammt, dem Sein, das Wort.
Dann gibt es noch SEIN, was auch ich wortlos nenne. Dieses SEIN schließt immer noch die vielen Wörter ein! Z.B. Nichts-Null, Unendlichkeit, Gott, Jesus, Mohammed, usf.!

Dann gibt es außerdem, am Ende, zu erwähnen, noch, das meine ureigene Sein …: »Dieser lange, einsame Weg zum ICH!

Kapitel Drei

Phase 1
Lichtgedanken: Flüsse des Lebens

Natur und Philosophie
Der Rahmenrand WORT,
der einsame Weg zum ›ich‹!

Auf den Augenlidern Asche / und im Haare Staub.

Wieder fällt ein Licht herab
Erde zu küssen: ein Regentropfen.
Wieder fällt ein Licht herab
Pflanzen zu umkosen: ein Sonnenstrahl.
Wieder öffnet das All die Augen
tränt Tau in den frühen Morgen:
wieder und wieder, tagaus, tagein.

Wieder beginnt der Tag die Hände
auf die Erde zu legen: Menschenhände
Wieder beginnt die Nacht Augen
zu trösten: Menschenaugen.
Wieder erinnert die tickende Uhr
an die Zeit, die Dir bleibt, Tag
und Nacht als einziges Licht zu sehn.

Und der Tag erwacht in den Sternen, die
Nacht im Sonnenlicht: einfach da zu sein!

Einklang

Sein wurde Zeit: WÖRTER

Hegel: »Philosophische Geschichte« S. -41/46
»Der Keim will sich selbst hervorbringen, zu sich zurückkehren … Die Entwicklung des Geistes ist Herausgehen, Sichauseinanderlegen und zugleich Zusichkommen …. nur das Lebendige, das Geistige rührt sich in sich, entwickelt sich.«

Mein Gedicht ist die Stille
zwischen zwei Atemzügen.

Mein Gedicht ist der Lärm der Stille
der das Blühen bringt, Mich, aufs Papier.

Mein Gedicht ist der Übergang
von Sein und Zeit zum Bild

Knospen in Blühen umzuwandeln.
Mein Gedicht, das bin ganz einfach ›ich‹!

Das Sein im SEIN ... Lichtgedanken: Flüsse des Lebens.

Dieses Sein, die neue Parallele öffnet jeden Kreis, da er, der Blickpunkt, Horizont, im Punkte sich verliert. Jeder Kreisbogen wird zu einer Geraden, wenn ich das Wörtchen Kreis in Punkte zerlege, dann ergeben SIE, Punkt an Punkt, immer eine Gerade ganz gleich in welche Richtung ich die Punkte aneinanderlege.

Zwei Punkte, nebeneinander, das ist mir die kleinste Linie, sowieso, die ich menschlich gedacht mir vorstellen kann. Verfahre ich so, in einem aufgenommenen Kreis, stehend, sitzend, kniend usw., so ist im Dreh der Blick jede vermenschlichte Sichtberührung mit jener scheinbar, sichtlichen Horizont-Unendlichkeit nicht mehr als die geöffnete Parallele (siehe Titelseite) die lediglich zwei angenommene Punkte bindet.

Jeder Punkt, vollziehe ich Ihn mit einem Kuli, aufs Papier, er wird demnach immer einen Kreis bebildern, und halte ich Ihn auch noch so klein. Dieser Punkt, gezeichnet, Er, wohlgemerkt sichtbar auf dem Papier, dann schließt dieser Gebilde-Zeit-Raum- auch das Wörtchen Punkt mit ein: Punkt, Fläche und Körper in EINS zu sein.

Der gedachte Punkt beinhaltet die gleichen Systeme, nur sie sind: unsichtbar! Transzendental begehre ich auf, um das so zu denken, mich selbst zu beschenken, das JETZT im Augenblick erkannt zu haben.

Niemandsland, eine Insel zwischen Lug und Trug, dieser Streifen Erde: Punkt, eine Insel im ABC der Zeit. Wortlos rattert der Zug in diese Lücke ins Abseits, dort, wo der Mensch krampfhaft für das nichtdefinierende Sein (Heidegger') den gedachten Punkt aufs Papier hebt und ebenso ins Wort.

Jeder Punkt, allein schließt selbst die Linie, Fläche und den Raum die 3. Dimension mit ein! SEIN ist nicht einmal ein gedachter Punkt, denn dann, gedacht wäre das SEIN wortgebunden, dieses aufs Papier gegebene Pünktchen: ein Begriff, den man zerlegen kann.

Das Sein im ›Werden' bekommt dann das kleine Wörtchen ›ist' beigefügt, und ich erlebe diesen Augenblick als das transzendentale JETZT, als ein Etwas in das SEIN hinein manövriert, und vermenschliche den Text zum Nicht- SEIN, nur um auf meine Parallele hinzuweisen,. Sie ist ein einziger, gedachter Punkt, im Weltgeschehen, dort, wo man im Worte bleibend, sich selbst belügt, sucht man weiter. SEIN ist nichts anderes als (1) Etwas, das wie zwei gedachte Punkte nebeneinandergelegt dieses Nichtwissende Etwas –SEIN- in Begriffe hineinzulegen, damit man die Hände öffnen kann, um das Tageslicht in diesem Moment greifen zu können. Die Infinitesimal- Methode- 'zum 'Grenzwert hin unendlich klein werdend' … Meine Sicht ist keine Auflösung, sondern nur eine Verinnerlichung, wohin diese, meine Gedanken entweichen, nehme ich diesen Leitsatz mir zur Brust. Ich habe versucht das sehr einfache Kleinste verbal in diese Punkte zu verkleiden.

Lege ich diese Zwei Punkte nebeneinander, so dicht, wie möglich, dann habe ich, schaue ich –SIE- als nebeneinander an, als eine, die kleinste erdenkliche Parallele. Lege ich sie nacheinander in irgendeine Richtung Blickrichtung- dann bekomme ich die kleinste Linie.

Die aufgezeichneten, mit Tinte versehen, so, sichtbar gemachten Punkte, das ist der Praktiker A! Denkt er sich die

Punkte, dann soll der Theoretiker B sein. So sagt man! Aber auch er, der Theoretiker hat sie, diese unsichtbaren gedachten Zeichen irgendwann einmal aufgezeichnet gesehen, sonst könnte er sie nicht gedanklich fassen. Um beide, Theoretiker und Praktiker zu verstehen, da muss man an der Stelle, so, als Skeptiker fragen, um von dem Standpunkt aus Linien und Parallelen zu denken; nur so können sie überwunden werden! Verbinden sich Punkt um Punkt, und dieser Grenzwert hin zum unendlich Kleinen wird überwunden, dann komme ich auf den Philosophen Dilthey zu sprechen: »Die Blüthe ist die eigentliche Frucht, die Frucht selbst gehört nicht zum Baume, der Pflanze.«

Zeit und Raum gehen eine wörtliche Verbindung ein und der Zwischenraum ist überwunden. Jetzt besteht die Möglichkeit Praktiker und Theoretiker in einem wortlosen Wort einzubinden: zu überwinden.

Die Mathematik kommt jetzt mit A,B und X Ziele an der Zahl, und die bleiben doch: Buchstaben. ›ich‹ als kleiner Poet komme ganz allein über meine innerste Wortlosigkeit an diesen Punkt heran; und es keimt ein neuer Gedanke, um in einer Neuen Blüthe aus dem Wortlosen Gedankengut heraus die BEIDEN A,B, zu verstehen.

Ob A und B mich verstehen? Das ist völlig unwichtig, denn mit diesem Denken muss ich allein aus dem Wortlosen ›Neuronen/ Synapsen Dschungel‹ ein Milliardstel Teil zum Worte (für mich)umformen, denn nur das ich die Möglichkeit sie zu verstehen. A und B auf einen Nenner zu bekommen, das ist die höchste Priorität menschlichen Verstehens.

Der Glaube, ist er rein, könnte so eine Möglichkeit sein ihr Nichtwissen= Wissen in eine gemeinsame Blüthe umzuwandeln. Darum entsteht aber wieder ein neuer Baum A und B, Pflanze, Knospe, (das) sich hin zum Menschsein beblümen lässt. (lassen könnte). Euklid sagt: 1. Definition ist, wonach jedes Ding EINS genannt wird! Die 2.Definition: Zahl ist die Einheit der zusammengesetzten Mengen.« EINES in Einheit zu binden, das ist im Laufe meiner gedachten Wörtlichkeiten kein Problem, wenn man beginnt mit allen Sinnen zu sehen, denn dann werden Neue Blüthen entstehen, gemeinsame Worte aus dem Nichts, dem wortlosen Innersten heraus: Mensch an Mensch, EINES, um dann doch auch wieder Einheit in Vielheit erblühen zu lassen? Ja? Ja, ich SEH!

Unsichtbare Einheit: Wort.

Welch eine Phase:
Geboren!
Erde, Menschen.
Töten, einzig der Schrei.

Welch einer Gruppe Leben
bin ich unterstellt?
Köpfe- zum Töten?
Denken- zum Würgen?
Nichtmensch ich!

Welche Zeit
entlässt mich
geboren: gesichterlos
dem Worte fremd?

Ich stammele. Wie?
Der Regentropfen:
Phase einer Ahnengalerie.

Das Wort, Seele, in mir
Wörter 1,2,3,4, und so fort.
Punkte der Einheit im Rapport
und doch Vielheit: Wort!

Jedes Wort, es ist zerbrochen
hin zur Daseinsfrage, um
mitnichten vom Zeichen zu berichten
das auf einem Friedhof stand:
ein Kreuz, ein Block Granit
um zu vernichten das, was
uns am Leben blieb: Die Seele!

Seele, dieses Wort mag wörtlich klingen.
Dieser Begriff bringt mich zum Schweigen
all die Täler zu durchleuchten, die
am Tage Nachtgestalten, Übelkeit
zu hinterfragen, Sehen zu verstehen
das, was längst Vergangenheit auf dem Asche-
Wagen, und aufs Feld hinausgetragen.

Seele ist die Einheit eines Sich- Gedenkens
sich für alle Zeiten zu beschenken
Nur? im Wort allein ist die Substanz
ein JETZT, ein unerfüllter Augenblick
der in Nähe oder auf Distanz
kehrt jedes Wort in sich zurück.

So kam ich HEIM: Keim an Keim
als meine Neue Blüthe: Wort!

In der Ungereimtheit
sich dem Ich zu beugen
flieht die Eingenommenheit
im Ich zu sein

wie ein Mondlichtlächeln
in die Feder meines Denkens
und? wird wieder, Stein an Stein,
ein buntes Bildchen: Mosaik!

Die Sternenvielfalt eines Augenblickes
eingefangen in ein JETZT von ›Zeit
und Sein‹, sie beginnt die Sinne
zu beglücken, aufzusehen …

abzulassen von dem Schein
außerhalb des Wortes: Stein zu sein!

›(:) Parallele, (..) Linie,‹ (.) Einheit der Parallelen und Linien.
Das Problem Sprache als Problem.
Als »Romantischer- Realist«, Heute, am Rande zur Wortlosigkeit, die wahre Sprache des Einzelnen entdeckt. Praktiker, durch jahrzehnte langer Handwerksarbeit. Theoretiker, durch ebenso langes Studium als Gasthörer an Universitäten und letztendlich mein Literaturstudium am Johannes R. Becher Institut mit Abschluss-Diplom der Universität Leipzig (DDR-Zeit)!

Somit war ich diplomierter Poet. Die meine Sprache veränderte sich in der DDR nicht, sie verfeinerte nur den Praktiker und den Theoretiker, um so, tiefer, hin zum Wortlosen (Selbst) im Sinne Fichtes Ich =Ich, die Auflösung des Unendlichen Raumes, der Zeit, im Worte zu lösen.

Gut blieb gut, und Böse blieb böse; nur die Inhalte, sie wechselten sich, wie gehabt, von Augenblick zu Augenblick. DDR+BRD lösten sich auf in Mensch, auch, wie gehabt. Nur? ich fragte mich langsam warum? Mein Problem war nicht die Masse Mensch, sondern die Vielheit im Einzelnen; dort, wo Euklid definierte: 1., Einheit ist wonach jedes Ding EINS genannt wird. Und 2., Zahl ist die EINHEIT der zusammengesetzten Menge.

Ich löste DDR und BRD auf, wie immer, und fand Menschen. Diese Vielheit zergliederte ich weiter, im Sinne Sokrates, in der steten Auseinandersetzung, am Ende einer These mit einer neuen anderen These die These vordem, aufzulösen. Da stand ich am Ende vor einzelnen Menschen, und jeder EINZELNE wurde Vielheit in sich. Da begann das Problem ›Wort und Zahl‹ sich zu vermischen(zu verselbständigen) und eine Neue Vielheit entstand. Ein Trugschluss übelster Art entsteht, wenn man in dem Moment nicht über seinen eigenen Schatten springt, um über die Wortlosigkeit, von Einheit auf Einheit, die Symbolik klar macht, sich irgendwelcher Zahlen zu unterwerfen.

Glaube und Wissen geben sich in diesem Moment die Hand und aus Fichtes Ich = Ich fliehen Bilder in den Gemeinsamhorizont, um dort in EINER –Einheit- Vieles –Zweiheit und (mehr) zu sein!

Diese Zweiheit ist der Punkt (so ich) wo man ganz allgemein nur über die Wortlosigkeit, zu sich selbst, die gegebenen Antworten findet. Kein Zwiegespräch wird EINS, und doch wird an dieser Stelle, das Ding Euklids zum Fragenden Selbst, das dem anderen Selbst Rede und Antwort steht.

Alle Probleme dieser Welt sind auf diese Weise sprachlich zu klären, bis auf den Punkt, wo die Sprache an die Barriere stößt: Glaube = Wissen, Glaube (Religion. Recht, Gesetz etc.) = wird zum ureigenen absoluten Wissen umgewandelt. An der Stelle löst sich Ich = Ich auf, und es stehen sich zwei unzertrennliche Gegenparteien gegenüber. An der Stelle muss selbst Ich= Ich aufgelöst werden, um einen sprachlosen Raum, eine Neue Zeit einzuläuten. A ist nicht mehr A, und B ist nicht mehr B; der Praktiker und der Theoretiker fanden zwar Im Ich= Ich zusammen, um sich zu verstehen, aber? um den Anderen, der ein ähnliches Problem vor sich herschiebt, um ihn zu verstehen, da muss etwas Gewaltiges geschehen: das Phänomen Sprache muss sich der Symptomsätze entledigen, um den Anderen verstehen zu können.

Beim › Das Sein im SEIN‹ bin ich gelandet: verstehe mich im Wortsalat mein Ich zu entkernen, um das Nicht- Wort- SEIN an den Rand der Sprachlosigkeit einzuordnen, das Raum-Zeit-Wort-lose (Indiz), mit der Sprache irgendetwas zu bewegen.

In Verbindung mit dem Wort Ablasshandel will ich den Versuch wagen mein innerstes Anliegen ein wenig zu verdeutlichen. Hier fand ich Unterstützung bei einem Vortrag von Carl G. Hempel in »Naturwissenschaft und Geschichte« im Buche ›Neue Wissenschaftliche Bibliothek (Philosophie)‹ Verlag Kiepenheuer+ Witsch‹!

Wie baut sich so eine Vielheit auf? Das kann ich an einem passenden Beispiel klar erläutern. Als in Hamburg, Zeit der Arbeitslosigkeit, der Hafen nicht mit Maschinenkraft etc ausgebaggert wurde, da sagte mein Vater: »Endlich eine Partei, die was für den einfachen Arbeiter unternimmt.« Er wählte diese Partei. Als aber EINS zu EINS sich zur Mehrheit band, und eine unüberschaubare Masse wurde, und das Gesamthandwerk in die NSDAP eingegliedert wurde, da sagte Er: Nein! Man nahm ihm seinen Betrieb und er musste in den Sachsenwald als Holzfäller sein Brot verdienen. An der Stelle beginnt die Geschichte sich zu verwirklichen, ADOLF wurde mächtiger: Tag um Tag. Hier beginnt das 1 000 jährige Reich: und nachdem wusste niemand mehr: warum! Mein Vater wusste! Dieser kurze Weg, dort wo EINS zu EINS sich findet; dort beginnt die Macht; oder im umgekehrten Sinne, die Gegen-Macht.

Carl G. Hempel: S/ 127- Um das Vorkommen eines historischen Phänomens verständlich zu machen wird ein Historiker häufig eine ›genetische Erklärung‹ geben, die die hauptsächlichen Stadien in einer Folge von Erkenntnissen, die zum betreffenden Phänomen führten aufzeigen soll.«

Z.B. den Ablasshandel zu Luthers Zeiten und weit vordem. Die Ursprünge, sie gehen bis auf das 9. Jahrhundert zurück. Als die Päpste stark mit dem Kampf gegen den Islam beschäftig waren. So berichtet C.G. Hempel weiter. An der Stelle falle ich ein mich in diese Zeit des Ab- lass- Handels hinein zu versetzen. »Wenn das Geld im Kasten klingt, die Seele aus dem Fegefeuer springt,« diesen Satz nahm ich noch aus der Kindheit (Schulzeit) mit ins Erwachsein hinüber. Durch die Flüchtlingswelle, die auf Deutschland zurollt bekam ich im Traume seltsame Denkanstöße. Aber? zurück zum Ablasshandel. Alle Daten C.G. Hempel. Die Ursprünge des Ablasses gehen bis in das 9. Jh. zurück, als die Päpste im Kampf mit dem Islam beschäftigt waren. Durch die Lehren ihrer Religion bekamen die mohammedanischen Krieger die Versicherung in den Himmel zu kommen, sollten sie im Kampf fallen.

Die Verteidiger des Christlichen Glaubens befürchteten ihre Vormacht zu verlieren, und boten reguläre Buße für die Sünden ihrer Krieger feil. Dann Johannes VII., im Jahre 877, versprach die Absolution für die Kreuzfahrer, die im Kampf ihr Leben ließen. 1199 anerkannte Papst Innozenz III. Geld als angemessene Qualifikation: Kreuzzug-Ablass. Jubelablässe für Pilger usw.! 1300 brachte der Jahrhundertablass riesige Geldsummen ein. Um an diese Schätze mehrmals heranzukommen begrenzte man diese Jubelablässe auf 50, 33, und dann auf 25 Jahre. Später dann wurde dieser Jubelablass nicht nur in Rom für die Pilger berufen, und somit in ganz Europa durch Händler durchgeführt, um dem Zahlenden die Sünden zu erlassen.

1477 sprach Sixtus IV. dem Ablass die Macht zu, die Toten vom Fegefeuer zu befreien. Die Pest zu Wittenberg ›1527-1535‹ …: Luther dann, begann mit seinen Thesen vor allem mit dem Übersetzen des Bibeltextes ins Deutsche sich diesem Irrglauben zu widersetzen. Das ist derjenige Punkt, den wir, die, die sich als EINS im Menschsein sehen, dort, wo Glaube sich immer auf Nichtwissen aufbaut und im Wort der herrschenden zur Macht wird(werden kann), dort, in diesem

Moment muss, sollte, jeder EINZELNE aufstehen und nicht ›Heute‹ dem übermächtigem PC-Doktor Allwissend zu folgen, das Selbstdenken aufzugeben.

Thema der Woche: Krieg gegen den IS-Staat!

Wann endlich sagt man der Menschheit die ureigene Wahrheit! Alle Religionen sind Glaube = Nichtwissen! Hier liegt der Kampf der wahren Menschheit. Alle Glaubensrichtungen sind Nicht-Wahrheiten! Warum dann Glaube? Dort, wo er im Einzelnen wortlos ins Innere gelangt, dort ist er (wahr). Dieses Wahr muss aber der Einzelne mit seinem »Selbst-Eigen-Wort« ausmachen. Und dort, wo er, der Einzelne mit seinem wahren Glauben sein Ich befreit, dort bleibt diese Wahrheit aber Einzelnes- innerlichstes Selbst: seine Wahrheit.

Wird daraus aber Wort, nach außen, wird es Machtanspruch Glaube = Nichtwissen, und man löst sein Innerstes auf! Aus Einzelnes wird Vieles! Das ist die Gefahr bei jedem Wort, denn dann wird daraus unumschränkte Wahrheit: Macht, Verdummung, Ausbeutung. usw.!

» Wenn das Geld im Kasten klingt, die Seele aus dem Fegefeuer springt!« Das war die Kampfansage der Päpste, schon ab 9. Jahrhundert gegen den Islam. Jedes Wort ›Wahrheit‹ ist somit einzeln, wie die Zahl der Wesen auf Erden. Lasst uns endlich Menschen werden: dort beginnt der wahre Kampf.

›ich‹ irgendein Leser: AB!

Sprache Du
mein Hirngespinst der Sinne
sage mir wozu,
wozu das Netz der Spinne
das Du wandest unverblümt
vorbei am ›ich‹ Dich zu versteh'n.
Sollte so ganz unverblümt
das Wort, im Netz vergeh'n?

Sprache Du
mein Einzel- Zeitedikt-
sage mir warum,
warum ist so verzwickt
Deine Einheit in der Vielheit
zu verstehen, wo allein
soll denn Dein Wort mir enden?

Einheit sie ist stets ans Wort gebunden.
Öffne Deine Augen, um zu gesunden.
In der Ich- Zufriedenheit den Kelch zu lieben
in der Allheit ›ich‹ im Selbst verblieben.
Diese Sinne zu verstehen
musst Du steile Wege gehen
in das Labyrinth im Sternenhimmel
Sternenstege mit dem Blick, auch das linke
Bein zu täuschen, um den Gipfel- Vielheit-
Schritt um Schritt zu deuten, denn
das rechte Bein betritt, so dann, die Stufe: Zeit.
Sprache, du hast mich vom Wort befreit.

Und doch bin ich im Orte angekommen
geschlossnen Auges Deine Blicke angenommen
den Rapport 'Gegangensein' wortlos einzukreisen

mich vom Worte zu enteisen
stufenlos Dich zu versteh' n.

Blühen ist angesagt

Fruchtbarkeit. Du strahlendes Antlitz
Frühlinge in den Arm zu nehmen.
Das ganze Tal mit Wörtern ist belegt.
Deinen Atmen neu gestaltend- Liebe-
überdenkend. Das Halten, das Verstehen
aufgegeben: einfach menschlich sein.

Hinausbeben mit Händen in Blumenmeere.
Lichter- Zauber im Verkehr, das Auge
in weiße Bögen hineingebären. Früchte
erkennen im Knospenbeben, das alleine
soll mein Leben von Alltagketten befrei' n.
Nur ... da ...zu ... sein.

Musik in der Seele. Die Lüfte beben.
Das Herz trinkt den Tau, der himmelwärts
floh: All zu erkennen! Sehnsüchte benennen. Im Winterzauber zu vergessen
das Blühen, die Frucht und die Zeit.
Die Knospe ›Blatt‹ will werden ...

ein Wort am Horizont: Blühen ist angesagt!

Ich verweigere den einen Schritt zu gehen
außerhalb der Andacht zu verstehen
auch nur einen Satz dem SEIN zu stehlen
mich als Einheit SELBST zu wählen.

Also schwieg ich, wortlos, und doch redend, so
im Sternenlicht, der Sinne taub, wo
am Ende die Ernüchterung der Stille
in das Schweigen einfällt, Wort zu sein.

Also rede ich mit meinem Worte.
Aufgelöst die Stille und der Schrei.
Auch das Morgenrot aus der Retorte
macht das Wort von aller Vielfalt frei.

Eins geworden in der Überlastung
von der Einheit Worte hin, so
ganz allgemein ist die Verkostung
in dem Ich den Ort zu finden, wo

die Ich zu Ich Befragung
galt dem Licht, und auch dem Ton
in der Vielheit, diese Ich- Entsagung
Morgenrot ist der Belohnung Thron!

Einheit, Vielheit in dem Einen(1) Ich
bringt mir die Ernüchterung für sich
Muttersprache über alle Zeit erkannt
tiefste Energie- für Mensch und Land!

SEIN und ›Sein im Werden‹: Über Märchen zur Wahrheit

Spiegelbilder/ Frühlingsahnen

Jedes Zurück ist auch ein Voraus!
So steh ich vor dem Tor: Geboren!
Die Hände geöffnet, wie
Großvater, wenn ER über die Felder schritt
die Wanne vor dem Bauch, Dünger
über Keime verteilend, diese Bilder
nehme ich ausgeträumt mit, in

die Neue Zeit. Abgeschlossen jene Träume
Kindheitsschäume, Jugendzeit. Erste
Liebe wird zum stillen Hort, eingeschlossen
unterm Reif des Winters, mit dem Schrei
Kälte zu durchbrechen. Im Wort
mit dem Teufel zechen, für
die Saat, die mich erkennen ließ.

Jedes Zurück, ist auch ein Voraus:
mein Lächeln für das Wort: Arkadia!

Spiegelein, Spiegelein an der Wand
ich bin das Wort in deinem Land
bin Links, bin Rechts um zu gesunden
bis das wahre Wort gefunden.
Ich schau hinein, Selbst, Spiegel
Bild geworden: Schein!
Das Wort, es grollt verschlagen.
Du reinigst es, damit die Illusion
in Echt, mit Dir, einst reden kann.

Spiegelein, Spiegelein an der Wand
ich allein, stell Dich drauf ein,
bin Tat ›das Wort‹, die
deine Seele zu bebildern.

Auf Wirrnissen der Meere blüht
ein welkes Licht, nimmt mir den Atem.
Und? mir fällt ein, der Spiegel ist' s
der Trübsal bläst, der mir
das Langersehnte schmäht.

Dann stellt sich ganz von selbst
Wahrheit ein. Falsch übersetzt? So
ist dieses Wort gar fälschlich? »Nein!«
sagt dann das Wort ganz allgemein: Dreh

das Wort doch einfach um. Wird
Deine Übersetzung anders sein? Dann
ging verloren Dir im Moor das Selbst.
Der Mohr, das Wort
hat sein Schuldigkeit getan!

Spieglein, Spieglein an der Wand …!

Streitgespräche

Verhagelt die Ernte. Das liebe Wort
vergessen. Die Krönung Ich-Sein ist
bedauerlich zerstört: ungehört.

Am Landgang den Fluss vergessen.
Am Ufer die Zeit ersessen.
Grünes Gras jungfräulich gefreit!

Gehe. Trübe Gedanken gebären.
Das Abendrot mit den Sinnen
verstehen. Aufsehen in Eis.

Die Nacht vollbringt das Wunder
Tage zu gestalten: Verhagelt
und doch Licht … Diamantenklar!

Der Glaube: Wort

Morgens noch in Milch gebadet
Eselsmilch. Abends, verhungert
trunken zum Stelldichein.
Reinwerden- porentief- Licht
gebären. Das aufreizende Geständnis
›arm‹, als Trunken, sich
zu zerstückeln. Kleine Ameisen:

Menschen beißen sich zu Tode.
An den Grenzen geben sie
Ihr Land durch einen fürchterlichen
Tod aus der Hand. Zerstückeltes
Fleisch am Boden, im Staub, und
die Stimme des Himmels milchig taub.

Morgens noch in Milch gebadet:
Wort an Wort, blütenrein-

Bärenjagd in Russland (2002)

Endlich werden die Grenzen geöffnet
für den Millionenschuss: ein Bär.
Russland am Rande der Frei-
giebigkeit, Leben zu verkaufen:
überall. Visum für den Grenz-
Gang zwischen Hand und Verstand

… auf Beiden Seiten. Wagenräder gesammelt
Leiterwagen groß und schwer. Hunger-
zeiten- Kriege- Goldene Weiten-
für den Handelsmann: Infrastruktur.

Auf der Tenne weht mir Stroh
entgegen, in die Augen in den Sinn.
(Das, der) Korn* ist gebrannt: Das Leben glüht.
Bärenjagd, 2002-ein Neuer Beginn! Wohin?

* Korn, Wodka …?

Steinzeitalter- ohne Stein
ist ein Weben, wie? die Hand, die
zum Buche greift, um zu überleben:
jene Endloszeit dem Jetzt
zu untermauern, auf zu steh' n.

Langsam gehe ich ab Heute, meine Wege.
Jede Sprosse, Wort, wird mir zur Stege
mich zu erkennen
Steine zu benennen.

Dort, ein Fels, Hier? Steine!
Das soll Zeit im Wort bedeuten?
Die Weltzeit ist dem Scheine nach
Stein; Begriffe zu enthäuten
der Kriege- Macht und Gier-.

WER? wer macht die Erde krank?
Der Mensch, als Geschwür, Steine zu säen
als Denkmal sich als Gott zu verstehen.
Das ist der unendlich blinde Göttertrank.

Der Schatten, Denkmal, ein armer Wicht
verkümmert in der Seele im Lichtverzicht.

Alle Macht der Zeit
ist im Geleit des Jetzt
in Einheit verbunden

dem Augenblick zu fronen
das Selbst zu belohnen.

Der Mächtigste kehrt den Reim
aus dem Schatten
in das Licht, ganz allgemein

das ist des Begriffes Keim
als Mensch –stets- wahr zu sein!

Wille ist im Wortlaut verstohlen
ganz banal ein Kaufangebot:
Gemüter zu stillen im Lot.

Einheit und Vielheit leitet der Verstand
vom Ich zum Wir aus einer Hand
das ist die Macht der Zeit: weltweit!

Ich gehe
von Wehe zu Wehe

und der Schnee
knirscht unter meinem Schritt

der eingebläuten Wörter mit.

Von der Ferse in die Zehe
im gleichen Tritt

hin zum glorreichen Sieg.

Menschsein
ist, der verbohrteste Ritt

denn die Wahrheit
entscheidet allein der Sieger im Krieg.

In der Niederlage Mensch zu sein?
Dort finden wir uns Alle wieder ein

Sieger und Besiegte? Die Macht
alle Wahrheiten stets verlacht.

So gehe ich weiter-heiter-
von Wehe zu Wehe! …

… ich gehe …

Auf dem Acker, gehegt, gepflegt
ausgesät, das, was keimen soll.

Auf dem weißen Blatt, programmiert
ausgesät, wer im Recht der Macht stets verliert.

Auf der Hand ein Samenkorn, ein neuer Begriff
ausgesät, dann, ein Baum, ein stiller Ort am Riff!

Schwanger schon lange, er, der denkt und fühlt.
Der Boden ist bestellt; wenn nicht unterkühlt

dann? kann ernten Er von der Erde Das
was füllt die Gedanken und des Magens Fass!

Auf dem Acker ›ich‹. Wohin?
Oft weiß ich nicht, ob im Sinn

man den Acker zu bestellen vergaß
trostlos das Wort, und verwelkt ist das Gras.

Wer ernten will, der muss erst Pflügen, Säen, Hegen
auf Sonne wartend und auf Regen

um endlich, den Wagen, voll belanden
heimzuführen des Kornes Fladen

die ungefleckte alte Sinnlichkeit
Mensch zu sein, im Worte der realen Zeit

Und? Auf dem Acker: Ich!

Phase II

Das Licht im Schatten der Wörter

Diese Welt ist eine Sinnlichkeit voller überdimensionaler Verstrickungen
im Alter, zurückversetzt, um ca. 50 Jahre, da erfüllt sich durch den Zeitgedanken jene Vielfältigkeit, einzusehen, das, was Liebe war oder gar Leid.

Die 1. Etappe: Geburt. Die 2., die Kindheit, die 3. dann, die Jungendzeit. Nr. 4: das Erwachen, der Traum auf der Suche nach Liebe und Zärtlichkeit. Die 5. dann: das Alter. Rückschau auf diese 4 von mir ausgewählten Punkten, um rückwirkend all die Träume und Schäume zu deuten, was alles Liebe, tiefste Suche nach dem Ich, in der Zeit, als Traum oder Schaum zu deuten war.(ist!)

Diese Welt ist in der Sinnlichkeit, Bestand, eine Substanz, gelebt, geliebt zu haben, ohne Furcht und Tadel, zu bekennen: Liebe zu benennen! Zwischen Punkt 4 und 5 liegt ein Wissen, jenes Wissen, das sich auf die Suche begibt, Liebe, zwischen eins und vier, analysiert, ins Tagebuch meines Lebens aufzuschreiben, damit ich das, was nach Punkt 5, auf der Tagesordnung erscheint, in das Neuronen/ Synapsen/ System ›Gehirn‹ aufnehmen kann.

Dem Vorgelebten als Bestand Licht und Schatten zu verleihen. Diese Welt: so wie sie ist, eine Sinnlichkeit voller überdimensionaler Verstrickungen.

Ich bin gefangen, in meiner Seele, Licht zu gestalten. Die Schatten der Vergangenheit, im SEIN, sind Trost in meiner Ich- Verachtung als Mensch, die Sich- Verkostung, in die Welt hinauszuschreien.

Am Anfang war das Wort, das unbeschreibbar dieses Ich in allen Tiefen auszuloten suchte. Mit Zeichen die das Textvolumen Seele in die Diallele, wie ein Hamster in dem Laufrad, hinter Gitterstäben nächtlich seine Runden lief. Laufen alleine, das war sein Ziel? Oder suchte er in diesem Zeitgeschehen an der Zeit zu drehen, die Ich-Gefangenheit der Seele zu befrei' n?

Meine Hände halten den Stift, der Buchstabe auf Buchstabe ›die in sich im Kreise bewegende Art des Schließens‹ in das Hamsterrad hineinbegibt, um das Aneinanderreihen, das irgendeinen Text ergibt: auf der Suche nach Frieden, Friede zu ergründen. Ich weiß, das dies Krieg bedeutet, denn die Widersprüchlichkeit, alle Endlos-Einheiten einzufangen in einem Wort, es werden Zeichen bleiben: dieses klappernde, ratternde nächtliche Hamsterrad auf der Suche – Krieg und auch Frieden- aufzulösen, um in der These die Grundthesen in meine Seele einzuatmen, wenigstens am Ende aus diesem Hamsterrad aussteigend, mich zu versteh' n; um es danach nie wieder zu betreten. Warum? Ich habe die Seele gefunden, meine … und beim Niederschreiben, da, war ich schon wieder in diesem Hamsterrad und meine Hand sie formte mit der Feder: Zeichen auf Zeichen.

Somit kam ich zum Schluss, Lichter zu gestalten, jenseits das Diesseits zu bewörteln, um die Hände vom Gänsekiel zu lösen, um mit der Tinte die Vergangenheit aus dem Rade –sich- zu befrei' n.

Und ich begann die toten Zeichen in das Hamsterrad hineinzulegen und betrachtete –Krieg und Frieden- als ein menschlich säuselndes Machtgehabe, alle Gegensätzlichkeiten auf den Müll zu werfen.

Und ich begann, als Seele, Selbst, das Licht zu formen, und war erstaunt, es kam kein Wort heraus, ich war in meinem eigenen Frieden: ZUHAUSE! Wo das ist? Das verrate ich nicht, um nicht die alte Leier anderer Vielheiten Einlass zu gewähren; und schon sehe ich wieder die vielen Hamsterräder und die Suchenden, die im Hass und Gier dem Anderen Krieg und Frieden aufzwingen wollen.

Gefunden heißt – Frieden und Krieg in das wortlose Reich der Seeleneinheit einzureihen: einfach da zu sein!

Mein Sonett mit einem Zusatz

Geboren, das ist tiefstes Licht: Empfinden!
Eltern, Oma, Opa zu erfreu' n.
Sich ein Lächeln abzuwinden
das Grau im Alltag zu zerstreu' n.

Mutter glücklich, nicht am Toten-
Sonntag ich geboren. Montag, 1 Uhr Tagbeginn.
So umflatterte die Zeit um fröhlich auszuloten
das, was Eltern, so, kam in den Sinn.

Aufgalopp, so möchte ich das Leben nennen.
Einen Startschuss, froh, der erste Schrei
Licht und Schatten zu erkennen
Manche Träne, sie, war auch dabei.

Meine Kategorie das Jenseits Diesseits aufzubauen
wo kein Licht und Schatten ist zugegen
Diesen Himmel, grenzenlos zu schauen
öffnet jedes Wort um zu zerlegen

Das, was menschlich schattenhaft und rein
mag am Ende nur ein Anfang sein.

Die Sieben(7) Weisen des Alten Griechenlands
herausgesucht in Nachschlagewerken der Zeit.

1. Tüchtige Staatsmänner
2. Richter
3. Gesetzgeber
4. Denker
5. Erfinder
6. Dichter
7. …aber vor allem in praktischen Lebensfragen Rat- Wissende.

Zur Weisheit bleibt der lange Weg, jene Strecke, die Suche nach der Wahrheit.
Der wahrhaft (7.) siebente Weise, der in praktischen Lebensfragen Rat- Wissende, er wird, da ER weiß, zuerst zum Giftbecher verbannt (so Sokrates), um dann, als Weisester in die Geschichte einzugehen. Oder? man schlägt ihn ans Kreuz und macht Ihn,von Schuld gepeinigt, dann zum Gott.

Und die restlichen Weisen? Niemand fühlt sich schuldig, sie waren doch zu Lebezeiten schon WEISE, unanfechtbar- so und auch so gesehen

Armer Sokrates, Dein Wissen um das Nicht-Wissen war Dein Glaube an den Geist der Menschheit. O d e r?

Arnika

Goldgelb
Du Antlitz der Sonne

als Spross
zur Erde
heimgekehrtes Kind.

Sonnenlicht- Gebären
Blütenkörbchen:
Lächeln als Geburt.

Tinktur, Du
im Sonnen-Tau geboren.

Eine Nacht bricht
hinein in den Tag

als Macht der Natur
ein Mensch zu sein.

Und im Blütenkörbchen:
Die Geburt…

Das kleine Wörtchen Arnika.

Werkzeug Sprache

In Kindeshand schwingt, fröhlich triumphierend
eine Keule, aus dem Astgewirr herausgebrochen.

Der Junge Mann, den Schraubenschlüssel
in die Hände nahm, um zu kreieren, was
zum Denken anregt: wird's getan.

Der Mann, dann fand im Worte dort, dann
jene andre Waffe, am Leben zu erhalten
mit dem Werkzeug Wort, Die Feuerbälle
›Hass und Neid, Macht und Gier‹ zu schienen
der Menschheit wahrhaft, wahr zu sein.

Im Alter, dann verwegen, die Kluft des Geistes
zu bewegen, Muttersprache, die uns formte
Mensch zu werden, um nicht blökend
wie das Vieh im Stalle, oder auf der Weide …

mit der Keule, mit dem Schraubenschlüssel
und der schnöden Macht, um Gut und Geld
das Wörtchen Mensch zu lösen aus der großen Schüssel:
Werkzeug/ Sprache, unser Aller, höchstes Gut der Welt.

Lichtgeburten, Flüsse des Lebens

Jenseits von Licht und Dunkelheit, dort ist meine einzige Kategorie anzusiedeln. Kein Ort, kein Punkt, nicht einmal ein Wicht der mit der Kerze »Philosophie« ein Licht entzünden möchte: vor Ort.

»Jenseits von Gut und Böse« so schrieb Nietzsche sein Werk mit Gut und Böse-Partikeln weiter fort, hinein in einen anderen Horizont. Jenseits von Gut und Böse ist das, was schon die Indische Baghadvagita so betitelte: »Macht Euch frei vom Paar der Gegensätze!«

Nietzsche benutzte also diesen Satz: ein Plagiat! Jedes Wort, gegeben, erfüllt die Zukunft mit Raum und Zeit. Auch Gut und Böse bleibt bestehn, auch wenn man beide ins Abseits treibt und wiederholt. Das was vordem schon oft »jenseits von Gut und Böse« war zu verstehen. Im Grunde wiederholt sich jedes folgende Wort mit einem anderen Gut und Böse, wie gehabt.

Mein Gut soll einfach nicht Dein Gut sein; das ist der EINZIGE Grund dieser These, die meines Erachtens nicht zum Ende gedacht wurde, da sonst an dem Punkte alle Wörter, nicht nur Gut und Böse, enden müssten.

Machen Sie' s aber nicht, das ist das Problem: Wort, wenn man es erkennen kann oder will. Jenseits von Licht und Dunkelheit: das gleiche Problem. Lösche ich das Licht, dann setzt die Dunkelheit ein. So sagt man. Haben die Augen, nach dem Löschen des Lichtes, sich an die Dunkelheit gewöhnt, dann? dann erkennt man langsam, ganz langsam eine andere Welt: Jenseits von Licht und Dunkelheit! Wie beim Gut und Böse auch!

Das Problem, so meine ich, das ist das Wort im Wort, eine Metapher, die man mit Wörtern belegt!

Heidegger schreibt: »SEIN ist nicht definierbar.« Und doch er definiert. Allein die Tatsache des Auswurfes: »SEIN ist nicht definierbar« setzt voraus, das, was nicht zu erkennen, nicht zu benennen ist, in ein Wort einzukleiden: er definierte!

Jedes Wort ist am Anfang »Masse oder Einheit« je nachdem wie man als Artikulierender es verstanden haben möchte.

Was der Andere dann aber versteht, oder verstehen möchte, das muss im Grunde vorher abgeklärt werden, da sonst jedes ernsthaft geführte Gespräch zur Farce wird, zum Ratespiel.

Im Computerzeitalter ist das Alles viel einfacher, man schickt ein Smiley- Bild hinaus in den Äther und meint dem Gegenüber ein Lächeln zu übermitteln! Auch das ist nur ein Wort, im erweiterten Sinn, ein sehr lächerliches Wort, da man auch hier das schlimmste Plagiat benutzt, was sich der Mensch nur ausgedacht hat, da dieses Modul, diese »Schalteinheit« sich selbst in aller Form ins Abseits stellt!

Fichte schreibt: »Die intellektuelle Anschauung ist der feste Standpunkt für alle Philosophie.«

Oder man schreibt: »nimm Dein i-Pat und klicke auf Seite 4, dritte Zeile von oben, Nr. 7, das empfinde ich für Dich. Und dort sieht der Angesprochene, Angeschriebene diesen lächelnden Vollmond! Jetzt bin ich tatsächlich jenseits von Gut und Böse von Licht und Dunkelheit, dort wo »Heil« und »Sieg Heil« usw. angelangt, wo in übelster Art uns Menschen diese Floskeln untergejubelt werden. Selbst Gott wird im PC ein Klick jenseits von Gut und Böse: SEIN? Muttersprache, wohin führst Du meine Sinne?--- über Alle Wörter hinaus: zur Einheit, die in jedem Wort zuerst unerkannt ist, so wie das Gute im Bösen, und das Böse im Guten, das ist der einzige allgemeine Hinweis des Philosophen F. Nietzsches, wenn er schreibt Jenseits von Gut und Böse zu sein. Dann ist er nämlich in seinem ureigenen Gut oder Böse zu hause, in seiner Einheit, um mit Dir über diese Einheit (die im Grunde, als Wort, Vielheit –Allgemeines- ist) in ein tieferes Gespräch mit Dir eintreten möchte.

Denn sein »Gott ist tot« ist nichts anderes als über diese verteufelte Vielheit von Gut und Böse nachzusinnen. Z.B. »Krieg und Frieden«, wieder so ein Buchtitel, der doch den Einzelnen nur verwirrt. Als »Romantischer- Realist« löse ich BEIDE -Ein- und Vielheiten auf- um im These- Antithese Bereich, mein Einzelnes zu formen.

Zum unendlich Kleinen, dort gebe ich mir selbst eine(meine) Antworten: Sie sind unzertrennbar in der Folge. Löse ich Beide auf, dann bin ich jenseits von Gut und Böse in meiner Welt der wortlosen Einheit angekommen, jede Sokratische These mit einer Antithese aufzulösen, um frei zu sein, in der Gefangenheit des ›ich‹!

Alle Kategorien, ob rund/ eckig, links /rechts, usw. enden in meiner einzigen Kategorie, dort, wo alle Wörter geboren werden, im sichtbaren /unsichtbaren Punkt (Praktiker und Theoretiker). Und die Milliarden Gehirnzellen, formen, rätseln, um irgendein Zeichen (Wort, Hinweis, Merkmal usw.) durch die Hand aufs Papier zu bannen. Was kam heraus? Masse! Ein Wort! Z.B.: Ich!

Über ein Nicht –ich, so gelange ich dann in die abgekoppelten Einheitsbereiche von Sein, Zeit und Raum auf meine Endfrage, die sich im Grunde ständig wiederholen lässt: Wieso? Warum?

Um diesen Punkt zu tilgen, da nützt mir auch die Mathematik nichts, auch wenn sie, per X und Z minus 1 etc. mir Lösungen verspricht.

Mein Leben ist ein Etwas, eine geöffnete Parallele, zwei gedachte Punkte nebeneinander, die ein Licht (ab von Tag und Nacht) nur als eingedeichtes Zeichen in den Händen hält. Dieses Wort, ungeboren, wie der gedachte Punkt, er öffnet den meinen Gedanken, dieses EINE zu empfinden, als eine Gabe › anfang- und, endlos ‹ zu streichen, um im JETZT Metaphern zu finden, diese Kluft zwischen dem Wort ›der Einheit und der Vielheit‹ einen Hauch Leben einzugeben, um diesen Funken Wort in meiner Muttersprache am Leben zu erhalten.: Aller Technik zum Trotz!

Ob das Böse ist? Lasst uns darüber Krieg und Frieden teilweise vergessen, um uns am Leben zu erhalten, außerhalb von Punkten uns den Gedanken zur Wahrheit hoch zu stilisieren.

Ich lebe; ist das Friede oder Krieg?

Aufgelöst schau ich hinaus, sehe das welke Laub am Baum und spüre des Winters Fußtritte über die Wiesen gleiten.

Wenn ich jetzt nicht an Frühling denken kann, dann kann ich auch in tiefster Traurigkeit nicht das Licht in mir zünden: zu lieben, zu leben!

Das meine ich mit Metaphern. »Das sind Trugschlüsse!« meint Ihr? Na gut ihr habt Recht, bleibt Ihr im Winter, ich bin mittlerweile im Frühling und sehe und höre Vogelgezwitscher im Baum obwohl goldgelb das Laub mir den Winterabend kündigt an.

Ich bin in meiner EINHEIT »Frieden« eingekehrt. Wortlos: ich weiß!

Licht fließt ein in alle Räume.
Ungebändigt strömt das Wort hinaus.
In den Wänden hängen blieb der Wärme Schäume
in den Ecken: Farben-Sphärenschmaus.

Ausgetrunken ist das Glas. Der Schein
er fließt in feinen hellen Farben
füllt den Raum mit Zeit und Stein
mit jenen Funken Helligkeit, die Narben

die die Nacht mit ihrer Dunkelheit: umhüllt
der Raum, das Glas, der Farbe Bann.
Das Wort, mit Druckerschwärze, füllt
umgaukelnd das Papier. Und dann?

Dann schaut' ich recht genau hinein
in all die dunklen Formen.
Der Funke klein, so winzig klein
entlässt das Ich aus allen Normen.

In Dunkelheit geboren ist das Wort. Und?
Die Metapher löst sich auf.
Der dunkle Raum, das Glas wird bunt
und schaut entzückt hinauf.

Obwohl so druckerschwarz das Wort?
Licht floss ein: so mein Rapport!

Lichtgeburten, Flüsse des Lebens

Eingegrenzt mein Leben, so, im Sein
des Werdens. Dieses unbekannte Wesen, Ich
im großen Rund, ganz still, allein
Allheit im Wort, begrenze mich.

In der »différance« des Lichtgebärens
türmen sich die Zwischenräume auf
Teil der Ewigkeit zuhauf.

Unbegrenzt, ganz wortgebunden
so begrenzt der kleine Ort
den Fall, die Differenzen sind gefunden

in Allheit sie, zueinander steh' n.
Abendeinkehr eines langen Tages
färbt die Horizonte grau, so unbegrenzt

die Lichtgeburt dem neuen Tage zu
das Sein im WERDEN zu versteh' n
die große Kraft zu überwinden: Du
den Fluss des Lebens seligst zu begeh' n:

den Tag begrüßen mit erdigen Füßen
dann bin ich Daheim: Knospe und Keim
Lichtgeburten, Flüsse zu begrüßen:
in Lichtgedanken auf zu sehn.

Als Sein
bin ich geweiht
als Einzelwesen
in der Vielheit Macht
als Mensch zu leben.

Stein dagegen, das
kann ich nur lesen.
Wer sich anmaßt arg
gescheit zu sein ›Alles‹
und noch mehr, auf Erden:
die Erleuchtung ihm das Auge sperrt.

Das ganze 'Sein im Werden'
als Pilz aus der Erd' heraus
des Volkes Wiesen- Herden
besetzen so des Geistes Haus.

Zu Wort ist der Stein
als Lichtfluss blieb Erinnerung bestehn
bei einem Gläschen roten Wein
Flüsse des Lichtes als Alltag zu besehn.

Und im Arme halte ich mich
als stete Gleichung Ich = Ich!

Zwischenphase III

Ahnengalerie

Ganz befangen
hab ich angefangen
›ich‹ zu buchstabieren

um im Tirilieren
des Glanzes Lichterschein, aus
dem Auge mich nicht zu verlieren.

Also sagte ich: A ist gleich »I«
und begann mit seinem Ende
das »CH« als unbekannt, gleich X:
das ganze Alphabet war eingefangen.

So gewann ich über A und X
Anfang und Ende ganz allgemein
über die Gedanken-Brücke fix
das Ich zu buchstabieren
in Mein und Dein- für mich-
Ich = Ich!

›ich‹

Flüsse des Lebens: SEHEN
menschlich begehen.

Den Tag begrüßen
mit erdigen Füßen.

Dann? bin ich Daheim
Knospe und Keim.

Mein Streben, als Mensch, ganz klein
zu begrüßen im Sein

Kirschblüten der Kindheit
als Aufruf zu verstehen

das Wörtchen Fluss als Zeit
als Lichtgeburt zu begehen

So sehe ich unaufgefordert mich
als »Werden im Sein« mein Ich.

Ahnengalerie WORT

Dort, wo alle Zeichen weichen
endet auch das Licht der Heiterkeit.
Auf dem Acker liegen all die Leichen
die von Zeit und Raume sind befreit.

In den Plagiaten, alle sie, die wortgebunden
irgend welchen Ahnenkulten Pate steh' n
stehe wortlos ich am Hang, um zu gesunden
als Blatt im Bild, als Ich= Ich zu sehn.

In den zweigeteilten Lichtgeburten
Substanz, Materie im Ich und Du
verleumde ich, ich zu sein, in jenen Furten
Stufen zu überspringen, um in Ruh

dem freien Wort und plagiatorischen Zeichen
in einem Teil vom Ich ganz Selbst zu sein
dort, wo alles »Menschlich« möge weichen
um mich vom Ahnenkulte zu befrei' n!

Ob Mensch ich je gewesen? Ich fand es nie heraus.
in meiner Diallele schwingt der Gedanke
ohne Zeichen, mich zu sehen ein, in jenes Haus
das alle Kreise öffnet in die Parallelen-Schranke

als Wesen – Mensch- mich zu verstehn.

Nach einem Kant Seminar 1966/68

Sein im Werden –zeitlich-endlich- und SEIN, Raum und Zeit zugleich: Unendlichkeit!

Die meisten Menschen sehen in dieser Schreibweise nur den einen Unterschied: ich schrieb SEIN einmal in großen Buchstaben und Sein einmal in kleinen.

Wenige Menschen können begreifen, dass außer den Wörtern auch Nicht-Wörter bestehen. Wie können sie auch, man gab ihnen ja löffelweise zu verstehen (als Kind im Elternhaus, als Jugendlicher in der Schule, als Junger Mann im Beruf oder an der Universität) Sprechen = Denken!

Im Nicht-Wort hört das Denken auf! Diese These ist nicht definierbar, weder zum Ja noch zum Nein. So setze ich dem, was wortlos ist, SEIN, das was Wort einst (menschlich) wurde das ›Sein im Werden‹ hinzu: wobei das auch nicht möglich ist(denn wozu?) Raum zu definieren, so wie Kant es vornahm, bedeutet: Macht besitzen zu wollen, jene Macht, aus dem SEIN, das Sein zu erklären, mit Wörtern.

Die ganze »Kritik der reinen Vernunft« Kants setzt sich aus Begriffen zusammen, die a priori aufgefangen bis zum Transzendenten in einer von Kant aufgestellten These endet: »Ein Begriff ist ein Etwas = X!« Ich weiß warum, für Einige Glaube = Wissenschaft ist! Als ›Jünger des Sein‹ belächle ich alle die, die ihr geglaubtes Sein im Werden als Machtgebärde über das dumme, ängstliche Volk ausschütten. Es ist nichts weiter als das Paviangehabe, ein Etwas, das der Mensch aus dem Sein der Primaten hinübergerettet hat.

Warum sollte ich meinen Innenhof, wie ein kath. Pfarrer gestalten, der seinen Innenhof von Frauen- auch einer Ehefrau- leergefegt hat leerfegen lassen.

Der Muselman darf mehrere Frauen besitzen. In Indien z.B. müssen bei einer Sekte sich die Frauen mitverbrennen, stirbt der Ehemann.

Wie viele Innenhöfe (Werden) werden aus dem SEIN (Ist) transzendent zum Sein im Werden umgestaltet, als wäre es für sie, die jene Gesetze aufstellen, das Natürlichste von der Welt, das Wortlose in Wort und Schrift umzusetzen. Darum lehre ich (für mich) die Wortlosigkeit als Beginn des Verstehens- zu Wollen- um all den Masken den Spiegel vorzuhalten: »Seht her, mein Innenhof (Sein als Begriff EINES Lebens) Sein ist nicht definierbar. Transzendent ist diesseits anzusiedeln als Realität in eurem Innenhof.

Warum soll ich einem Märtyrer folgen, wenn ich ein Nicht-Märtyrer bin? Warum sollte ich mich wie ein Choleriker gebärden, wenn ich lieber wortlos sein möchte. Warum sollte ich nicht vom SEIN und ›Sein im Werden' reden, um vielleicht eine tote Ecke- eine Leerestelle in meinem Innenhof ausfüllen zu können?

Wie viele Leerstellen meines Innenhofes waren einst gefüllt. Wie vieles habe ich verändert: Bilder umgehängt. Vielleicht habe ich diese Bilder anderen Leerstellen zugeordnet, die vorher leer geblieben waren- schaue ich zurück. Im Tod endet lediglich das Sein (Werden). Ob der Tod uns Aufschluss gibt? Wortlos ist er dann, der Tote, das weiß ich vom Werden- Sein- mehr aber nicht.

Sein kann ich nur als meinen Innenhof- real- ins Wortlose hinauf projizieren, und dazu sagen wir dann: Himmel- und wir sind mittendrin alle GOTT?

Warum soll nicht Jeder seinen Innenhof (real lyrisch –a priori/ a posteriori) sehn? Wird er, der Mensch wortlos, dann ist sein Glaube rein! Spricht er nur mit einer Silbe, dass z.B. in einem anderen Innenhof ein Bild umgehängt werden muss, dann belügt er sich selbst (so das Wort: rein zu verstehen). Jede andere Version wäre eine Qualifikation der Urteile, und die kann und will ich nicht vornehmen.

Wie viele Bilder: von mir aufgehängt als Selbstentscheidung nicht mehr mein Selbst tragen: vielleicht alle?

Aber das ist nicht das Problem, denn ich nehme nicht in Anspruch: göttlich zu sein, und Schöpfer von Nichtdagewesenem. Ich trage zusammen- mit den Händen-. Die Füße tragen Heim manchen schweren Krug aus dem ich eigenen Wein trank (eigen, von gekauft) Nicht ein Stein ist die Individualität des Innenhofes, auch nicht das Wort,, oder das Nicht/Wort SEIN nur die Tatsache, real wie, wann, wo die Dinge ich zusammentrage: den Innenhof (Lebenszeit des Einzelnen) zu meinem Innenhof mache, das ist das eigentliche ›Sein im Werden‹. Das Bild: die Gestalt als Raum-Teil im SEIN.

Der Verfall ist vorprogrammiert. Verfall, nehme ich ihn wortlos auf; warum soll ich als Lebender nicht wortlos sein, und doch nicht tot? Kann nicht der letzte Stein des Innenhofes von Sokrates, von Konfuzius, oder Nietzsches Fußkissen, mehr für die Nachwelt sein, als Paläste? Jedes Urteil muss doch wieder zur Frage werden, lebe ich als ›Jünger des Sein‹ im Werden die Wortlosigkeit!

Jahre hing F. Nietzsches Bild in meinem Innenhof. Mutiger wäre es sicherlich Adolf Hitlers Bild- damals- nicht aufzuhängen. So hat die Dekoration der einzelnen Innenhöfe mit ›SEIN und Sein im Werden‹ nur maskenhaft etwas zu tun.

Demaskierung ist, so glaube ich, wenn ich hier eine Verallgemeinerung vornehme, eine Sache des Selbst, wobei eine Demaskierung ebenso eine neue Maskerade sein kann; gewollt auch ungewolt.

Darum lehre ich als ›Jünger des Sein‹ die Wortlosigkeit, um jeglicher Maske, durch das Wort: vorzubeugen.

Die Ahnengalerie

Ontologie. Ich weiß. Verborgen ist das Sein im Abendhimmel der Alten Gaslaterne. Die Abendwinde binden all die Kreise ein, die im Machtgebrauch den Kreis als wunden Punkt, zum Hohne aus dem Reigen,nicht in die Parallelen öffnen kann.

Alle Blickkontakte sind gewölbte blinde Kürzel einer blutbefleckten Welt, das Erkennen einzuschnüren, nur? um dem Kreislauf nicht in Einzelteile aufzubauen, jeden Punkt, am Rand des Blickes Ende, neu in eine Gerade, Punkt an Punkt, als › Ein- wie Ausgang‹ zu gestalten. Alle Rundungen sind im Kreise nur Gedankenbrücken sich im Selbst,mit Wahrheit zu beglücken, Blickwinkel einzukreisen, um dem Plagiatgedanken, im Ahnenkult der Macht am Leben zu erhalten

Das Licht der Sphäre öffnet mit der Wortlos- Schere all die Punkte mir zum Aller- Kleinsten hin, dort, wo in den Synapsen und Neuronen all die Milliarden Wortloskulturen die Wörter verbrennen, mir, um frei von der Vielheit Zeichen, XYZ, bei einem Neuen A lautlos zu beginnen.

Wieder nur ein Zeichen? Meint Ihr? O.K.! Aber? Dahinter ist für Alle Anderen die große Leere. Für mich ist dies das ganz Große Erkennen, diese Leere mit meinen Zeichen aus der Vielheit zur Einheit zu gebären. Im Sinne Euklids: Die 1. Definition« Einheit ist wonach jedes Ding EINES genannt wird!« Die 2. Definition:« Zahl ist die EINHEIT der zusammengesetzten Menge.«

Auch ich bin nicht frei von Plagiaten. Aber? meist erkenne ich sie und gebe sie preis bei jedem Wort aus der Ahnengalerie. Dort bleibt die Muttersprache im ERGON (Stillstand) Totgeburt, statt in der ENERGIE des Selbst sich ständig zu erneuern, wie das Blatt am Baum, wie die Knospe, die im Frühjahr neue Blüten treibt.

›Ich liebe Dich‹ als Einheit und nicht als Vielheit (als Plagiat) zu verstehen. Das Jetzt, der Augenblick alleine entscheidet das Wortlose SEIN in diesem Rapport zur Energie zum wortlosen offenen Zeichen in diesem Plagiat› ich liebe Dich‹ EINS, nämlich Selbst zu sein.

Ontologie, Die Wissenschaft vom Seienden, sie schließt das Wörtchen SEIN aber aus, da es, so Heidegger, nicht zu erfassen ist. Manche Wissenschaft endet, wie Ihr Beginn, Glauben in Wissen umzuformen. Denn der wahre Glaube, ER ist wortlos, darum plagiatfrei, aber? nur dann, wenn er wortlos bleibt: Selbst dem Selbst!

Das ist mein ureigener Grundgedanke der Ontologie, meine Wahrheit vom Seienden im Nicht-Wort SEIN!

Qualität und Quantität
»Romantisch- Realistisch«

Das Ich hinter dem Spiegel zeigt Dir die Qualität. Wenn die Quantität all der Bilder, die Du gesehen, als Trug dem Ich Dir zu Qualitäten werden lässt: dann schreite ein.

Vor dem Spiegel bist Du Glanz, ins rechte Licht gesetzt. Doch merke, Qualität vervielfältigt sich nicht, das siehst schnell Du ein, schaust Du in Dein wahres Gesicht. Das sollte für alle Menschen Groß und Klein einziges Bild dem Wesen sein, am Spiegel jeglicher Art vorbeizuschauen.

1882 kam Friedrich Nietzsche nicht nach Sils Maria (Schweiz) Lou Salome war der Grund. Nach Beendigung dieser Beziehung, egal wie man dieses Wort beugen will, und kann, suchte ich in seinem Buche »Also sprach Zarathustra« diesen Ansatz. Erst im Durchleben der eigenen Liebes-Verhältnisse begriff ich diesen leidgeprüften Menschen, mehr und mehr, und damit auch mich.

Aus der Verzweiflung heraus gebar er den Übermenschen, die Geburt eines Kindes, das wir Mensch nennen. Und wie diese Masse Mensch sich auf der Welt untereinander verhält, entwickelte sich diese tiefste Konsequenz Liebe auszudrücken, im Angriff überall Nichtmenschen zu sehen, die, Er, die Vielzuvielen nennt.

Der Punkt, an dem aus dem Affen (Quantität) in der Urzeit der Mensch entstand, ist ein Punkt, er liegt in der différance von SEIN und dem Sein im Werden. Ob daraus Qualität wurde? Manches Mal wage ich das zu bezweifeln: sehe ich die Machtgier dieser Welt, ihre Kriege usf.!

Über das Märchen zur Wahrheit (Spiegelbilder)

SEIN und Sein im Werden

Friedrich Nietzsche habe ich nicht gelesen, im Sinne Seiten zu durchblättern, um überall erzählen zu können, auch alle seine Bücher in meinem Schrank gelesen zu haben. Nein! Ich habe seinen Zarathustra zuerst zwar nach alter Tradition gelesen, so wie Kants »Kritik der reinen Vernunft«. Nietzsche, so meine ich, versteht man erst, wenn man ihn durchlebt. Z.B. sein Werk »Also sprach Zarathustra« das ein Buch der Liebe werden sollte, so Professor Montinari, Mitherausgeber der neu überarbeiteten Studienausgabe von Nietzsches Werken. Ihn lernte ich in Sils Maria (Schweiz) persönlich kennen.

Auf den Höhen der Alpen ergoss sich mein Weg in das Ausfließen eines Himmelskörpers – Wort zu sein. Am Rande des Lichtes bin ich geboren. Der Eingang, unverfälscht, setzt Fuß auf Fuß auf Zeit. Mein Herz ist angefüllt mit all dem Sehen sich in dieser Augenweide- Alpengrund- zu verstehn.

Wenn Sonne, Mond sich über Abendgipfeln kosen, der ganze Märchenwald ergießt sich über Sein und Zeit. Das Licht umleuchtet jene Spiegelbilder, die der Bergsee Dir entgegenwirft. Diese Märchen, Wahr, sich himmelwärts bewegen, und am Horizont das Spiegelbild des Sees schenkt dem Abend einen stillen, sanften Frieden; die Seele sie wird Tatbestand. Ich kann die Augen meines Innen dort am Firmamente leuchten sehn.

Der Tag kehrt ›Heim‹. Der Nebel deckt auf mit weißem Flaum das Bett der Nacht, damit am Morgen ein neues Spiegelbild erwachen kann. Märchen? Nein! Das Wahre kann wahrer nicht

sein. Mein Wort löst sich auf und wird Bestand: Nicht-Wort /
Wort mein weites Land.

Sprachraum Muttersprache
a priori und a posteriori: Wort, Wörter= 1 Wort. Keine Einheit ist durch ein Wort erfassbar. Wie will ich ›Unzulängliches‹ – Ganzes- in seine Teile (wiederum Ganzes) zerlegen. Gott ein Mensch? Er setzt Wort-Grenzen. Er schwingt sich durch diese kantischen Theorien auf zum Göttlichen.

Kein Wort ist a priori, von der Wortlosigkeit her betrachtet. Selbst »a priori«, wenn ich das Wort hintergründig betrachte: es ist a posteriori angelegt. Alles andere ist Tautologie … a priori!

Durch das Bewörteln erhebe ich sie, die Wörter in den Stand- Selbst- Inhalt zu sein: Gesetz an Gesetz- Wort an Wort-› Zeit‹!

a priori wird zum Wort allein, die Fugen zu füllen, die die Sprache hinterlässt, z.B. Unendliches erkennen zu wollen. Sprechen über Sprechen; Metasprache, so, ist das angelegt, was nur Zeichen werden kann, Masse ›Wort‹! Und doch, wir reden, und möchten im Grunde allwissend sein. So ist der Mensch als Wort, der Masse entlehnt, Masse in sich: Ich! a posteriori ist im Grunde die Einheit der Menge im a priori. Und dort öffnet das große Rund, die Muttersprache und wird mir zur endlosen Parallele ›nach allen Seiten geöffnet‹: um so SEIN, das nicht zudefinieren ist zum Samenkorn einer Metapher einzubinden, die das Sein im Werden einreiht in den Zyklus meiner Gedankenwelt. …. auf ein WORT …, Wort hier von Wort- WORTE, das beinhaltet das Wort und die vielen Wörter! Somit wird das … auf ein WORT … zur unendlichen Geschichte, die Wort bei Wort zu meiner Muttersprache mir wurde: WORT, Teil meines Lebens: ›ich‹!

Mein Poetisch- Philosophischer Journalismus (der ständige Austausch- mündlich wie auch schriftlich- zwischen der Menschheit insgesamt).

… dahinter steht ein messianisches Denken, z. B. der Name Sokrates, dem eigentlichen Menschen, dieser tieferen Betrachtung, eingereiht in der Ich zu Ich Befragung, diesem Austausch einen tieferen Sinn zu geben; als Mensch unter Menschen.

Von der Empathie(griech.) Psych. die Fähigkeit sich in Andere hineinzuversetzen, zur Introspektion (lat.) Psych. mit der Selbstbetrachtung. Über die Selbsterkenntnis auf Andere zu schließen: seine Naturphilosophie ist dem meinen, einfachen Gedanken, dieser Zusammenfassung, beider Betrachtungsweisen, sich mit sich selbst und dem Nächsten auseinander zu setzen, mein »poetisch- philosophischer Journalismus«.

So soll Sokrates gesagt haben: »er übe die Kunst seines Vaters, eines Bildhauers aus, indem er den Menschen Form zu geben suchte, und er lasse sie wie seine Mutter, eine Hebamme, Erkenntnisse gebären.« Das soll seine eigene Methode, also eine ichbezogene Eigenmethode der Hebammenkunst der MAIEUTIK gewesen sein.

Die Inschrift des Apollotempels zu DELPHY lautete: »Erkenne dich selbst.« Und schon bin ich wieder bei Friedrich Nietzsche: »Werde, der du bist.« Er, der Philologie studierte, dann aber über die Griechen in Verbindung mit dem Orient die Dionysischen Tänze in das Bild der Philosophie einführte, oder einfach das zusammenführte, was EINS war, im Poetisch-philosophischen Journalismus. Sowie ich diese Methode der Wesen-Mensch Betrachtung- einmal nennen möchte.

Nehme ich das Wort Bildhauerei, dann drängt sich mir das Wort, Wort, auf. Mit dem Beil, die Säge dem gröberen Werkzeug forme ich aus dem Bestandteil HOLZ einen Klotz (hier der Urzustand Wort) und bearbeite dann mit noch grobem

Schnitz-Werkzeug diesen Leib- Holz- (Nietzsches »Ja, ich weiß woher ich stamme«) ...

Weiter bearbeite ich mit Haspel und Schmirgel, Feile usw. dieses Urbild der Gedanken des Bildhauers zur groben Form: die Umrisse sind herausgearbeitet. Zu den Feinarbeiten dann das Persönliche Gebaren, die Feinarbeiten herauszuarbeiten.. Z.B. die eigenen Vorstellungen – das Lächeln einer Figur -(dem Dichter die Feinarbeit von befindlichen Metaphern usw.) Die Betrachtung vom Einzelwesen Ich zum Er, dem Anderen, um dort die Verbindung zu finden Ich, mit dem Außen Ich (dem Anderen) in Einklang zu bringen. Diese Art nenne ich »Poetisch- Philosophischer Journalismus«

Vom Allgemeinen Betrachtungs-Punkt zum eigenen, um daraus dann den Eingang zum Anderen zu finden.

Der Poetisch- philosophische- Journalismus ist keine Allwissenheit, sondern in meinem Sinne nur ein oder mehrere Hinweise, das menschliche Wissen, dem Nichtwissen zu unterweisen: »ich weiß, dass ich nichts weiß« das war die große Lehre des Philosophen Sokrates, eine einfache Selbsterkenntnis von Mensch zu Mensch. Das ist auch mein Ansatz: und ich begründe damit mein persönliches Verfeinern in lyrischen Texten zur Selbsterkenntnis, mir diesen Gedanken, täglich aufs Neue einzuverleiben.

Jetzt ist die Figur des Bildhauers (das Wort des Poeten, des Philosophen) geformt. dann folgt die Kleinarbeit, beim Bildhauer mit Feinst- Gerätschaften eigens entwickelter Werkzeuge, um das zu formen, was die Vorstellung des Bildhauers zum Endziel seines Werkes bringen soll. Beim Poeten, dem Philosophen, ist es das Feilen mit letzen Metaphern, um eine Stufe zu finden die letzte Brücke zu bauen, vom Ich zum Ich, und damit einen Übergang, den eigenen Gedanken auf den Anderen zu übertragen.

An der Stelle wird das Endprodukt des Bildhauers, für ihn,

dem Schöpfer, zum Idealbild seiner Vorstellung. Das bedeutet aber nicht, dass jeder andere diese Ideal-Vorstellung als seine Idealvorstellung übernimmt. Dort spielen dem Poeten wie auch dem Philosophen die endlos an der Zahl zu erwähnenden persönlichen Auffassungen der Kritiker hinein: von Unwissenheit, Neid, Missgunst, Hass, dem allwissenden Anspruch des Staates, bis hin zu den Religionen sämtlicher Richtungen!» … ich weiß …!«

Poetisch- Philosophischer Journalismus (PPJ) ist das nicht zu oberflächlich, denke ich an Sokrates und Nietzsche? Nein! das ist nur meine ganz persönliche Meinung, diese Beiden, als meine Vorbilder anzunehmen. Jetzt gilt es, mich, ganz klein, als ein Kleinst-Erkennender, mich in diese Galerie plagiatorisch in Ihr Gedankengut einreihen zu dürfen. Ich nehme es mir einfach heraus. Noch bin ich das grobe Stück Holz und werde es auch mein Leben lang bleiben: Wort an Wort.

Die Alten Griechen sagten; »Erkenne dich selbst!« Nietzsche schrieb 2 000 später: »Werde, der du bist!« Ein Plagiat? Weiter dann: »Jenseits von Gut und Böse!« Ist das nicht, eine plagiatorische Aufforderung: »Erkenne dich selbst?« oder? »Werde, der du bist?«

Jenseits von Gut und Böse dort beginnt ein Neues anderes Gut und Böse. Und? werde der du bist! Hast du das erkannt? Was dann? Dann beginnt ein neuer Anlauf Nietzsches Ansicht (Einsicht von Introspektion, der Selbstbetrachtung, zur Empathie, die Fähigkeit sich in andere hineinzuversetzen), um mit der Introversion (psych.) die Konzentration auf die eigene Innenwelt- ein Neues Kind zu durchlaufen, an der Stelle stets eine Neue Art des Denkens zu betreten. So wie der Philosoph Sloterdijk es einst formulierte: »Der Poet und der Philosoph betreten aus verschiedenen Richtungen dieselbe Arena.« … und wieder sind wir Jenseits von Gut und Böse von Neuem ein anderes Gut und ein anderes Böse, entdeckt zu haben.

Die Konsequenz ist das Hinausgehen, als PP Journalist um in meiner einfachen Bildhauerei Wörtern die Zeilen zu finden, dem Nächsten mit seinem Gut und seinem Böse, mich zu ermuntern, weiter in Poesie auf der Suche nach Menschen, Mensch zu bleiben.

Ob ich mich dabei finde? Vielleicht habe ich mich schon gefunden … Nur? ich weiß ich es selbst noch nicht.

Das ist im Grunde mein Problem des Poetisch-philosophischen Journalismus. (-PPJ-)

In Metaphern will ich enden, im Geheiß
»ich weiß, dass ich nichts weiß«
über Sokrates wurde ich vom Glaubenden, bang
zum Wissenden, so endet mein Gesang.
statt Wissender zu sein auf Geheiß
begleitet mich mein Lebens-Gleis-
Zu viele Wörter? Nein, sie sind
ohne Gedränge, außerhalb der Zwänge: Wind
Einheit der zusammengesetzten Menge.
Stein auf Stein, Metaphern im Gedränge.

Mit dem Brotlaib Sprache Millionen kann speisen
ich, jene Zellen, die im Hirne sonst vereisen.
So spreche ich in meiner Bilderpracht
von jenem Produkt, Muttersprache. Sacht
dort auf Bergeshöh'n, im leichten Föhn
auf erhöhtem Ort, ohne Gedröhn,
löse das Dunkel ab. Mein Bild, es werde
selbst Metapher mir, Teil dieser Erde.

Zum PP Journalisten ganz apart
Muttersprache, Gut und Böse, meiner Art
Marktgerede um Nichts zu wissen

kein Gut und kein Böse zu missen
das ist mir bei meinem Wahr
im Laufe der Zeit, schütter das Haar
der Gedanke darunter, in Hirnes Rinde
bleibt Gut und Böse in seinem Gebinde.

Ob Marktplatz oder »Stilles Licht« Daheim
das Stückchen Holz, das Wort, bleibt Keim.
Allwissenheit ich gesteh›, wird es nie
aber keimfrei- ich weiß- meine Poesie!

Ende? nein … Auf ein Wort!

In der Verzückung bringt das Frühlingsahnen den Garten Eden in das Wort zurück. Zuerst ein zartes Räuspern, ein Meisensang, ein Zaunkönig aus seinem Reich stimmt mit ein: die Verzückung zu lösen, über Wahrheit selbst diese Märchen zu verstehn. Letzte Flocken schweben eingerahmt als Spiegelbild in meine Seele. Die Tageseinkehr schenkt der Nacht den Schlaf, damit das Singen, Klingen der Gedanken erste Knospen an den Astspitzen heraufbeschwören kann.

So geht das Sein im Werden über in SEIN das firmamentlos, Dir die Wangen streichelt, als sei' s die Fee, die eben noch die Eisblumen auf das Spiegelglas gebannt. Eisig schaut Dein Bild Dich an. Du hauchst mit Deinem warmen Atem in die Geisterwelt hinein, und schon beginnt im Tränenrinnen aufgetauter Eiskristalle Dein Gesicht zu lächeln: Es ist dies Märchen das den Garten Eden im Wort vor Dir entstehen lässt: »ich liebe, also lebe ich!« … Es ist vollbracht.

Ausklang

Holz (Wort) Bauten der Natur.

Zarte Kronen, Wörter, die
den Wald bethronen

Im Osterkleide, Anemonen
Kelche, den kahlen Boden
eingehüllt besoden
vom Winterantlitz schnellst befreit.

Worte besonnen mich
in diesem Geleit: Zeit!

Ich stehe angewurzelt
im ersten Frühlingshort!

Angehimmelt –so- vom Leuchten
des Waldes: eingeseelt! Der Ort

spielt mir der Vögel Lied
als wär' s des Himmels 1. Akt.

Wörter? Nein – Nur Anemonen
Frühlings-Zeit ein Wort, als Keim.

Endphase IV Sehen

Der Wille zur Macht

Welch eine Sehnsucht:
Geboren.

Milliarden Synapsen
folgen dem Wort

um die Verbindung
aufrecht zu erhalten

dort, wo Menschen
in Begriffen verwalten

Glaube als Wissen zu verstehn:
als einzige Wahrheit anzusehn.

Die EINE Wahrheit
so gesehen, bleibt bestehen.

Teil Zwei wird zum Einerlei, so
die Macht im Werden der Erde.

Das Wort / Die Zahl
mal Einheit und mal Herde.

Der Wille zur Macht
Natur und Philosophie
(Der Rand des Spiegels)

Dort, wo Dein Spiegelbild endet ist ein Rahmen gegeben: für Dich und mich. Fürs Volk allemal. Schaust Du über den Rand des Spiegels hinaus- ungelenk in deinem ständigen Schauen- siehst Du auch dort: Spiegelbilder. Im Rahmen: Einfassungen –überall. Der Wille zur Macht setzt die Rahmenbedingungen –diese Spiegelbilder begleiten Dich ein Leben lang.

Hölderlin schrieb: » … und am Ende sollst Du lieben ohne das Du geliebt wirst.« Hat er damit, im Durchleben seines Elfenbeinturmes, z.B. so ein Schicksal wie Nietzsche es gelebt hat, gemeint? Dann folgte irgendwann Nietzsches Buch »Jenseits von Gut und Böse« . Gelesen hört sich das an, als ob man danach im Gut allein zu Hause ist. Aber, was ist dort, wenn man Jenseits von Gut ist? An dieser Stelle überschlägt man die Seite und liest weiter, um am Ende genau so schlau zu sein, wie vor dem Lesen dieser Zeilen insgesamt. Ich frage mich, nach dem Durchleben Zarathustras (parallel einiger Alter Chinesen) wie kann man mit den selben Wörtern, nach, und Im Jenseits von Gut und Böse überhaupt weiterschreiben?

… auch dieser Rahmen-Rand ist gebogen. Das Streben der Macht ist der Wille mächtig zu sein. Es gäbe einen anderen Willen zur Macht ganz allgemein z.B. seine Schwäche zu überwinden, auch das kann ›mächtig‹ sein für sein Sein im Werden. Aber irgendwo setzt dann immer wieder der Rand des Spiegels ein, z.B. Religionen, Standesdünkel, Staatsrechte, die an gewissen Stellen des Rahmens Dein Sehen beenden muss, da sonst die übergeordnete Macht Deinen Willen bricht: das ist dann der Andere Wille zur Macht..

Mit Friedrich Nietzsche müsste ich jetzt sagen: Der Wille (will) zur Macht, durch das Wort. So sind die Religionen aufgebaut! Und die Nicht-Religionen auch, denn »Der Wille zur Macht« das ist der Rahmen jenes Spiegelbildes der Natur und Philosophie, als Knospe eingerahmt – Wort- und doch zugleich in der Differenz Stein zu sein.

Zwiespalt säen
ist mir ähnliches Verstehen

liegt dem Vergehen nah
was man nicht im Spiegel sah.

Der Rahmen rahmt nur ein
über die Macht den Willen zu entzwei' n!

So bricht sich ein anderer Wille zur Macht, Raum, wird Blühen übers Grün hinaus; verändert den Spiegelrand des Schauens. Sommer, aber auch er ist Rand des Spiegels: Natur!
  Die Bienen erwachen um erste Ernten einzuringen. Die Farben des Regenbogens sind überströmt von meinem Lachen, diese tiefste Liebesqualität, den Alltag leuchten zu lassen Blüte auf Blüte. Und dieses Weiß des Knospengleißens im Kirschbaum am Rande der Stadt: Werden Im Sein!
  Diese Qualität des Fruchtgedankens ist rein; frag die endlosen Blüten im Feld, sie verkörpern mir einen Sommer lang Raum und Zeit.
  Der Fruchtgedanke Wesen, diesen Glühen, Blühen … hier trennt der Wille zur Macht- Kirche, Staat, Sekten usf. in Qualität und Quantität- in Liebe, einfach nur ein (1) Mensch zu sein.

Phase V – Menschlich – Allzumenschliches

Banales- Alltägliches

Z.B. Das Smiley- Phänomen
  Vergleiche Goethe / Gottschalk usf. Politik, Religionen etc.!
Thema: Bestseller –Listen, wer wird Heut der Superstar. '

Friedrich Nietzsche schrieb vor 100 Jahren: »Noch ein Jahrhundert Leserund der Geist selbst wird stinken.« Da Jh. ist vorbei.

Szenen des Aufbruchs: Lichtverständnis.
Der Mensch im Wort der Macht?
Dort, wo er sich selbst verlacht, ohne es zu wissen?

Auf den Aussichtstürmen der Zeit
Friede: Ruhepause vor dem nächsten Krieg!

Lächeln als Spiegel, das Wort zu verdummen
im Schrei dann selbst zu verstummen.

Auf den Feldern der Macht: Nacht
Bestsellerlisten: Thema T V usf.

… es ist vollbracht …!

Das Gedankenbild, sich zu geben
ein Neues Hemd, ein Neues Leben?
Und auf der Straße tobt der Wind vorbei
als wär's der Dt. Sprache letzter Schrei.

PC› malen schrille Texte auf den Schirm
dass selbst der Dümmste, so, ganz firm
Eins + Eins erlesen kann, für wahr
Zwei plus Zwei im Sonderangebot, die Schar
der Wörter in den Kreisel fließen lässt
fehlerfrei, als Kopie fürs Schülerabschlussfest.

So genommen ist der Sinn für WAHR gegeben
jenseits der Sprache den Bildschirm zu leben
und die Wahl für Gut und Böse? Die Taste klickt
Du bist im Rechten, du lächeltest entzückt.

Das Gedankenbild vom Ich wird Spiegelbild
und das Widerwort, das Böse, wird getillt.
Also gewann wieder allemal der PC:

und das »ich liebe Dich« wird im Smiley- Schein
Dein gedachtes entmündigtes Wörtchen sein.
… es blieb ganz offen das Schild
Dein Smiley- Gedankenbild.

Nachts übers Wasser gehend
das Auge in die Hand zu nehmen
im Schatten einfach Licht zu sein:

so fließen die Gedanken ein
außerhalb des Bibelbildes, sehend.
Die Kluft ist der Begriff: allein.

In der Klasse, auf dem Dorf, die Fibel.
In der Schule machtumwölbt, die Bibel.
Um im Alter dann, sie Beide, zu versteh' n.

In den Händen, selbstgestaltend
konfirmierte Sinne fest verwaltend
den Fluss des Lebens zu durchschreiten
Spiegelbilder auf irdischen Breiten!

Heute geh ich über jedes Wasser
verfolge meines Spiegels Bild.
Jedes Licht im Außenwort ist mein Schild:

Dieses große Werden
einfach Mensch zu sein: auf Erden!

Lichtgeburt: Fluss meines Lebens

Wo beginnt das Licht: »Ich sehe!« Geschlossen sind die Lider, wie Jalousien, das Innere verdunkelnd und doch strömt diese Flamme von innen gegen diesen Vorhang: Abendschau!

Ich sehe Lemminge im Film aus Norwegen, Schweden sich zu Hunderten in die Täler stürzen, sich zu töten: Futterknappheit. »Das ist die Natur«, sagte mein Vater vor 70 Jahren und schüttelte doch seinen weisen Schopf.

Wenn ich heute den irren Kreislauf Mensch-Geburten sehe, dann denke ich an Damals zurück! Wann werden die Menschen beginnen aus ähnlichem Grund sich in die Täler zu stürzen? Was würde mein Vater heute sagen, sähe er die religionswütenden Selbstmörder, die sich in die Luft sprengen. Sie stürzen sich, wie die Lemminge in die Tiefe und nehmen Unschuldige Mitmenschen mit in den Tod.

Warum? Man züchtete Ihnen ein, von Gott gegeben göttlich zu sein, im Namen dieses menschlich nicht zu fassenden SEIN; das was Heidegger als undefinierbar betitelte! Sie maßen sich an, Glauben in Wissen umzuwandeln. Sie töten allein in Ihrem persönlich, von Eltern, Heiligen, Wahrsagern ausgedachtem Gehabe, Ihr heiliges Unerklärbares als Ihr Wahres zu deuten!

»Das ist nicht göttlich, das ist teuflisch«, um in dieser Wortwahl in Ihre Bereiche hineinzugelangen, dort, wo Glaube = Nichtwissen, das Undefinierbare z.B.: Sein, Gott, Manitu, Buddha, als Ihre alleinige Wahrheiten umzumünzen. Jede Religion legt ihren Glauben als (Ihre Einzige) Wahrheit aus, um den Anderen, der genauso glaubt, wie Sie, nur mit anderen Vorzeichen, zu töten. Und sie meinen noch in den HIMMEL (den undefinierbaren) zu gelangen. das Bild Mensch ist mir schon lange abhanden gekommen, zu Tale gestürzt.

Gandhi war ein Messias, nur viel menschlicher. Und die Machtgier einen anderen Staat (eine neue Macht) zu gründen, dem widersprach er, der barfuß in das herrschende England Einzug hielt. Ihn erschoss man. Hier war Gott einfach in der Verbindung Macht, Gier, Geld, Größenwahn, eine andere Religion zu begründen, um das einfache Volk, in Ihrer neuen Religion, ›Neue Wörter‹ derselbe Gott, zu unterdrücken, das was Gandhi ablehnte.

Wieder sehe ich Lemminge sich in die Gruben stürzen: Natur! Wo soll ich bloß das Licht Mensch suchen? Ich habe es aufgegeben Mensch zu sein. Wortlos stehe ich dem Gemetzel gegenüber, Denen, die sich Menschen nennen, im Glauben andere Gläubige im selbstgeorderten Recht zu töten: dort bin ich als Wesen außen vor.

Lemminge überall! und die Kirchen, Sekten, IS, usw. fordern weiter zeugt, zeugt, damit wir in der Masse überlegen sind, Aber? irgendwann frisst diese Masse sich selbst, da die Ressourcen auf der Welt sich dem Ende nähern. Dann dezimieren Sie sich wieder im Krieg, wie die Lemminge, die sich zu Tale stürzen, Und irgendein Gott hat dann wieder die Schuld. (Menschen)!

Mensch ich? Nein, ich werde wohl niemals in sich eines dieser Wesen werden hier auf Erden.

Ich höre den Klang des Hornes
das den Morgen verkündet.
Höre den Geruch, der die Wiese umgibt
wenn erste Bienen summend, blütenrein
Ihren Nektar von Blütenkelchen sammeln.

»Wie sollst Du das verstehen?«

Schau das Morgen-Horn, die Sonne
wenn sie Deine Sinne öffnet
das Morgenrot des Tages Klang
Deine Sinne tiefst betöret
dann falle ich ein, als Hörender
und Sehender im Lichte EINS zu sein.

» Hörst du das Horn?«

Er lächelte, ging, und schwieg!

Auf, auf sprach die Lichtgeburt
den Fluss des Lebens zu beschreiten
›ich‹ zu sein in allen Breiten.
Alle Sinne fließen ein in diese Furt.

Hören, Sehen in den Fuß zu legen
zu schreiten durch die Sternenwelt
dort, wo alles Sinnen zusammenfällt
das Ich in Deinem Wort zu bewegen:

…»Auf, auf sprach das Licht!« …

Der, Das, (EINE ›1‹) Der PRIEL

Runderneuert forme ich die Wörter
und der Rahmen Ich steht wie ein Held davor.

In der Ohnmacht dieses Ich zu rahmen
fällt der Schnee vom Dach des Hauses
und wird Masse: Ball- ich und Du!

Auf der Veranda steht im Hemd
den Morgen zu begrüßen
ein stilles unverblümt gedankenloses Wesen
menschenfremd …!

Und? befragt das All: »Was soll ich denken?«
Da befreit das Wölkchen ich, beladen bunt
das Sonnenlicht im All zu lenken
mit dem Brötchen-Bissen noch im Mund.

Runderneuert war mein Wort, das Ränke-Spiel
in der Vielheit auch die Einheit zu benennen
dieser Träne Morgenglück als PRIEL
fließend, runderneuert im Meer zu erkennen!

Dann? kam die Flut und der PRIEL
gab seine Ufer seiner Einheit Wort, der Flut.
Jetzt wartet, auf die Ebbe er, das ist sein Ziel
Einzelner im Wattenmeer wieder PRIEL zu sein: gut

so bieten die Gezeiten Masse und Einheit im Wort-Geheiß
der PRIEL ist 1, das Meer, und auch 2: ich weiß!

Wendepunkt Alter: Der« Romantische- Realist«
Grenzbereiche: Muttersprache, bei allen Sprachen insgesamt.

Wo das Fundament zu suchen ist? Warum? Wieso, sie die Muttersprache eine Mauer, Masse ist, Stein bei Stein? Das kann man (ich) erst dann erkennen, vor dieser Mauer zu stehen. Jetzt, in diesem Augenblick, schau ich auf mein bisheriges Leben zurück.

Das Fundament, ungewollt, tiefster Aushub, ein Einmauern gar? Ein Abgrenzen? Ein sich Ausschließen?

Förster wollte ich immer werden. Aber? Die Tradition forderte Ihr Recht. Opa, Vater, Schornsteinfegermeister! Als 14jähriger Lehrling begann dieses Eingraben, in Russ und unterirdischen Kanälen, Fabrik- Schornsteine reinigen; Innen hinauf und dann wieder, sie reinigend hinab. Diese tiefste aller meiner Traurigkeiten kann nur der nachvollziehen, der Ähnliches durchgemacht. Das Fortrücken, vom Vater, wurde eine tiefe Baustelle. War dieses Unverstandensein Hass? Auf jeden Fall eine tiefste Abkoppelung von der Außenwelt und von Daheim.

Dort, in dieser Lehrzeit, beruflich und dann folgend mein Leben selbst nachvollziehen zu können, dort hatte ich schon einen tiefen Graben ausgehoben.

Als Kind, in der Schulzeit, nachdem das Gymnasium, Studium, in der 5, Klasse nicht mehr stattfand, da ich *Glücksbringer* werden sollte. Da entwickelte ich, 15/16 jährig, anfangs 3. Lehrjahr, meine Liebe zur Lyrik weiter. Ich schrieb schon lange kleine Gedichte zu Sportabenden. Die Liebe zur Kinderheimat (derzeitig DDR) und die Jungendliebe dort vor Ort, ließ heimlich kleine Verse in das Zigarren-Kästchen fallen, um in diesem Aushub, den ganzen Schotter des täglichen Einerlei zu versenken.

Um aus diesem Graben heraussteigen zu können, da begaben

sich meine beiden jüngeren Schwestern in Ihre Lehren, und ich sah meine Eltern, kriegsüberlebt, teilausgebomt sich irgendwie finanziell über Wasser zu halten, was nicht so recht gelang.

Und als der »Kuckuck« durch den Staats-Beamten an die Wohnzimmerschränke klebte, da wusste ich warum mein Schicksal im Russ, in Eis und Schnee auf den Dächern, der Grund war, für mich diese Lehre anzutreten. Die Schulzeit, die Handwerkslehre füllten diesen unergründlichen Schlund. Da begann ich über mich nachzudenken: wer war ich eigentlich? Ich wollte mir ein Fundament schaffen, zu leben. Unter meinem Namen BEUTEL A.W. war es mir nicht mehr möglich, also setzte ich mich eines Abends im Park auf eine Bank und aus der Einheit: August-Wilhelm wurde die Zweiheit: Marcus Barrell. Auf der alten Schreibmaschine tippte ich meine kleinen Zigarrenkisten-Texte und brachte sie zum Buchbinder. Mit der Bitte dem Hartumschlag des Buches einen roten Lederrücken zu geben, und mit Golddruck mein zweites Ich: Marcus Barrell. Baute ich mir selbst eine Neue Mauer? 1. Schicht, 1. Buch! Es wurden im Laufe der Jungendzeit 9 Schichten, auf denen ich alleine ausruhen konnte, um mit meiner Zweiteilung der Person leben zu können. Sie war Schutz von Außen, um Alles das, was mit Dreck, Ruß, Krankheiten und anderer härtester Auseinadersetzungen zu tun hatte, abblitzen zu lassen. An der Stelle begann im Grunde eigentlich schon Theorie und Praxis als Einheit sich zu formen, denn ich beschäftigte mich zwischenzeitlich mit dem Buddhismus mit der Indischen Philosophie und besuchte Akademien, um diese *Beiden* Wesenheiten in mir zu finden, und zu stellen.

Diese Zweiteilung gab mir die Kraft, Krankheiten schwerster Art zu überstehen, Tiefstschläge übelster Art und Weise zu ignorieren, um in Gleichgültigkeit in diese zwei Wesen ›ich‹ einzutauchen, um zu schreiben, oder dem Gesang zu fronen.

Später dann als Handwerksmeister, Gasthörer an der Universität in Hamburg (1966/68- 1977)
Jetzt war die Muttersprache längst nicht mehr das Urbild der heimatlichen ›Plattdeutschen Sprache‹, nein, durch ½ Jahr in Neapel, meine Auszeit nach der Meisterprüfung (1960), dort ein wenig Gesangsstudium, um Caruso in seiner Geburtsstadt Neapel nahe zu sein.

Mit einer schweren Gelbsucht kehrte ich heim. Eine Ehe, mit dem Aufenthalt, 3 Jahre Schweiz, um meine beruflichen Wanderjahre, in alter Tradition, abzudienen, war ich der Meinung ein tiefes Wohlbefinden, wie der Eltern Vorbild, aufzubauen. In Trugschluss endete dieser Wunsch, meine Zweiheit aufzulösen, in eine große Einheit EHE einzuziehen! Es blieb der Wunsch diese Neue Einheit zu leben!
Dies Alles, und noch mehr, erkannt, befinde ich mich in einem Akt des Lebens, vor dem Grenzwert »Alter« mich langsam einzufinden. Nach diesem Rückblick bin ich in meiner Parallele gelandet, die nach beiden Seiten, links wie nach rechts, keine Mauern besitzt. Auch der Tod soll keine Mauer sein, denn ohne Anfang und ohne Ende schwebt dieser Punkt ›ich‹ in den Gedanken-Wellen dahin, um dort, wo diese Parallelen für Andere eine Mauer beherbergen- meine Muttersprache- denn dort wo jedes Wort im Grunde ein Plagiat ist, da Millionen es benutzten. Dort beginnt die Vielheit Wort sich in EINES aufzulösen, wird diese Einheit ›ich‹ mein Eigentum, denn aus dem ERGON (der Starre) entstand in meinem Innersten das Handeln diese ENERGIE, Wörter, so die Mauern, der Grenzen Vielheit, aufzulösen- Stein bei Stein-, um sie mit dem eigenen ›ich‹ zu erlösen: mauer- los SELBST zu sein, so entstand meine Philosophie: EINZELNES Wort an Wort mein Ich – meine Poesie!

›**ich gehe**‹

Ich gehe die lange, endlose Straße gebeugt
Stein bei Stein, Wort bei Wort: hinan
und siehe da, die Macht zeigt göttlich bezeugt
was in der Selbstbetrachtung Mensch einst begann.

Steinbefreit das Ich im messianischem Denken
stets den Anderen zu beschenken
das ist der Sinn im Wissen zu streben
als Einheit der Vielheit Wort zu leben.

»Ich denke, also bin ich!« so Descartes
dadurch empfand ich jene Lust apart
mir selbst die Hand ganz offen zu geben.

Da öffnete sich das Tor im Spagat
und Heideggers -Nichts- daneben
erklärte mir die Metapher: Leben!

Die Farbe des Rubin

Meine Poesie

Poesie ist ›Wörter bewegen‹
Licht und Schatten anzuregen.
So der Stoff im Dunkel liegend
sich im Sonnenlichte wiegend.

Diese Poesie ist so im Grunde
Medizin für Kranke und Gesunde.

Einheit liegt alleine im Erkennen

Glanz und Leiden zu benennen:
denn die wahre Poesie
die erkennt man wahrhaft nie

wenn man nicht im Aufwärtsblicken
in dem tiefsten Lustverzücken
mit den Füßen erdig bleibt
all die Sinne einverleibt:

Mensch zu bleiben, wie, im Grunde Sie
›Moll und Dur‹ im Angesicht der POESIE.

Bestandsaufnahme: Das Wort die Wörter

Friedrich Nietzsche schrieb einstmals: »ich gebe Euch das tiefste Buch …!«
›ich‹ dagegen gebe Euch das wortloseste Buch«, denn jedes Wort ist so ungesagt, und geschrieben wie z.B. Das Jahr: wenn es beginnt. Schnee! Weißbedeckt, Feld und Flur. Selbst Dorf und Stadt sind wortlos in Weiß getaucht: Sprachlos allemalweiß, unbeschrieben.
Dann öffnet sich ein Sonnenblinzeln, scheinbar totes Astgewirr mit dem zartesten Grün, das ich je sah, im Blickbereich der Sonne, noch zählbar, wie erste Buchstaben, die ein Wort beginnen zu formen.

Erste Silben,wie Frühlings-Leuchten-. Schneeglöckchen, erstes Grün der Farne in den Gräben. Aufbruch, das erste Wort bebildert so den weißen Bogen. Die Schwalben kehren heim. Der Storch klappert seine Morgengrüße in den Äther. Und der Poet, wirft, so wie die Morgen- Sonne selbst, erste Zeilen, wortlos allemal auf den weißen, keuschen Bogen.
»Was hat das Alles mit dem wortlosesten Buch zu tun?«
Siehst Du das »Weiße Feld« im Winter? Dahin führt jedes Wort zurück: es schließt alle Knospen, jedes Lachen ein: auch das Leid, die Pein, wenn mit den Buchstaben dem Poet, das Ungereimte, aus der Allheit ›WORT‹, ihm irgendeine Einheit werden sollt'. Du musst diese Wege begehen, um die ganze Tiefe jedes einzelnen Wortes zu verstehen. Meistens sieht der Einzelne nur die Spitze des Eisberges, doch schau, mehr noch ist die Spitze des Wortes dem verschlossen, der meint jedes Wort ist Einzelnes, verlässt es Deine Lippen: somit auch die Zeichen auf dem Blatt Papier. Dann noch, der Poet, der mit Metaphern tiefster Meerestiefe, seine Weisungen versucht, verschlüsselt, Dir in Reimen nahe zu bringen? Nein? … Die

Tiefe jedes Wortes ist nur der Keim, der durch das Hören in den unendlichen Gehirnwindungen aufgelöst ›Dein Einzelnes‹ werden muss! Am Ende bleibt dasselbe Wort bestehn! »Aber?«

Aber, es hat Deinen ureigenen Inhalt; der Eisberg schmolz dahin: Gelöst!

»Ja aber das sind doch auch Wörter, Worte, wie gehabt.«

Nein, schaust Du nicht hin, dann wird Dir jede Zeile, die ich preisgebe Dir unsichtbar sein. »Wenn?«

Ja wenn Du sie nicht zum Leben erweckst; deine Augen sehen, hören, riechen, schmecken, fühlen! So geht es dem deinen Ohr nicht minder. Und Deine Lippen bringen Wörter an das Tageslicht; weiß geblieben, unbeschrieben, und doch sind sie da, was ich das Verstehen nenne: befolge ich ihren Weg! Damit gebe ich Euch kein tiefstes Buch, sondern einfach meine Poesie, die jeder erst zum Leben erwecken muss. Für den Rest der Welt bleibt sie Leere, ein weißes Blatt, wie des Winters kaltes Weiß am Straßenrand, in Feld und Flur.

Wenn das erste Weiß, Deinem Wort, Dir die Augen- aller Sinne- öffnet, dann allerdings besteht eine Möglichkeit, die Seiten, blätternd umzuschlagen, um den Wörtern Farbe, Licht zu geben- sie zum Leben zu erwecken-: Ton bei Ton.

Auch Friedrich Nietzsches tiefstes Buch ist nicht anders zu verstehen. Nach diesem Prinzip wird auch seine Tiefe an den Rand der Oberfläche gehoben, und erstes Grün, auch seine Wiese (Wort) seine weißen Bögen- bevölkern. Am Ende seines »Jenseits von Gut und Böse steht ER und wertet gespannt, wie Du danach Dein Gut und Böse« wirst benannt, erkennen. Dein Sehen, Hören: aufgewacht.

Dein Jenseits von Gut und Böse, dieser seinen Synthese- steht jetzt Deine These, mit Deinem Neuen Gut und Böse, Deinen Kategorien gegenüber. Deine Sinne sind jetzt schneebefreit auf

dem Wege, Wort / Wörter mit Deinen Sinnen zu begehen:
Blüte für Blüte, Frucht auf Frucht …!

Geflogen! Ohne Drogen
liegt ein Wort in meiner Hand.
Und ich frage mich, wer gab ein
den Code in die Synapsen
so ins Licht hinauszutapsen.

Geflogen war ich allemal
und durch die Hand
den Körper überwindend, flog
der Same, Korn, aufs weiße Blatt
und beschmutzte das Papier: Ein Wort.

Muss eigentlich Geflogen
immer Droge sein? Da
wurde aus dem Schmutz auf dem Papier
das Wörtchen Frühling: Sonnen –Tau.

Und das weiße Blatt Papier färbte mir
den ganzen Äther: Himmelblau!
Geflogen war ich ohne Drogen.
Das ist wahr: und trotzdem gelogen.
Denn? die Droge Wort, Sie, trug mich HEIM!

Inhaltsverzeichnis

Teil I

Vorwort- Zu meiner Person	6
1 = Wie kam ich zur Philosophie?	9
2= Praktische und theoretische Philosophie	12
3= Dreieinigkeit	16
4= Über Wissen und Glauben	20
5= Blickwinkel ›Parallelen, Punkte, Kreise …‹!	23
6= Gedicht	29
7= Leserbriefe	31
8= Die Philosophie	33
9= Warum Philosophie	37
10= Das Prinzip WASSER (Thales 624-544 v.Chr.)	39
11= Philosophie des Mittelalters (die Scholastik) Weiße Blätter	41
12= Dort, wo Nichtwissen Wissen wird.	45
13= Tempel … usw.!	46
14= Zeit	48
15= Geboren	51
16= Gedicht- »So viele Zeichen«	54
17= Kant- KdrV.	55
18=Fortvon mir: Nietzsche, Goethe und Runge!	59
19= Gedicht-» Ich zu Ich«	62
20= Pythagoras und die Pythagoreer	63
21= Gedicht »Liebe«	66
22= Böse Kindheitserinnerungen	67
23= Gedicht- »Das Neue Haus: Poesie«	70
24= Einheit- Zweiheit- Dreiheit	71
25= Gedicht- »Digitales wortloses Gerangel.«	76
26= Gedicht – » Muttersprache«	77
27= Recht	79
28= Gedicht-» So, wie mein AB im ABC	85

29= Die Deutsche Sprache 86
30= Gedicht, mit einer Einleitung. 90
　›ich‹ Ein(1) »Romantischer –Realist«

Teil II
1= Sokrates, Konfuzius, Osiris … usw.! 93
2= Gedicht« Kontakte« 100
3= Friedrich Nietzsche 101
4= Flammende Schatten 109
5= Über die Zahl(Dyas, Triade gr. triàs- Die Dreiheit.) 111
6= Das EINE (1) 115
7= Gedicht-» Gut und Böse« 119
8= Gedicht- »Glauben« 120
9= Ich zu Ich 121
10= Gedicht- »Verzaubert fällt ein Blatt.« 125
11= Gedicht- »Vom Gedanken aufgeschreckt« 126
12= Glaswörter 127
13= Die Linie 130
14= Gedicht- »Frühlingserwachen« 132
15= Gedicht- »Dunkel bebt der Morgen mir entgegen« 133

Teil III
Das Wort 1,2,3, … Die Wörter 136

Eine Nachschau zu These, Antithese, Synthese.
Ich = Ich,im erweiterten Sinne, angeschlossen, an Fichte: ›ich‹ Ein(1) Poet. Das Wort, die Wörter, Das WORT/ die WORTE.